THE EFFECTS EVALUATION RESEARCH OF CHINA'S WORLD-CLASS UNIVERSITY POLICIES

本书为2018年浙江省哲学社会科学规划课题“我国世界一流大学建设政策效应评价研究”（课题编号：18NDJC252YB）研究成果

我国世界一流大学建设政策效应评价研究

欧玉芳 著

WUHAN UNIVERSITY PRESS
武汉大学出版社

图书在版编目(CIP)数据

我国世界一流大学建设政策效应评价研究/欧玉芳著．—武汉：武汉大学出版社，2019.12
ISBN 978-7-307-21366-1

Ⅰ.我…　Ⅱ.欧…　Ⅲ.高等学校—教育建设—政策效应—研究—中国　Ⅳ.G649.2

中国版本图书馆 CIP 数据核字(2019)第 186961 号

责任编辑:陈　豪　　责任校对:汪欣怡　　版式设计:马　佳

出版发行：**武汉大学出版社**　(430072　武昌　珞珈山)
(电子邮箱：cbs22@whu.edu.cn　网址：www.wdp.com.cn)
印刷:武汉中远印务有限公司
开本:720×1000　1/16　印张:17　字数:252 千字　插页:2
版次:2019 年 12 月第 1 版　2019 年 12 月第 1 次印刷
ISBN 978-7-307-21366-1　定价:52.00 元

前　言

我国高等教育正处于内涵式发展、精英教育与大众教育同时推进阶段，世界一流大学建设也进入了攻坚期。本书积极响应《统筹推进世界一流大学和一流学科建设总体方案》和《关于深入推进教育管办评分离促进政府职能转变的若干意见》等文件的号召，以跨学科的研究视角，综合运用公共政策评价学的影响评价理论、管理学的多任务委托代理理论、计量经济学的倾向得分匹配模型和双重差分模型，结合教育评价学的基本理论和方法，围绕我国第一层次和第二层次的世界一流大学建设政策——“211 工程”和“985 工程”政策，展开探索性研究。本书的内容除了“绪论”和“研究总结与展望”外，主要包括五个部分：

第一部分(第 2 章)：政策效应评价的理论基础。本章首先界定了世界一流大学建设政策效应评价所涉及的世界一流大学、建设政策和政策效应等核心概念，探讨了适用于本研究的影响评价理论和多任务委托代理理论，分析了世界一流大学政策效应评价的内涵、意义、原则和步骤等基本理论问题。

第二部分(第 3 章)：政策效应评价模型选择。本章探析了“211 工程”和“985 工程”系列政策的理论架构、发展过程、内在联系和固有差异，结合前沿的倾向得分匹配模型、双重差分模型、随机评价、工具变量和断点回归等政策评价模型的适用性，分别为“211 工程”和“985 工程”政策效应的评价选择了倾向得分匹配模型和双重差分模型。

第三部分(第 4 章)："211 工程"政策效应评价。本章选取 71 所非"985 工程"的"211 工程"高校作为实验组样本，171 所非"211 工程"高校作为对照组样本，以校舍建筑面积、图书馆藏书、固定资产、专任教师和科技收入等作为协变量，以高校科学研究、人才培养和社会服务职能中与世界一流大学密切相关的变量作为结果变量，构建倾向得分匹配模型评价"211 工程"对结果变量产生的数量效应。结果发现：①相比于直接将"211 工程"高校与非"211 工程"高校比较的传统做法，倾向得分匹配法的估计结果相对较低。②"211 工程"政策对建设高校科学研究职能下的学术论文和研发课题，人才培养职能的硕士生和博士生产生了积极效应，但对科学研究职能的学术专著产生的效应不显著，甚至对社会服务职能的技术转让合同和技术转让收入产生了消极效应。③"211 工程"政策对理工类建设高校的科学研究、人才培养和社会服务职能相关变量产生的效应均要高于综合类建设高校相应变量产生的效应。

第四部分(第 5 章)："985 工程"政策效应评价。本章将 38 所"985 工程"高校作为实验组，71 所非"985 工程"的"211 工程"高校作为对照组，选择科学研究、人才培养和社会服务职能中与世界一流大学密切相关的变量作为结果变量，构建双重差分模型评价结果变量的数量效应。研究发现：①"985 工程"政策对建设高校的科学研究和人才培养相关变量产生了积极效应，但对社会服务相关变量产生的效应不显著。②"985 工程"政策的阶段效应，不管是科学研究相关变量的积极效应，还是社会服务相关变量的消极效应都具有明显的延续性。③"985 工程"政策对综合类建设高校科学研究和人才培养职能中相关变量产生的效应大于理工类建设高校相应变量产生的效应，但对社会服务职能相关变量产生的效应要低于理工类相应变量产生的效应。

第五部分(第 6 章)：我国世界一流大学建设政策效应评价的经验和启示。本章在第 4 章和第 5 章的研究基础上得到了我国世界一流大学建设政策的经验和启示。本章在总结两大工程政策效应的积极经验和消极经验后，得到新一轮世界一流大学政策的建设目标、建设策略和评价机制三个方面的启示。建设目标的启示：其一为构建“三阶一流”建设目标，分步建成世界一流大学；其二为建立均衡的目标激励制度，力争同时改善高校三大职能。建设策略的启示：其一为权衡合并式世界一流大学建设策略的利弊，促进院校合并的潜在优势向现实优势转化；其二为联系经济社会发展战略，建设多元世界一流大学；其三为探索世界一流大学建设的压力和动力，避免夸大世界一流大学的价值和重要性。评价机制的启示：其一为构建多元主体协同的政策评价机制，共评世界一流大学建设；其二为采用科学的政策效应评价方法，保障评价的客观性。

本书对“211 工程”和“985 工程”系列世界一流大学建设政策效应进行评价，从理论、方法和实证应用三个层面，系统、深入地对建设高校的科学研究、人才培养和社会服务相关变量产生的效应进行评价，弥补了我国世界一流大学政策效应评价研究的不足。本研究成果既可以为国家相关部门在世界一流大学政策的制定、实施和评价等方面提供基础理论指导和方法指导，又可以进一步拓宽教育政策评价和院校评价的研究范围和应用服务能力。不管是在世界一流大学建设的实践层面，还是在教育政策评价或院校评价领域，本研究取得的研究成果都是有价值的。

本书在写作过程中参考了国内外许多专家、学者的论著和资料，在此深表感谢。此外，还要感谢 2018 年浙江省哲学社会科学研究一般项目（课题名称：我国世界一流大学建设政策效应评价研究，项目编号：18NDJC252YB）的支持与资助。

限于能力水平，本书疏漏和不妥之处在所难免，恳请专家学者批评指正。

欧玉芳

2019 年 5 月

序

欧玉芳博士的《我国世界一流大学建设政策效应评价研究》是以她的博士学位论文为主体内容，经过修改和完善而成的一部专著。欧玉芳的博士论文及其专著的完成，与其在2014—2017年攻读博士学位期间多次参与武汉大学中国科学评价研究中心自2007年开始每年发布的《世界大学及科研机构科研竞争力评价研究报告》的撰写经历是分不开的。她博士毕业后，又在博士论文的基础上申请到了2018年浙江省哲学社会科学一般项目"我国世界一流大学建设政策效应评价研究"(项目编号：18NDJC252YB)的资助，从而有了这部专著的诞生，并且由武汉大学出版社出版。作为她的博士生导师，看到学生的研究成果得到认可，我十分高兴，乐意为该书作序。

20世纪90年代以来，我国相继出台了一系列旨在建设世界一流大学的国家政策，例如：1993年发布的《中国教育改革和发展纲要》规定"集中中央和地方等各方面的力量办好100所左右重点大学。力争在下世纪初，有一批高等学校在教育质量、科学研究和管理方面，达到世界较高水平"；1998年发布的《面向21世纪教育振兴行动计划》要求"对于若干所高等学校进行重点建设。今后10~20年，争取若干所大学进入世界一流水平"。以上两项政策分别是"211工程"和"985工程"建设的行动纲领。2015年颁布的《统筹推进世界一流大学和一流学科建设总体方案》建议"到2020年，若干所大学进入世界一流行列；到2030年，更多的大学进入世界一流行列，若干所大学进入世界一流大学前列，高等教育整体实力显著提升；到本世纪中叶，一流大学的数量和实力进入世界前列，基本建成高等教育强国”。这意味着我国将启动新一轮的世界一流大学建设国家战略。

从1993年《中国教育改革和发展纲要》的发布到2015年《统筹推进世界一流大学和一流学科建设总体方案》的实施，我国世界一流大学建设已达23年之久。然而由于缺乏科学有效的评估机制，从政府评价主体来看，首先，政府编制的一系列世界一流大学建设报告偏重对世界一流大学建设政策取得成绩的描述，缺乏对建设政策存在问题的探析；其次，此类评价报告大多简单罗列数字，缺乏对数字背后的规律探析；最后，尚未发布世界一流大学建设政策的历时性评价报告。从第三方评估机构来看，他们注重数据的收集和分析，主要以排行榜的形式发布年度评价报告，但是此类年度报告侧重于高校的科学研究评价，忽略人才培养和社会服务评价。此外，此类报告通常仅分析一年的数据，管中窥豹，无法历时反映我国长达23年之久的世界一流大学建设全貌。从学者评价主体来看，学者们多从单个角度进行研究，以期形成有益的政策建议，但对旨在建设世界一流大学的“211工程”和“985工程”还没有从科学研究、人才培养和社会服务三个方面进行全面评价的追踪研究。

基于此，欧玉芳博士在界定世界一流大学、建设政策和政策效应等核心概念，探讨适用于其研究的影响评价理论和多任务委托代理理论，分析世界一流大学政策效应评价的内涵、意义、原则和步骤等基本理论问题后，探析了“211工程”和“985工程”系列政策的理论架构、发展过程、内在联系和固有差异，结合前沿的倾向得分匹配模型、双重差分模型、随机评价、工具变量和断点回归等政策评价模型的适用性，选择了倾向得分匹配模型和双重差分模型分别评价“211工程”和“985工程”的政策效应。

在总结两大工程政策效应的积极经验和消极经验后，本专著得到了关于新一轮世界一流大学政策在建设目标、建设策略和评价机制三方面的启示。建设目标的启示其一为构建“三阶一流”建设目标，分步建成世界一流大学；其二为建立均衡的目标激励制度，力争同时改善高校三大职能。建设策略的启示其一为权衡合并式世界一流大学建设策略的利弊，促进院校合并的潜在优势向现实优势转化；其二为联系经济社会发展战略，建设多元世界一流大学；其三为探索世界一流大学建设的压力和动力，避免夸大世界一流大学的价值和重要性。评价机制的启示其一为构建多元主体协同的政策评价机制，共评世界一流大学建设；其二为采用科学的政策效应评价方法，保障评价的客观性。

3 年前，欧玉芳博士和我一起讨论博士论文选题的时候，国内学术界政策效应评价研究多见于计量经济学领域，对于教育政策效应评价的研究成果还很少，而专门就世界一流大学建设政策效应评价进行系统研究的成果更是难以见到，这使得论文在写作的过程中难以找到现成的可参考的系统资料。而且，世界一流大学建设政策效应评价的选题需要跨学科地学习前沿的政策效应评价模型，欧玉芳博士花费了大量的时间收集和整理关于“211 工程”和“985 工程”在人才培养、科学研究和社会服务三大职能相关指标的面板数据，在选择、学习、构建以及验证恰当的政策效应评价模型方面，可以说付出了极大的努力和不少的心血。在全面、深入研究的基础上撰写的这本专著，其结构合理、层次清晰、内容丰富、观点新颖、资料翔实、文字流畅，既全面、系统地总结了现有的研究成果，又融入了作者自己的研究心得和独到见解，具有较强的科学性、系统性和创新性。对于发展我国世界一流大学建设政策事业和教育政策评价事业来说，它具有重要的理论意义和现实指导作用，是一部难得的佳作。当然，任何学术研究成果都不可能尽善尽美，该专著也有值得改进和完善的地方，有待于作者继续跟踪和深入研究。

取得博士学位既是学业的终结，也是事业的新起点，希望欧玉芳博士能够以这本专著的出版为契机，在教育政策评价领域继续探索，力争有更多、更好的研究成果问世，为我国教育政策评价事业的发展做出更大的贡献。

邱均平

2019年12月于杭州电子科技大学

邱均平教授，杭州电子科技大学资深教授、博士生导师、中国科教评价研究院院长、浙江高等教育研究院院长、《评价与管理》杂志主编；湖北省人文社会科学重点研究基地“武汉大学中国科学评价研究中心”创始人、首届主任、首席专家、金平果“四大评价报告”品牌创立者和负责人；兼任教育部高等教育教学评估专家、教育部CSSCI指导委员会原委员、中国索引学会原副理事长、中国科学学与科技政策研究会常务理事兼全国科学计量学与信息计量学专业委员会主任、中国社会科学情报学会常务理事等，曾被评为有突出贡献的中青年专家和享受国务院特殊津贴专家。

目　　录

第1章 绪　　论

作为世界各国快速发展的先进经验，世界一流大学建设是世界高等教育发展的大势所趋。世界一流大学是国际高等教育现代化的重要标志，一个国家拥有的世界一流大学数量，代表着该国的科学文化水平和教育水平。① 当今世界，美国、英国、法国和德国等现代化强国均拥有各自的世界一流大学。这些大学科研卓著、人才辈出、名师荟萃，对本国甚至地区的经济、科技和教育等领域的发展起着直接影响和推动作用。

建设世界一流大学是许多亚欧国家大学发展的共同愿景。为了加快地方一流大学和地区一流大学向世界一流大学转型的进程，1999年韩国启动"21世纪智慧韩国工程"(The Brain Korea 21 Project，BK 21工程)，2002年日本实施"21世纪卓越基地计划"(21st Century Center of Excellence Program，COE21)，2005年德国启动"卓越计划"(Initiative for Excellence)，2010年法国启动"卓越大学计划"(Initiatives d'Excellence)。② 以上亚欧四国以及高等教育暂时落后的其他国家，例如丹麦、俄罗斯和西班牙等国家均先后发

① 周济. 构筑创新平台，建设优势学科，加快世界一流大学和高水平研究型大学建设——在"985工程"二期建设工作会议上的讲话(录音整理稿)[J]. 中华人民共和国教育部公报，2004(9)：8-21.

② 邱均平，欧玉芳. 亚欧四国世界一流大学建设比较研究[J]. 高教发展与评估，2016(4)：36-44，88-89.

起了投入巨额资金，旨在提高大学绩效，建设世界一流大学的“卓越计划”政策。由于历史等原因，我国高等教育与发达国家的高等教育存在很大差距，迫切需要加快高等教育的发展，建设一批世界一流大学。因此，我国政府早已分别于 1995 年和 1998 年实施了“211 工程”和“985 工程”建设政策，力争打造具有世界先进水平的一流大学。

显而易见，我国的“211 工程”与“985 工程”与亚欧各国的“卓越计划”具有共同追求世界一流大学的美好愿望。作为高等教育改革的重大举措，我国“211 工程”与“985 工程”等世界一流大学建设政策不仅显示了政府的关注点和高等教育的改革方向，而且为建设高校的发展提供了强劲的财力支撑，它们已经对建设高校乃至整个高等教育体系产生了显著的影响。① 毋庸讳言，世界一流大学建设政策也引起了人们的怀疑甚至指责。指责观点认为世界一流大学建设政策是缺乏平等原则，以牺牲大部分高校利益满足小部分大学发展的资源分配政策。因为世界一流大学建设政策秉承的“择优重点发展”理论基础意味着抢占非建设高校资源，造成高校发展机会失衡。人、财、物等资源均向世界一流大学建设高校集中，非建设高校普遍面临人才和资源瓶颈，发展受到严重制约。美好愿望与怀疑指责之间的矛盾使得世界一流大学建设政策的效应评价成为必然，以便吸取教训，总结经验。作为一种实践中的高等教育发展政策，评价我国世界一流大学建设政策产生的效应，分析其面临的问题与发展对策，对我国高等教育决策、大学改革与发展具有重要启示和现实作用。

1.1 研究背景和意义

自 1998 年教育部颁布《面向 21 世纪教育振兴行动计划》，提

① Salmi J. Excellence Initiatives to Create World-Class Universities: Do They Work? [J]. Higher Education Evaluation & Development, 2016, 10(1): 1-29.

出“到2010年高等教育毛入学率将达到适龄青年的15%”以来，我国高等教育毛入学率逐年提高，高等教育规模急速扩大。截至2015年5月21日，我国高等教育毛入学率达40%，超过中高收入国家平均水平①，高等教育步入后大众化时代。全国高等学校共计2845所，其中：普通高等学校2553所（含民办普通高校447所，独立学院275所，中外合作办学7所），成人高等学校292所，②在校学生数达到3700万人。③ 中国高等教育在规模上居世界第一，成为名副其实的高等教育大国。“大国”形态特征随后转化为“大国”已立，“强国”还有很远的历史命题。从高等教育大国迈向高等教育强国，我们又面临新的挑战。其中，较为突出的挑战是“上大学难”的矛盾逐步缓解，但由来已久的“上好大学难”的供求矛盾更为突出，我国优质高等教育资源严重不足的缺陷暴露无遗。例如：2015年，942万名高考生中只有10%左右的考生可以上一本院校。④ 应对由来已久的高等教育优质资源供求矛盾问题，世界通行的解决方案无外乎两种，其一为建设世界一流高等教育体系，其二为建设世界一流大学。在经济实力的限制条件下，我国选择了后者，行动表现是1993年启动了“建设世界高水平学科和大学”的“211工程”，1998年在“211工程”的基础上开始实施旨在建设世界一流大学的“985工程”。

在我国实施世界一流大学建设政策的同时，国际上其他国家，尤其是在各世界大学排行榜上处于劣势、以非英语为母语的亚欧国

① 袁贵仁. 以新的发展理念为引领，全面提高教育质量，加快推进教育现代化——袁贵仁部长在2016年全国教育工作会议上的讲话[N]. 中国教育报，2016-02-05：001.

② 教育部. 2015年全国高等学校名单[EB/OL]. [2015-05-21]. http://www.moe.edu.cn/publicfiles/business/htmlfiles/moe/moe_634/201505/187754.html.

③ 教育部. 中国高等教育质量报告（摘要）[N]. 中国教育报，2016-04-08：005.

④ 赵琦玉，粤考宣. 一本录取率今年首破9[N]. 南方日报，2015-07-20：A01.

家，也相继推出了世界一流大学建设政策。例如：德国的“卓越计划”、法国的“卓越大学计划”、日本的“21 世纪卓越基地计划”和韩国的“21 世纪智慧韩国工程”。与这些国家所推出计划一样，我国世界一流大学建设政策也暴露出一些重要的共性问题，即：缺乏科学有效的评估机制，突出表现为建设政策的效应评价问题。现有的世界一流大学建设政策评估机制往往由于数据获取的局限性等原因，注重短期或阶段性评价而轻视追踪评价，注重科学研究评价但轻视人才培养和社会服务评价，混淆世界一流大学建设政策的“净效应”与原有大学实力带来的影响。具体说来，一方面，我国世界一流大学建设政策实施 20 多年来，政策产生的“净效应”是否显著，是否对高校的科学研究、人才培养和社会服务职能的改善起到促进作用？另一方面，我国世界一流大学建设秉承的“世界一流大学都是综合性、研究型大学”的价值观是否导致了政策对综合类建设高校产生的效应大于其他类建设高校产生的效应，尤其是是否大于世界一流大学建设政策实施前，在我国高校类型中占据绝对优势的理工类高校的效应？以上问题之所以亟待解决，是因为它们处于以下两大背景之下。

1.1.1 研究背景

(1)我国世界一流大学建设进入攻坚期

上追中世纪巴黎大学与意大利大学、牛津大学和剑桥大学的角逐，下溯 20 世纪 90 年代以来《美国新闻周刊》《泰晤士高等教育》(增刊)以及 QS 等机构发布的各类世界大学排行榜，国际社会中大学的竞争可谓愈演愈烈。面对激烈的国际竞争，世界多国或出台世界一流大学建设政策，抑或实施世界一流大学建设方案。

20 世纪 90 年代以来，我国相继出台了一系列旨在建设世界一流大学的国家政策，例如：1993 年发布的《中国教育改革和发展纲要》规定“集中中央和地方等各方面的力量办好 100 所左右重点大学。力争在下世纪初，有一批高等学校在教育质量、科学研究和管理方面，达到世界较高水平”。① 1998 年发布的《面向 21 世纪教育振兴行动计划》要求“对于若干所高等学校进行重点建设。今后 10~20 年，争取若干所大学进入世界一流水平”。② 以上两项政策分别是“211 工程”和“985 工程”建设的行动纲领。2015 年颁布的《统筹推进世界一流大学和一流学科建设总体方案》建议：“到 2020 年，若干所大学进入世界一流行列；到 2030 年，更多的大学进入世界一流行列，若干所大学进入世界一流大学前列，高等教育整体实力显著提升；到本世纪中叶，一流大学的数量和实力进入世界前列，基本建成高等教育强国。”③该政策详细规定了世界一流大学建设的总体要求、建设任务、改革任务、支持措施以及组织实施步骤，这意味着我国将启动新一轮的世界一流大学建设国家战略。

从 1993 年《中国教育改革和发展纲要》的发布到 2015 年《统筹推进世界一流大学和一流学科建设总体方案》的实施，我国世界一流大学建设已达 23 年之久。然而由于缺乏科学有效的评估机制，从政府评价主体来看，首先，政府编制的一系列世界一流大学建设报告偏重对世界一流大学建设政策取得成绩的描述，缺乏对建设政策存在问题的探析；其次，此类评价报告大多简单罗列数字，缺乏对数字背后的规律探析；最后，尚未发布世界一流大学建设政策的历时性评价报告。从第三方评估机构来看，它们注重数据的收集和分析，主要以排行榜的形式发布年度评价报告，但是此类年度报告侧重高校的科学研究评价，忽略人才培养和社会服务评价。此外，此类报告通常仅分析一年的数据，管中窥豹，无法历时反映我国长达 23 年之久的世界一流大学建设全貌。从学者评价主体来看，学者们多从单个角度进行研究，以期形成有益的政策建议，但对旨在建设世界一流大学的“211 工程”和“985 工程”，从科学研究、人才

① 国务院关于《中国教育改革和发展纲要》的实施意见[J]. 中华人民共和国国务院公报，1994(16)：715-730.

② 面向 21 世纪教育振兴行动计划(摘要)[J]. 中国高等教育，1999(6)：3-7.

③ 国务院关于印发统筹推进世界一流大学和一流学科建设总体方案的通知[J]. 中华人民共和国国务院公报，2015(32)：110-114.

培养和社会服务三个方面进行全面评价的追踪研究还没有。因此，本研究在这一背景下应运而生。

(2)科学研究呈现学科交叉和融合的趋势

科学史表明，科学经历了综合→分化→再综合的过程。① 2012 年国务院发布的《关于深化科技体制改革加快国家创新体系建设的意见》明确指出："完善学科布局，推动学科交叉融合和均衡发展，统筹目标导向和自由探索的科学研究，超前部署对国家长远发展具有带动作用的战略先导研究、重要基础研究和交叉前沿研究。"②作为一个典型的涉及多学科理论与方法的基础性探索研究，本研究主要涉及教育评价学、公共政策学、计量经济学和教育管理学等学科领域。第一，涉及教育评价学和公共政策学。一方面，评价一揽子世界一流大学建设政策效应能判断和检验建设政策是否产生了效应，产生了哪些效应，以及产生了多大的效应；另一方面，对其进行评价可对即将到来的下一轮世界一流大学建设及其评价起到指导和规范的作用，从政策层面引导下一轮世界一流大学建设的方向和目标。第二，涉及计量经济学。在本书的研究主体部分，笔者遵循计量经济学的研究范式，构建跨越 1993—2015 年的"211 工程"和"985 工程"建设高校和非建设高校的科学研究、人才培养和社会服务职能相关变量的面板数据，在面板数据的基础上构建倾向得分匹配模型和双重差分模型，评价世界一流大学建设政策的净效应。第三，涉及教育管理学和质量管理学。高等教育质量，包括世界一流大学建设政策质量是教育管理学的重要研究内容和主体，因此，本研究离不开教育管理学的理论指导。

教育评价学专家陈玉琨教授认为教育政策影响着教育活动的全局，对政策进行全面的事前评价和事后效果评价，不断地提高政策

---

① 路甬祥. 学科交叉与交叉科学的意义[J]. 中国科学院院刊，2005(1)：58-60.

② 中共中央、国务院关于深化科技体制改革加快国家创新体系建设的意见[J]. 中华人民共和国国务院公报，2012(28)：4-11.

的科学性，对一国或地区的教育发展有重要意义。① 此外，由于我国世界一流大学建设政策牵涉范围广、利益多，已对高校乃至整个高等教育体系产生了深远的影响。因此，对我国世界一流大学建设政策进行合理的评价显得尤为重要。

1.1.2 研究意义

我国世界一流大学建设政策效应评价研究是跨学科研究视野的拓展，是高等教育政策评价与管理研究的深化和具化，是公共政策学、教育评价学和教育管理学等学科应用研究领域的新拓展。开展我国世界一流大学建设政策效应评价研究，不仅可以丰富和完善高等教育政策评价的理论与方法体系，还可进一步为国家层面和高校层面的世界一流大学建设提供决策支持服务。此外，由于我国世界一流大学建设政策在世界一流大学建设中处于基准、导向和诊断角色，所以开展我国世界一流大学建设政策效应评价的探索性研究是连接世界一流大学建设政策评价理论研究和建设实践领域的桥梁。总之，本研究既具有世界一流大学建设政策评价的理论研究价值，又具有世界一流大学建设实践应用指导价值。具体而言，本书的研究意义主要有以下三方面：

(1)丰富世界一流大学政策效应评价理论

到目前为止，由于世界一流大学理论薄弱，建设实践缺乏参照标准，建设政策目标模糊不清，相应的效应评价研究较为缺乏，政策效应评价理论薄弱。本研究力图通过分析我国世界一流大学政策效应评价的内涵、意义、原则和步骤，构建起世界一流大学政策效应评价的基本理论。此外，笔者在充分发掘韩国学者申永澈关于世界一流大学、地区一流大学以及国家一流大学在科学研究、人才培养和社会服务三方面存在巨大差异理论成果的基础上，界定世界一

① 李金春. 我国“世界一流大学建设”的高等教育政策评价[J]. 中国高教研究，2007(1)：47-50.

流大学的理想定义和操作定义，结合我国世界一流大学建设现状，利用追踪数据，构建倾向得分匹配模型和双重差分模型，通过实证研究扩展“三阶一流”世界一流大学发展理论。

(2) 促进我国世界一流大学建设政策评价制度的构建与完善

本研究深入探讨与评价 1993 年“211 工程”建设政策启动以来我国一揽子世界一流大学建设政策效应。在“211 工程”和“985 工程”的理论构架和政策发展过程基础上，结合政府和世界大学评价机构的评价指标，选择评价模型和变量进行评价，有助于世界一流大学建设政策的制定主体、实施客体和评价主体以及相关部门不断确定和完善世界一流大学建设政策的评价机制。由于缺乏符合国情和特色的理论框架支持，已有的与“211 工程”和“985 工程”建设政策相关的评价实践和研究大多还停留在简单的数字罗列和工作报告上，未借鉴和使用大型公共政策评价的国际通用理论和方法。随着本研究对我国世界一流大学建设政策评价的深入探讨与研究，在构架起“三阶一流”大学发展理论的基础上，如果世界一流大学建设部门能根据我国世界一流大学政策的实际制定、实施和评价情况，进一步构造并完善针对这一揽子政策的评价制度，那么本研究一定会对世界一流大学建设政策评价制度的构建和完善起到促进作用。

(3) 为政府部门建设世界一流大学的科学管理和决策提供定量依据

不管是在过去的“重点大学建设”，还是在“211 工程”和“985 工程”的启动及实施过程中，政府管理部门都起着重要的宏观管理和调控作用。毋庸置疑，在即将实施的下一轮世界一流大学建设中，政府管理部门的宏观管理和调控作用仍会持续。要建成世界一流大学，必然要有大量资金的投入和分配，以及学科资源的重新整合和调节。这就要求我国高等教育管理部门对以往的世界一流大学政策产生的问题和取得的成效做到心中有数，从而制定相关资助政策和管理政策。要做到这些，必然需要详细而准确的定量数据支持。本研究对世界一流大学建设政策效应进行评价和研究。在分析政策效应评价理论基础的同时，将政策效应评价理论应用于实践，得出世界一流大学政策产生的效应，有利于世界一流大学建设政策制定主体了解政策实施情况及其产生的效应，不断提升其决策水平。同时，有助于世界一流大学建设政策制定主体全面考核和深入了解建设政策的具体实施情况和自身管理水平，促使世界一流大学建设政策制定主体不断审视、逐步提升与完善自身的管理水平。

1.2 国内外研究概况及述评

作为党和国家的重大战略决策，创建世界一流大学是我国高等教育在新时代背景下适应内部改革需要和应对外部挑战的重要措施，是提高我国高等教育发展水平和教育质量的宏大工程。研究我国世界一流大学政策及相关问题，也就是研究 21 世纪世界高等教育发展的道路，然而经文献调研，笔者发现，尽管我国对政策效应评价的研究早在 2001 年就开始了，但是国内对世界一流大学政策进行效应评价的研究还没有。因此，本研究只能从世界一流大学政策评价相关研究和其他政策的效应评价研究两个维度进行综述。

1.2.1 国内世界一流大学建设政策评价研究现状

国内关于世界一流大学建设政策的相关研究有五大方面，即：建设政策发展过程，建设政策的国际比较，"211 工程"与"985 工程"系列建设政策的绩效评价，世界一流大学本身的评价，以及其他政策效应评价研究。下文从这五个方面展开综述。

(1)国内世界一流大学建设政策发展过程研究现状

我国学者对国内世界一流大学建设政策的起源和变迁做过深入研究。此类论著形成的主要观点大致如下：北京大学陈学飞教授分析由北大校庆触发的旨在建设世界一流大学的"985 工程"政策的制定起源和过程后，认为"985 工程"政策是先有宏大政策目标的宣示，之后才有政策方案的设计(由教育部和学校操作)，采取了典型的理想导向而非问题导向政策制定方式，带有鲜明的中国特色。“985 工程”政策的形成过程具有价值判断、理想目标宣示和决策先行，政策方案、具体设计以及部门或具体政策后续的显著特点。①

中国世界一流大学建设政策究竟如何影响世界一流大学建设？影响有多大？陈学飞教授对世界一流大学政策——“985 工程”政策的背景、形成过程进行了较为详尽的描述，并对延续和存在的问题加以分析后，指出世界一流大学政策存在的问题主要体现为：①政策目标较为模糊；②实现政策目标的代价尚难以计算；③改革高校内部管理体制和运行机制能否获得成功是个未知数；④政府能够在多长时期内持续支持存在不确定性。② 张亚群分析世界一流大学政策——“211 工程”“985 工程”与“2011 计划”后，指出我国世界一流大学建设政策具有连续性和阶段性的发展特征，推进世界一流大学建设应该建立公平竞争机制、多元主体参与机制和科学的教育评价体系与激励机制，提高世界一流大学建设成效，引导大学参与遴选竞争，得到协调发展。③ 武玉洁学者认为从“211 工程”走向“985 工程”，我国世界一流大学建设政策是提炼“理想型”的过程，它是在合理的考核标准、方式、机制、产出和绩效评估方式没有迅速确立的背景下出台的，因而不管是政府还是学界对世界一流大学建设政策的评价都更重视政策制定过程的描述。④ 由此可见，我国不少学者赞同世界一流大学建设政策是“理想型”政策，但对世界一流大学建设政策体系的发展阶段看法不一，张亚群将世界一流大学政策分为“211 工程”“985 工程”和“2011 计划”阶段，而徐自强和谢凌凌则将我国世界一流大学政策发展阶段外延至五个阶段。

① 陈学飞. 北京大学百年校庆的政治功能[J]. 华南师范大学学报(社会科学版)，2013(5)：83-86.

② 陈学飞. 理想导向型的政策制定——“985 工程”政策过程分析[J]. 教育发展研究，2006(5)：83-84.

③ 张亚群. 高水平大学建设的政策分析——以“985”“211”工程与“2011 计划”为视点[J]. 中国地质大学学报(社会科学版) 2015，15(5)：122-126.

④ 武玉洁. 政策工具视角下我国建设世界一流大学的政策变迁[J]. 现代教育科学，2015(11)：1-5.

徐自强和谢凌凌学者认为："我国建设世界一流大学的政策经历了从重点建设到协同创新五个阶段的变迁历程(见表1-1)，根据倡议联盟框架的分析，不同的倡议联盟在世界一流大学建设政策中会拥有不同的政策参与者和信念体系，但是中央政府倡议联盟发挥的作用占主导地位。基于此，建设世界一流大学应从信念重组和制度重构两个方面入手：一方面，重组建设世界一流大学的政策信念体系，回归世界一流大学的本质属性和精神内核；另一方面，重构世界一流大学的制度安排，把大学治理结构的构建作为切入点来为世界一流大学的建设构筑新路径。"①他们的研究思路契合了提出问题、分析问题和解决问题的经典研究模式。

表1-1 世界一流大学建设政策五阶段发展过程

世界一流大学建设阶段	年份	政策文本/行为
重点大学建设阶段(1954—1963年和1978—1981年)	1954	《关于重点高等学校和专家工作范围的决议》
	1959	《关于在高等学校中指定一批重点学校的决定》
	1960	《关于增加全国重点高校的决定》 《关于全国重点高等学校暂行管理办法》
	1963	国务院通知决定新增
	1978	《关于恢复和办好全国重点高等学校的报告》
	1978—1981	国务院通知决定新增、院校合并调整
国家重点建设项目阶段(1981—1991年)	1983	《关于将50所左右高等学校列为国家重大建设项目的建议》("835建言")
	1984	《关于将10所高等学校列入国家重点建设项目的请示》国务院批准增列
	1987—1988	国家教委批审增列

① 徐自强，谢凌凌. 从重点建设到协同创新：我国建设世界一流大学的政策变迁[J]. 现代教育管理，2014(5)：39-45.

续表

世界一流大学建设阶段	年份	政策文本/行为
“211 工程”阶段(1991—1998年)	1991	《国民经济和社会发展十年规划和第八个五年计划》 《关于重点建设好一批重点大学和重点学科的报告》
	1993	《关于加快改革和积极发展普通高等教育意见》 《中国教育改革和发展纲要》 《关于〈中国教育改革和发展纲要〉的实施意见》 《关于重点建设一批高等学校和重点学科的若干意见》
	1994	中央财政拨款，设立启动资金，成立协调小组
	1995	《“211 工程”总体建设规划》
“985 工程”阶段(1998—2011年)	1998	江泽民同志北京大学 100 周年校庆重要讲话
	1999	《面向 21 世纪教育振兴行动计划》
	1999	《关于深化教育改革全面推进素质教育的决定》
	2001	江泽民同志清华大学 90 周年讲话
	2011	胡锦涛同志清华大学 100 周年校庆重要讲话
“2011 计划”阶段	2012	《关于实施高等学校创新能力提升计划的意见》
	2013	教育部公布“2011 计划”首批入选名单

资料来源：徐自强，谢凌凌. 从重点建设到协同创新：我国建设世界一流大学的政策变迁[J]. 现代教育管理，2014(5)：39-45.

研读以上政策文本后，笔者发现，尽管徐自强和谢凌凌将我国世界一流大学政策外延到了 1954 年的重点大学建设阶段，但“世界一流大学”首次较隐晦地出现是在《中国教育改革和发展纲要》中。该政策提到“要集力量办好 100 所左右重点大学，力争在下世纪初，有一批高等学校在教育质量、科学研究和管理方面，达到世界较高水平”①，该文件也是“211 工程”的宣言书。因此，本研究的世界一流大学建设政策体系指从“211 工程”阶段到“985 工程”阶段颁布的一系列世界一流大学建设政策，未包括“2011 计划”阶段及以后发布的世界一流大学建设政策，譬如 2015 年 10 月 24 日发布的《统筹推进世界一流大学和一流学科建设总体方案》等。因为“2011 计划”阶段政策及以后颁布的方案颁布时间过短，发挥的政策效应不明显。

(2)世界一流大学政策的国别个案研究和国际比较研究现状

自 1993 年我国启动“211 工程”之后，德国、法国、日本、韩国以及我国台湾和香港等国家和地区也实施了世界一流大学建设政策，关于世界一流大学政策的国别个案和国际比较研究也就应运而生了。在世界一流大学政策的国别个案研究方面，学者连进军在分析韩国“BK21 工程”的目标、内容和实施后，认为“BK21 工程”在阻碍韩国高等教育均衡发展、损害韩国大学自主意识以及影响韩国大学学术自由发展的同时，显著提高了韩国大学的科研能力，改变了韩国大学的学术风气、学术文化和教师评价的性质，并在大学的系统改革上取得了很大的进展。②

在世界一流大学建设政策的国际比较研究方面，张春浩在分析我国的“211 工程”、日本的“国公私 TOP 30”、韩国的“BK21 工程”三大世界一流大学建设政策的背景因素基础上，从微观角度分析三国三所国立大学(北京大学、东京大学和汉城大学)建设世界一流大学的具体内容，结合三国第一建设阶段的评价结果，探讨了我国世界一流大学建设政策的发展方向。得出结论：其一，决策部门特征与政策推进主体的不同，影响教学与科研一体化的实现。其二，世界一流大学建设政策对本国名牌大学既有正面效应也有负面效应。其三，世界一流大学建设政策无法规避办学模式上的研究

① 中国教育改革和发展纲要[J]. 中国高等教育，1993(4)：8-17.

② 连进军. 韩国的世界一流大学建设：BK21 工程述评[J]. 大学教育科学. 2011(2)：97-101.

型、国际化、综合化的共同规律。①

笔者前期对德国的“卓越计划”、法国的“卓越大学计划”、日本的“21 世纪卓越基地计划”和韩国的“21 世纪智慧韩国工程”四项世界一流大学政策的制定背景、内容和效果进行对比研究后，发现德国“卓越计划”极大改善了参与大学的基本面貌，促进了跨学科合作，为青年研究者(特别是博士后青年研究者)提供了科研机会，但是该政策也对德国的大学治理、人力资源发展以及学科发展产生了负面效应。② 在“2003 年危机”的刺激下，法国 2010 年“卓越大学计划”的外显目的仍然是提升其在上海交通大学世界大学学术排名中的位次，但是时至今日法国并未达到这一直接目的。③ 日本“21 世纪卓越基地计划”促成了极致的研究，建成了教育基地，雇佣了青年研究人员，建立了大学校长领导下的有效治理结构，促进了校企合作，并实施了双专业教育体系。韩国的“21 世纪智慧韩国工程”在扩大韩国知识分子规模的同时，极大提高了知识分子和科研的质量。④

可见，本着找出差距、争取支持以及借鉴经验的目的，国内研究较为注重对国外世界一流大学政策的经验介绍，这有利于中国世界一流大学建设政策的制定、实施和评价少走弯路，有的放矢。

(3)“211 工程”和“985 工程”的绩效评价研究现状

自 1993 年 7 月 15 日国家教育委员会发布《关于重点建设一批高等学校和重点学科点的若干意见》，并提出“若干所高等学校达到或接近世界先进水平”后，旨在建设世界一流大学的“211 工程”

① 张春浩. 中日韩建设世界一流大学政策比较研究[D]. 长春：东北师范大学，2003.

② 邱均平，欧玉芳. 亚欧四国世界一流大学建设比较研究[J]. 高教发展与评估，2016，32(4)：36-44，88-89.

③ 邱均平，欧玉芳. 亚欧四国世界一流大学建设比较研究[J]. 高教发展与评估，2016，32(4)：36-44，88-89.

④ 邱均平，欧玉芳. 亚欧四国世界一流大学建设比较研究[J]. 高教发展与评估，2016，32(4)：36-44，88-89.

和“985 工程”相继实施。在世界一流大学建设期间，我国政府部门和学术界从不同角度对“211 工程”和“985 工程”的实施情况进行了初步探索性评价和研究。

①政府部门对“211 工程”和“985 工程”的评价研究现状

1996 年 4 月 15 日，原国家教委成立“211 工程”部际协调小组办公室，规定了其职责。① 该小组分别于 2000 年、2002 年和 2007 年出版并发行《“211 工程”中期报告》《“211 工程”“九五”总结报告》以及《“211 工程”发展报告(1995—2005)》。这三大报告回顾和总结了“211 工程”提出的历史背景、建设取得的成就、经验和启示，并展望了“211 工程”的发展前景。

除原国家教委对“211 工程”作过整体性评价和报告外，一些地方教育厅也对其参与建设的“211 工程”项目进行了评价和总结。例如，2001 年广东省教育厅“211 工程”办公室发布《广东高校“211 工程”建设中期报告》，该报告对广东省的“211 工程”进行了总体评价，报告了中山大学、华南理工大学、暨南大学、华南师范大学、中山医科大学、华南农业大学、汕头大学、广州中医药大学等广东“211 工程”高校的建设情况。②

教育部“985 工程”办公室对“985 工程”一期建设成效做了总结性评价的《“985 工程”一期建设情况总结》(未发表报告，2004 年)，即：“985 工程”建设高校的总体实力增强，缩小了与世界一流大学的差距；学科结构趋向合理，形成了一批相互协同的学科群体；师资队伍水平提高，培育引进了一批学术精英；科研水平快速越升，成为国家科技创新的重要力量；教学条件得到改善，初步奠定高水平一流大学的物质基础；教学观念得到改变，培养造就了一批创新型人才；产学研合作纵深发展，促进科技成果转化与高技术产业

① “211 工程”部际协调小组办公室. 关于印发《“211 工程”建设实施管理办法》的通知[EB/OL]. [2016-03-17]. http://www.china.com.cn/node_7000058/content_23557491.htm.

② 广东省教育厅“211 工程”办公室. 广东高校“211 工程”建设中期报告[M]. 广州：暨南大学出版社，2001.

化；国际化程度日益提高，成为开展国际科技合作与交流的重要窗口；师生员工得到鼓舞，激发了高等教育界勇创一流的奋斗激情；教育得到空前重视，带动了地方政府对高等教育的投入。①

通过研读政府部门对世界一流大学建设政策实施发布的一系列评价报告，笔者发现：首先，此类报告偏重对世界一流大学建设取得成绩的描述，缺乏对建设中存在问题的探析；其次，此类评价报告大多简单罗列数字，缺乏对数字背后的规律探析；最后，尚未发布对世界一流大学建设政策实施的历时性评价报告。因此，本研究通过对世界一流大学建设政策实施的历时研究，以期探索数字背后的规律，揭示世界一流大学政策取得的成效和存在的问题，小则为即将启动的新一轮世界一流大学建设决策提供建议，大则为身处高等教育大国向高等教育强国转型背景下我国高等教育的发展指明方向。

②学术界对“211 工程”和“985 工程”的评价研究现状

关于两大主要世界一流大学政策“211 工程”和“985 工程”绩效评价，目前国内学术界多从单个角度分别进行研究，例如：“211 工程”和“985 工程”专项经费利用效率、科研绩效和教学绩效等角度，以期形成有益的政策建议，但对旨在建设世界一流大学的“211 工程”和“985 工程”对建设高校三大职能——科学研究、人才培养和社会服务所产生的效应进行整体的全面评价研究还没有。

“211 工程”和“985 工程”专项经费利用效率研究。李红宇等学者通过构建数据包络分析(DEA)模型，在效率评价的基础上，进一步借助相关系数分析深入探寻“985 工程”资金结构与配置效率的互动关系，力图从“985 工程”(2010—2013 年)建设实践中抽取出经验性证据，为下一轮高校“985 工程”建设的科学决策提供参考性依据。② 周奇杰提出了适合“211 工程”的专项经费绩效评价体系，

① 许涛. 中国“985 工程”研究及政策建议[M]. 北京：高等教育出版社，2008：34-53.

② 李红宇，曾孟夏，吕艳. 高等教育资源利用效率与高校“985 工程”实施绩效分析[J]. 中国高教研究，2014(5)：38-43.

并以一所高校为例进行了实证分析，在实证结果基础上提出了相应的改进措施和建议。① 胡悦根据高等学校财政资金使用绩效评价的特点，运用数据包络分析(DEA)方法实证研究了29所“985工程”高校财政资金使用的绩效，得出了由于投入冗余和产出不足问题，样本高校出现科研经费投入过剩、科研成果产出不足和科研成果转化率不高的结论。② 李晓静、王冰和谢佳颖针对我国高校科研经费管理及使用现状，建立了高校科研经费使用效率的监测指标体系，构建DEA-CCR模型，对2008—2010年全国62所“211工程”和“985工程”高校进行总体和分类实证分析后，得出了各高校的科研经费DEA效率得分，并在CCR模型结果基础上引入BCC和NIRS模型。③ 丁岚的著作《“985工程”实施效率及影响因素研究》使用广义最小二乘法模型、固定效应模型和截断数据模型，对“985工程”的教育资源配置效率、生成效率以及“公派研究生项目”实施效率等问题进行了实证分析，探寻了影响“985工程”实施效率与绩效的关键因素。④

“211工程”和“985工程”科研绩效研究。经文献调研，笔者发现国内有关大学科研评价的研究成果，尤其是以“211工程”和“985工程”为研究对象的科研成果丰硕，研究方法先进。李瑛和孙涛运用随机前沿面模型，对国内“211工程”的25所综合性高校在2007—2010年的科研管理绩效的分析结果表明，科研实力强的高校科研管理绩效未必高。⑤ 朱建育、赵红军和方曦以上海4所“985

---

① 周奇杰. 基于BSC的高校专项经费绩效评价研究[D]. 南京：南京师范大学，2013.

② 胡悦. 高等学校财政资金使用绩效评价研究[D]. 武汉：武汉科技大学，2015.

③ 李晓静，王冰，谢佳颖. DEA-CCR模型在高校科研经费使用效率评价中的应用研究[J]. 教育科学，2015(2)：79-85.

④ 丁岚. “985工程”实施效率及影响因素研究[M]. 北京：经济管理出版社，2014：153.

⑤ 李瑛，孙涛. 高校科研管理绩效评价——基于2007—2010年数据的实证研究[J]. 江西社会科学，2013(1)：218-221.

工程”和9所非“985工程”高校2000—2009年的科技统计年报数据为分析对象，采用面板模型系统分析研究高校科研综合投入(R&D人力和R&D经费)对于高校科研成果(论文和专著)产出的影响。① 李刚在分析科研绩效的概念和作用的基础上，从科研投入和科研产出两个方面构建了研究型高校科研绩效评价指标体系，将超效率DEA模型应用到研究型高校的科研绩效综合评价中，并运用指标体系评价了36所“985工程”高校的科研绩效，证明了超效率DEA模型的科学性和有效性。② 戚巍等人以学术绩效为研究对象，构建TOPSIS评价模型，利用ESI数据，评价33所“985工程”高新的学术绩效，发现“985工程”一期建设高校的学术绩效位居前列，但“985工程”高校学术绩效的总体水平不高，且存在两极分化现象。③ 吴建南、孟凡蓉和章磊对“985工程”高校的科技创新平台绩效评价进行了研究。他们分析了科技创新平台的概念、内涵和特点，根据绩效评价的理念，借鉴国家重点实验室绩效评估的经验，对“985工程”科技创新平台的绩效评价提出了建议。④ 张黎等人采用DEA模型，评价34所“985”工程高校2014年的科研效率，发现我国34所“985工程”高校的科研活动效率总体水平偏低，有些高校的科研活动甚至无效。⑤ 由上文可知，我国学者青睐使用随机前沿面模型、DEA以及TOPSIS方法等前沿研究工具和方法来研究高校科研绩效。

“211工程”和“985工程”教学绩效研究。李硕豪和何敏在39

① 朱建育，赵红军，方曦. 基于面板数据模型的上海高校科研绩效评价的实证研究[J]. 研究与发展管理，2013，25(2)：115-119.

② 李刚. 基于超效率数据包络分析的研究型高校科研效率评价研究[J]. 机械设计与制造工程，2013(10)：61-64.

③ 戚巍，陈晓剑，张岩等. 基于TOPSIS的中国研究型大学学术绩效评价方法研究[J]. 中国高教研究，2010(1)：15-19.

④ 吴建南，孟凡蓉，章磊. 高校“985工程”科技创新平台建设评价体系构建思路探析[J]. 科技管理研究，2009(6)：101-103.

⑤ 张黎，刘素娟，张岩. 基于DEA交叉模型的高校科研效率评价研究[J]. 企业科技与发展，2015(18)：35-38.

所“985 工程”高校 2010 年本科教学质量报告的基础上，对“985 工程”高校本科教学质量工程建设绩效进行了分析，发现我国 39 所“985 工程”高校本科教学质量工程建设成效显著，质量工程建设项目的评选相对公平，“马太效应”得到了规避，高校间的教学绩效差异明显。① 曲涛采用数据包络分析模型，基于高校本科教学质量报告，评价非“985 工程”的“211 工程”高校本科教育绩效后，发现“211 工程”高校本科办学综合效率明显高于全国高校平均水平，但仍有 20%的提升空间。② 乔联宝基于规模收益不变假设，构建联合 DEA 模型，分析 32 所“985 工程”高校的科研和教学综合效率，发现大多数的建设高校提高了科研和教学效率，仅少数高校科研和教学的效率都相对较低；同时，不同院校的科研效率差异较大，且在 95%置信水平下，教学效率明显高于科研效率。③

（4）国内世界一流大学本身的评价研究现状

国内对世界大学进行评价的主体是第三方评估机构，第三方评估机构不仅研究了世界一流大学的基本理论及其建设问题，而且十分注重世界一流大学评价研究。目前，我国从事世界一流大学评价研究的机构主要有两家：其一为上海交通大学世界一流大学研究中心，它的评价对象是所有曾经有教师或校友获得过诺贝尔奖或菲尔兹奖的大学；所有拥有高被引科学家的大学；过去 10 年中所有在《自然》(*Nature*)或《科学》(*Science*)杂志上作为通讯作者单位发表过论文的大学；以及各个国家被科学引文索引(SCIE)和社会科学引文索引(SSCI)收录论文数较多的大学。④其二为武汉大学中国科

① 李硕豪，何敏．“985 工程”大学本科教学质量绩效分析[J]．国家教育行政学院学报，2012(6)：14-21.

② 曲涛．“211 工程”高校本科教育绩效实证分析[J]．高教发展与评估，2015(4)：45-56.

③ 乔联宝．基于联合 DEA 模型的“985”高校科研-教学综合效率评价[J]．科研管理，2015(S1)：210-215.

④ 上海交通大学．世界大学学术排名[EB/OL]．[2016-03-19]．http://www.shanghairanking.cn/ARWU-Methodology-20 15.html.

学评价研究中心，它的评价对象为全球范围内美国基本科学指标(Essential Science Indicators，ESI)数据库中过去10年中论文总被引次数前1%的大学及科研机构。① 两家机构的评价指标详见表1-2。

表1-2 国内世界一流大学评价机构及指标体系

时间	评价机构	指标体系及权重
2003—今	上海交通大学世界一流大学研究中心	获诺贝尔奖和菲尔兹奖的校友折合数(10%)、获诺贝尔科学奖和菲尔兹奖的教师折合数(20%)、各学科领域被引用次数最高的科学家数量(20%)、在*Nature*和*Science*上发表论文的折合数(20%)、被科学引文索引(SCIE)和社会科学引文索引(SSCI)收录的论文数量(20%)以及上述五项指标得分的师均值(10%)②
2004—今	武汉大学中国科学评价研究中心	科研生产力(论文发表数25%)、科研影响力(论文被引数20%、高被引论文数20%、高被引率10%、进入ESI学科数5%)、科研创新力(专利数5%和热门论文数10%)以及网络影响力(5%)③

笔者分析目前国内第三方评价机构对世界一流大学的评价现状后，发现两家评价机构运用不同的评价指标，各有特色。作为介于政府与民间组织之间的评价主体，两家评价机构均以教育机构的身份参与评价工作，能较好地达到以评促教的效果。两家机构的原始数据来自Web of Science、ESI和InCites等国际通用数据库，数据

① 邱均平，等. 世界一流大学与科研机构学科竞争力评价研究报告2015—2016[M]北京：科学出版社，2015：15.

② 上海交通大学. 世界大学学术排名[EB/OL]. [2016-03-19]. http://www.shanghairanking.cn/ARWU -Methodology-20 15.html.

③ 邱均平，等. 世界一流大学与科研机构学科竞争力评价研究报告2015—2016[M]北京：科学出版社，2015：15.

统计口径一致，保证了世界大学的可比性。两家机构对世界大学的评价侧重于科学研究，而由于自然科学的发文量远大于人文科学的发文量，因此两大排行榜在评价自然科学方面比较公正，但对于人文科学的评价有失公允。此外，两大排行榜也存在所有排行榜的通病，即忽视学术氛围和校园文化的评价。

(5)国内其他政策效应评价研究现状

笔者通过文献调研发现，我国学者对世界一流大学建设政策的研究通常落入定性问题描述、原因分析和提出建议的窠臼，仅从世界一流大学建设政策的发展和实施过程中存在的问题及其根源出发，提出解决方案，但是将常用的政策效应评价方法用于世界一流大学建设政策评价的研究还凤毛麟角。因此，下文仅能综述国内其他教育政策效应评价研究。

①国内其他教育政策效应评价研究现状。

虽然国内直接对世界一流大学政策效应进行评价的研究还没有，但有少数学者对其他教育政策进行过效应评价研究。王琴梅学者对免费师范生教育政策进行研究后，认为该政策对科教兴国战略的落实产生了正面效应，同时对国家、社会、实施该政策的院校以及免费师范生产生了负面效应。① 李敏媚研究农村中职免费政策的公平效应后，得出该政策偏离了其“支农”“扶贫”的预期目标。② 丁冬等学者利用1996—2009年省级面板数据，使用固定效应模型和工具变量方法，研究了我国中小学撤点并校对教育资源配置产生的效应。③ 卢珂利用两期面板数据，对比接受布局调整政策的学生成绩与未接受布局调整政策的学生成绩后，得到了农村中小学布局

① 王琴梅. 科教兴国战略视角下师范生免费教育政策效应的分析——基于对陕西师范大学等校的调查[J]. 经济社会体制比较，2009(1)：159-165.

② 李敏媚. 农村中职教育免费政策的公平效应研究[D]. 南昌：江西师范大学，2011.

③ 丁冬，郑风田. 撤点并校：整合教育资源还是减少教育投入？——基于1996—2009年的省级面板数据分析[J]. 经济学(季刊)，2015(2)：603-622.

调整政策对教学质量具有显著负效应的结果。①许玲丽等学者运用非参数与半参数方法，在边际处理效应(MTE)分析框架下，分析了高等教育扩招政策对教育回报产生的效应，得出1998年大规模扩招之后，平均处理效应(ATE)、参与者处理效应(TT)、未参与者处理效应(TUT)都较1983—1998年参加高考的群体有所增加，不管是小规模还是大规模扩招，高考扩招政策的平均处理效应(ATT)都是积极的。② 龚本清通过构建多元线性回归模型研究云南省基础教育政策“两免一补”对农村小学和农村初中产生的效应。③丁克贤通过问卷调查方法，研究了免费义务教育政策对学生、家庭、教师和教育行政部门所产生的效应。④ 孙百才和常宝宁学者通过问卷调查西部6省18县的学生、家长和教师后，得出农村义务教育“两免一补”政策效应在实施过程中均指向了家庭经济困难、残疾和少数民族儿童，较好地达到了政策的预期目的。⑤ 常宝宁和李录琴对甘肃、宁夏、青海3省的9个县通过问卷、深度访谈、参与式观察及个案研究，分析了《关于深化农村义务教育经费保障机制改革的通知》实施一年后对减轻农民负担、学生就学、各级财政以及学校办学条件产生的影响。⑥ 查显友和丁守海学者运用统计原理，分析高等教育缴费标准与失学概率间的理论关系后，指出低收费政策和高收费政策对改善教育公平的比较效应是随不同情况而改

① 卢珂. 农村学校布局调整政策效应评估——基于教育质量视角的增值性评估[J]. 现代教育管理，2011(3)：39-42.

② 许玲丽，李雪松，周亚虹. 中国高等教育扩招效应的实证分析——基于边际处理效应(MTE)的研究[J]. 数量经济技术经济研究，2012(11)：116-129.

③ 龚本清，徐云. “两免一补”政策效应分析——以云南省义务教育为例[J]. 经营管理者，2011(11X)：30-31.

④ 丁克贤. 免费义务教育项目实施的现状及政策效应分析——以西部甘、青、宁三省区为例[J]. 上海教育科研，2008(9)：8-11.

⑤ 孙百才，常宝宁. 西部农村义务教育实施“两免一补”的政策效应分析[J]. 教育与经济，2008(3)：14-18.

⑥ 常宝宁，李录琴. 免费义务教育实施后的政策效应分析——以西北三省区为例[J]. 当代教育科学，2007(19)：15-17.

变的，低收费政策并不一定能显著改善低收入阶层的社会福利和提高教育机会，高收费和资助政策的效应反而更加显著。①

综上所述，国内学者对免费师范生教育政策、农村中职免费政策、中小学撤点并校、布局调整政策、高等教育扩招政策、基础教育“两免一补”政策以及高等教育高收费政策等产生的效应进行过实证研究。此类研究有三大特征：a. 学者们青睐比较分析法，一般通过比较一项政策实施前后或两项相反的政策对政策客体产生的效应来进行此类研究；b. 学者们中意使用前沿的实证分析方法(例如：固定效应模型、工具变量方法、非参数与半参数方法)来进行政策效应评价；c. 学者们的研究数据大多来源于各类官方统计资料，得出的研究结论严谨、可靠。此类研究为本书在研究思路和方法上奠定了很好的基础。

②国内其他非教育政策效应评价的研究现状。

经文献调研，笔者发现，政策效应分析主要应用于应用经济学、理论经济学、农林经济管理和工商管理等领域。彭曦和陈仲常学者通过模型与数据的实证研究方法对西部大开发的政策效应进行评价，通过构建五大类 25 个分项指标的综合发展水平评价体系，使用从 1997—2013 年 31 个省市的指标数据，并计算出综合评价值来考察西部大开发政策对西部地区各个省份整体发展的影响。② 彭定赟等学者通过分析 1994—2008 年全国农业和农村四种支出对经济增长的效应，发现短期内农业支出、农村义务教育支出对经济增长存在着正效应，农村公共卫生支出和农村社会保障支出对经济增长存在着负效应。③ 郭金秀通过构建 VAR 模型、巴罗模型、RCK 模型和代际交叠分配模型等，研究了反危机扩张性公共支出政策对内需、经济增长、价格、需求结构、区域经济结构、收入分配结构

① 查显友，丁守海. 低收费政策能改善教育公平和社会福利吗？——兼论高等教育不同收费政策的效应[J]. 清华大学教育研究，2006(1)：65-70.

② 彭曦，陈仲常. 西部大开发政策效应评价[J]. 中国人口、资源与环境，2016(3)：136-144.

③ 彭定赟，高萍，罗元. 农村公共产品投入对经济增长的效应分析[J]. 华中农业大学学报(社会科学版)，2011(1)：30-36.

等方面产生的效应。① 寇国明等学者分析两部门(农民工和政府)、两时期(教育投资期和工作期)经济，构造基于职业风险并纳入新政策变量的效用函数，通过局部均衡和比较静态分析揭示农民工工伤保险和农民工教育补贴新政策的效应。② 李毅娜利用浙江省数据构建模型，分析个人卫生支出占比的决定因素，计算出个人卫生支出占比的政策效应。③ 曹俐以扩展的生产函数为理论模型，运用面板数据模型分别估算了财政专项补贴、税收政策优惠以及两者共同作用下，补贴政策对液态生物质燃料企业产出的影响程度。④ 由此可见，主要应用于应用经济学、理论经济学、农林经济管理和工商管理等领域的政策效应研究方法，对我国世界一流大学政策效应评价研究具有很好的借鉴意义。

1.2.2　国外世界一流大学建设政策评价研究现状

经调研 Springer 电子期刊及电子图书数据库(外文专著库)、科学网(Web of Science)数据库(外文学术期刊论文库)、ProQuest Dissertations and Theses(外文学位论文库)文献后，笔者未发现与我国世界一流大学建设政策效应评价直接相关的文献，但有一些对德国、法国、日本和韩国的世界一流大学建设政策效应以及其他政策效应进行评价研究的文献。此外，国外以排行榜的形式对世界一流大学进行评价已经比较成熟。

(1)国外世界一流大学政策评价研究现状

从世界主要发达国家来看，不论是在集权型还是分权型的高等

① 郭金秀. 反危机公共支出政策效应研究[D]. 南京：南京大学，2011.

② 寇国明，邱长溶. 农民工职业风险、工伤保险与教育补贴的政策效应[J]. 财经研究，2006(7)：18-28.

③ 李毅娜. 浙江省个人卫生支出的决定因素及其政策效应[D]. 杭州：浙江工商大学，2013.

④ 曹俐. 我国液态生物质燃料补贴政策效应评价研究[J]. 经济问题，2016(4)：63-68.

教育体制中，各国无不重视世界一流大学建设政策及其评价，以保证资源的使用效率与教育质量。国外世界一流大学建设政策评价的研究主要由政府或第三方机构从事。政府部门对世界一流大学建设政策的评价要么自设评价机构（例如：德国成立“卓越计划”评估小组，对旨在建设世界一流大学的“卓越计划”进行评估），要么聘请专业评估机构进行评估（例如，韩国聘请世界著名智库机构——兰德公司（Rand Corporation）对旨在建设世界一流大学的“BK21 工程”进行评估）。此类评估一般不对外公布，而第三方机构大多以排行榜的形式来评价世界一流大学本身，譬如美国的新闻与世界报道（US News & World Report，以下简称美新）以及英国的泰晤士报高等教育（The Times Higher Education，THE）和夸夸雷利·西蒙兹（Quacquarelli Symonds，QS）就是发布世界大学排行榜的典型代表，它们的评价结果向全世界公布，其影响力逐日见长。下文从政府评价主体来对世界一流大学建设政策研究进行综述，第三方机构对世界大学本身的评价研究详见本节内容。

目前，面对激烈的国际竞争，欧洲、亚洲、澳洲等国的许多大学都在努力建设世界一流大学。2005 年德国启动“卓越计划”①、2010 年法国启动“卓越大学计划”②、2002 年日本实施“21 世纪卓越基地计划”③、1999 年韩国启动“21 世纪智慧韩国工程”④，四国分别开始建设各自的世界一流大学。之后，德国和韩国对各自的世界一流大学建设政策进行过评价。

---

① Die Exzellenzvereinbarung: Beobachtungen aus der Implementierungsphase [EB/OL]. [2015-12-01]. http://www.dfg.de/download/pdf/dfg_improfil/zahlen_fakten/programm_evaluation/studie_evaluation_exin.pdf.

② L'Agence Nationale de la Recherche. Appela Projects Initiatives d'Excellence Edition 2010-Liste des Membres du Jury [R]. Paris: L'Agence Nationale de la Recherche, 2010: 1-2.

③ Japan Society for the Promotion of Science. 21st Century COE Program [EB/OL]. [2015-12-01]. http://www.jsps.go.jp/english/e-21coe/.

④ Ministry of Education & Human Resources Development: Brain Korea 21 [EB/OL]. [2015-12-01]. http://www.moe.go.kr/en/index.html.

2008年，柏林-勃兰德堡科学院(Berlin-Brandenburg Academy of Sciences)组建了德国卓越计划评估小组，对德国“卓越计划”进行了评估。评估小组认为德国“卓越计划”极大改善了参与大学的基本面貌，促进了跨学科合作，为青年研究者(特别是博士后青年研究者)提供了科学研究机会，但是该政策也对德国的大学治理、人力资源发展以及学科发展产生了负面影响。① 在大学治理方面：获得了“卓越计划”慷慨资助的研究生院和卓越集群变得过于独立，不仅背离了德国强化大学领导和管理的初衷，而且造成了研究生院和卓越集群内部管理的分化。在人力资源发展方面：研究集群和研究生院为初级研究人员和博士后提供了大量职位，但是大部分博士后职位不是终身职位，而是仅有5年资助的短期职位。此外，大部分研究集群和研究生院所进行的研究是高度专业化的研究，其他大学并无此类研究，这就对初级研究人员和博士后5年资助期研究生涯结束后的退出造成了问题。在学科发展方面：学者朱恩(Zürn)批评德国“卓越计划”偏好生命科学、自然科学以及工程学的发展，而人文社会科学在该计划的第一轮遴选时得到的资助过少。②

2008年，韩国研究基金会(Korea Research Foundation)委托世界著名智库机构——兰德公司(Rand Corporation)对“BK21工程”的成效进行评价。依据“BK21工程”的目标、任务、投入、激励机制、活动和产出所构建的逻辑模型和线性回归数量模型进行评价后，兰德公司认为“BK21工程”在扩大韩国知识分子规模和提高知识分子质量的同时，极大地提高了科学研究质量。例如：“BK21工程”实施的第一阶段(1999—2005年)，韩国SCI科技论文由3765篇上升到7281篇，SCI论文数国际排名由第16位上升到第12位，

① Interdisziplinäre Arbeitsgruppe Exzellenzinitiative. Bedingungen und Folgen der Exzellenzinitiative [M]//S Leibfried (Ed.), Die Exzellenzinitiative. Zwischenbilanz und Perspektiven. Frankfurt a. New York: Campus, 2010: 35-50.

② Zürn M. Ein Rückblick auf die erste Exzellenzinitiative - Es geht noch besser! [M]//S Leibfried (Ed.), Die Exzellenzinitiative. Zwischenbilanz und Perspektiven. Frankfurt a. New York: Campus, 2010: 219-229.

论文篇均影响因子由 1.9 上升到 2.43。①

(2)国外其他教育政策效应评价研究现状

笔者调研外文数据库后，发现国外也有一些其他教育政策效应评价的研究。韩国学者卞洙容(Soo-young Byun)使用倾向得分匹配法对韩国 1972 年发布并实施至今的《高中平准化政策》(High School Equalization Policy)进行研究后，得出该政策对减轻韩国家庭的教育成本负担产生了较小的效应。②韩国学者征东旭(정동욱)使用 2010 年首尔教育追踪研究(Seoul Education Longitudinal Study)数据，构建类内倾向得分匹配(within-cluster propensity score matching)和多层线性模型，研究了远程教育系统(educational broadcast system, EBS)对私人教师产生的因果效应。③ 杨格来(Nyangara)等学者通过问卷调查、访谈以及文献分析，研究了 1981—2005 年教育政策变化对肯尼亚中等学校家政教育产生的效应。④李艳辉(Yan-Hui Li)学者使用内容分析法对俄罗斯颁布的《2011—2015 年联邦教育发展目标大纲》进行分析后，对该政策实施的社会和经济效应进行了预期评价。⑤由此可见，国外教育政策效应评价的研究方法与国内同类研究使用的研究方法相似，学者们都青睐使用倾向得分匹配

---

① Somi S, Popper S W, Goldman C A, et al. Brain Korea 21 Phase II: A New Evaluation Model [M]. Santa Monica: RAND, 2008: 54-65.

② Byun S Y. Does Policy Matter in Shadow Education Spending? Revisiting the Effects of the High School Equalization Policy in South Korea [J]. Asia Pacific Education Review, 2010, 11(1): 83-96.

③ 정동욱, Park, Hyun-Jeong. The Effects of EBS Education Programs on Private Tutoring: Evidence from Seoul EBS [J]. The Journal of Educational Administration, 2012, 30(3): 21-42.

④ Nyangara K N, Indoshi F C, Othuon L O. Impact of Educational Policy Changes on Home Science Education in Secondary Schools in Kenya: 1981 to 2005[J]. Biodemography & Social Biology, 2010, 2(5): 82-88.

⑤ Yan-Hui Li. Content Analysis of Education Policy <Federal Education Development Target Program 2011 ~ 2015> of Russia [J]. Comparative Education Review, 2013(3): 231.

模型、多层线性模型以及内容分析等较先进的研究方法。

(3)国外其他非教育政策效应评价研究现状

国外其他非教育政策效应评价研究主要集中于对经济政策、产业政策和社会政策的研究。日本学者余玉琴(Yuqing Yu)等人构建基准情景和政策情景，结合从上到下和从下到上这两种不同的政策制定模型，研究了中国“十一五”期间为提高工业能源效率实施的一揽子工业能源政策与能源节省之间的效应关系。① 韩国学者蒋文京(Moon Kyoung Jang)使用向量自回归方法，研究了韩国网上赌博管制政策对网上游戏及其供应商产生的效应，并利用格兰杰检验证明了网上游戏及其供应商之间存在着相互依赖性。② 英国学者齐娅·瓦杜德(Zia Wadud)利用自回归分布滞后模型，研究了英国车辆消费税改革政策和欧盟标准对新车用燃油经济的影响，研究结果发现政策对收入和燃油经济产生了一定的效应，但对燃油价格产生的效应非常小。③ 日本学者沈政江(Zhenjiang Shen)通过构建基于主体的家庭居住重置模型(agent-based household residential relocation model，HRRM)，研究了日本重建市区政策产生的效应。④ 日本学者钱嘉容使用灰色关联分析法，研究了2004年起我国实施的粮食最低采购价格保护政策对管制我国粮食价格产生的效应后，得出我

① Yu Y, Wang X, Li H, et al. Ex-post Assessment of China's Industrial Energy Efficiency Policies During the 11th Five-Year Plan [J]. Energy Policy, 2015, 76(C): 132-145.

② Jang M K, Jeon S, Kim J I, et al. An Empirical Analysis of Regulation Policy Effects on Social Casino Using Vector Autoregression [J]. Social Science Electronic Publishing, 2015: 1-16.

③ Wadud Z. New Vehicle Fuel Economy in the UK: Impact of the Recession and Recent Policies [J]. Energy Policy, 2014, 74: 215-223.

④ Shen Z, Ma Y, Kawakami M, et al. Development of Agent-Based Model for Simulation on Residential Mobility Affected by Downtown Regeneration Policy [M]. Intelligent Interactive Multimedia: Systems and Services, Berlin: Springer Berlin Heidelberg, 2012: 201-211.

国粮食价格保护政策有效地影响了粮食市场价格，达到了政策预期目标。① 由此可见，国外政策效应评价在其他学科应用非常广泛，而在教育政策分析中应用较少，这就为国内外教育政策效应评价提供了借鉴机会。

(4)国外世界一流大学评价研究现状

20 世纪 90 年代以来，随着高等教育国际市场的激烈竞争，国外许多国家都出现了以发布排行榜的形式评价世界一流大学的调查研究。国外世界一流大学排行榜的侧重点各不相同，其影响力比较大的有 1987 美新开始发布的全球最好大学排行榜(The Best Global Universities Ranking)、2004 年 QS 开始发布的 QS 世界大学排行榜(QS World University Ranking)、同年 THE 开始发布的世界大学排名(World University Ranking)以及同年西班牙国家与社会科学研究中心(Centro de Ciencias Humanasy Sociales，CCHS-CSIC)网络计量研究室(Cybermetrics Lab)每隔 6 个月发布一次的世界大学网络排名(Ranking Web of World Universities)，详见表 1-3。

表 1-3 国外世界一流大学评价机构及指标体系

时间	机构	指标体系及权重
1987—今	美新	全球研究声誉(12.5%)、地区研究声誉(12.5%)、出版物(10%)、专著(2.5%)、会议(2.5%)、归一化引用影响(10%)、总被引(7.5%)、前 10%被引文献的数量(12.5%)、前 10%被引文献占总文献的比例(10%)、国际合作(10%)、授予博士学位数量(5%)以及学术人员博士学位人均数量(5%)②

① Qian J, Ito S, Mu Y, et al. Effect of Grain Price Support Policy in China: A Grey Relational Analysis [J]. Journal-Faculty of Agriculture Kyushu University, 2013, 58(2): 485-491.

② Robert Morse. How U. S. News Calculated the Best Global Universities Rankings [EB/OL]. [2016-03-17]. http://www.usnews.com/education/best-global-universities/articles/methodology.

续表

时间	机构	指标体系及权重
2004—今	QS	学术声誉(40%)、雇员声誉(10%)、生师比(20%)、人均雇员被引(20%)、国际教师比例(5%)以及留学生比例(5%)①
2004—今	THE	教学(共30%，包括15%的声誉调查、4.5%的师生比、2.25%的博士/本科生比、6%的拥有博士学位教师比以及2.25%的院校收入)、科研(共30%，包括18%的声誉调查、6%的科研收入以及6%的科研生产力)、被引(共30%)、国际化(共7.5%，包括2.5%的国际/国内学生比、国际/国内教师比以及2.5%的国际合作)以及知识转化(2.5%)②
2004—今	CCHS-CSIC	可见度(共50%)和活跃度(共50%，包括20%的网站规模、15%的富文本以及15%的谷歌学者)③

美新、QS和THE注重主观数据的收集和利用，为评价大学声誉而开展同行评议，分别赋予25%、50%和33%的权重。THE将声誉调查分为人才培养、科学与研究两个方面，比重分别占15%和18%，总体权重是整个指标体系中最大的一部分。但在“隔行如隔山”的条件下，“同行专家”的选择不易，在实际操作中不仔细甄别，容易出现外行评价内行的情况。

诚如刘念才学者所言，评价世界一流大学的指标举不胜举，高校的论文和诺贝尔奖等硬指标可以量化分析和排名，但高校的理

① Quacquarelli Symonds. QS World University Rankings: Methodology [EB/OL]. [2016-03-17]. http://www.topuni-versities.com/university-rankings-articles/world-university-rankings/qs-world-university-rankings-methodology.

② Peter Grundy. World University Rankings 2015-2016 methodology [EB/OL]. [2016-03-17]. https://www.times-highereducation.com/news/ranking-methodology-2016.

③ Ranking Web of Universities. Objectives [EB/OL]. [2016-03-17]. http://www.webometrics.info/en/Objetives.

念、文化和制度等软指标则只能进行定性比较分析。此外，高校的国家和地区特色内容、高校对自己国家和民族的贡献等内容都是无法定量地进行国别比较的。① 因此，对世界一流大学的评价要处理好无法定量比较的指标。

1.2.3 国内外世界一流大学建设政策评价研究述评

对比国内外世界一流大学政策效应评价相关研究现状后，笔者发现国内外还没有直接对我国世界一流大学政策效应进行评价的研究，但相关的政策评价研究早已进行。国内相关研究主要涉及世界一流大学政策的发展过程研究，世界一流大学政策的国别个案研究和国际比较研究，两大主要世界一流大学政策——“211 工程”和“985 工程”的专项基金使用效率、科学研究绩效和教学绩效研究，其他政策的效应评价研究以及世界一流大学评价研究。国外相关研究主要涉及德、法、日、韩四国的世界一流大学政策评价、其他教育政策和非教育政策效应评价以及世界一流大学评价。这些研究取得了研究成果，但也存在不足。

(1)国内外相关研究取得的成果

现有的相关研究取得以下几个方面的成果：首先，我国学者对世界一流大学建设政策存在的问题达成共识，但关于世界一流大学建设政策的发展阶段则分成了五阶段论和三阶段论。在世界一流大学建设政策存在的问题方面，国内以陈学飞为代表的学者认为我国世界一流大学政策是理想导向型而非问题导向型政策，存在政策目标较为模糊，实现政策目标的代价尚难以计算，高等学校内部管理体制和运行机制改革能否取得预期成效存在很大的不确定性，以及政府能够在多长时期内持续支持存在不确定性等问题。② 鉴于我国

① 刘念才，程莹，刘莉．世界大学学术排名的现状与未来[J]．清华大学教育研究，2005(3)：8-15.

② 陈学飞．北京大学百年校庆的政治功能[J]．华南师范大学学报(社会科学版)．2013(5)：83-86.

世界一流大学政策目标模糊的问题，本研究将采用国际通用质性软件 MAXqda 分析 1993 年以来我国一揽子世界一流大学建设政策，明确我国世界一流大学建设政策的总体目标和根本目的，为我国世界一流大学建设政策综合效应评价指标体系提供实践依据。

在我国世界一流大学建设政策的发展阶段方面，张亚群将世界一流大学政策分为“211 工程”“985 工程”和“2011 计划”三个阶段，而徐自强和谢凌凌则在张亚群的三阶段论基础上，将我国世界一流大学政策发展阶段外延至 1954—1963 年和 1978—1981 年的重点大学建设阶段，以及 1981—1991 年的国家重点建设项目阶段。本研究认同张亚群的三阶段论，因为“世界一流大学”首次隐晦出现是在《中国教育改革和发展纲要》中。该政策提到“要集中力量办好 100 所左右重点大学，力争在下世纪初，有一批高等学校在教育质量、科学研究和管理等方面达到世界较高水平”①，而该文件是“211 工程”的宣言书。因此，本研究的一揽子世界一流大学建设政策指从“211 工程”阶段到“985 工程”阶段颁布的一系列世界一流大学政策，未包括“2011 计划”及之后颁布的世界一流大学建设政策，譬如：2015 年 10 月 24 日颁布的《统筹推进世界一流大学和一流学科建设总体方案》和 2017 年 1 月 25 日教育部、财政部和国家发展改革委员会发布的《统筹推进世界一流大学和一流学科建设实施办法(暂行)》。因为“2011 计划”政策以及后续世界一流大学建设方案颁布时间过短，发挥的政策效应不明显。

其次，国内外其他教育政策和非教育政策效应评价研究方法先进、准确。虽然国内外还没有对我国世界一流大学建设政策效应进行的评价研究，而且关于世界一流大学建设政策评价的研究大多是定性分析和说明，偏重对世界一流大学建设取得成绩的描述，缺乏对建设中存在问题的探析，简单罗列数字，缺乏对数字背后的规律探析，但是国内外其他教育政策和非教育政策效应评价研究大量使用倾向得分匹配模型、自回归分布滞后模型、灰色关联分析、多层线性回归模型、面板数据模型、格兰杰因果检验以及协整检验等先

① 中国教育改革和发展纲要[J]. 中国高等教育，1993(4)：8-17.

进研究方法，这将为本研究提供很好的借鉴。

最后，国内外对世界大学本身的评价研究较为成熟。国内外对世界大学本身进行评价的主体主要是第三方评估机构，例如：国内的上海交通大学世界一流大学研究中心和武汉大学中国科学评价研究中心；国外的美国新闻与世界报道、夸夸雷利·西蒙兹、泰晤士报高等教育以及 CCHS-CSIC 等机构。这些机构大部分至少拥有 10 年以上的评价实践经验，特别是美国新闻与世界报道自 1987 年发布评价报告以来，已拥有 30 多年的评价实践经验。它们选择评价指标，计算指标权重，以排行榜的形式发布年度评价报告。以上评价机构丰富的指标体系，尤其是可以量化的指标，如论文、发明专利数、被引次数等，将为本研究在对“211 工程”和“985 工程”政策建设高校的科学研究、人才培养和社会服务相关变量的效应评价研究部分提供很好的借鉴。另外，对于高校只能进行定性比较分析的理念、文化和制度等第三方评估机构不能处理的软指标，本研究将借助 Logit 回归和线性回归模型的随机误差项进行处理。

(2)国内外相关研究存在的问题

国内外相关研究开阔了笔者的研究思路和视野，但通过分析笔者发现，国内与世界一流大学政策效应评价相关的研究还存在以下几个方面的问题：第一，对综合效应的系统研究不够。世界一流大学建设政策效应的形成与演化是一个复杂的系统问题，由众多因素导致。由于过往的研究未做到突出重点与兼顾整体、总结历史与预估未来、定性分析与定量研究结合和并举，目前还无法做到站在高等教育发展的全局和国家可持续发展的高度，从国家和高校的综合效应方面，系统地研究世界一流大学建设政策的成效和问题。第二，评价工作的基础薄弱。目前我国世界一流大学建设政策效应评价的理论和方法基础十分薄弱，有关世界一流大学建设政策效应的评价要素、标准、方法和指标体系的研究和应用比较匮乏，也没有建立借助计算机手段对世界一流大学建设政策效应进行跟踪评估—监控的系统。因此，要做到系统、科学、制度、规范和程序化的世界一流大学评价工作还难以实现。第三，世界一流大学政策评价研究方法陈旧。目前国内关于世界一流大学建设政策的评价大多是定性分析和描述性说明，偏重对世界一流大学建设取得成绩的描述，缺乏对建设中存在问题的探析，简单罗列数字，缺乏对数字背后的规律探析，缺乏政策追踪评价和实证分析。大多数研究往往只是描述世界一流大学建设政策的成果，缺乏根据实际统计数据对世界一流大学建设政策成效进行统计推断的研究；有些研究纯粹从理论上说明世界一流大学建设政策的分析方法，没有对高等教育发展中世界一流大学建设政策的贡献度进行分解。第四，研究视角狭隘。现有研究多数仅对单项世界一流大学建设政策的效果进行分析，孤立地研究世界一流大学建设政策的有效性，没有涉及政策组合的整体效应分析。

相比国内的政策效应评价研究，国外对政策效应评价强调其根本目的是提高政策质量，其理论基础、评价标准、具体方法和相关研究都比较成熟。有的发达国家为了增强政策效应评价的权威性和规范性，还建立了一整套规范政策效应评价的法律和制度。与国外的政策效应研究相比，由于我国没有充分重视政策效应评价研究，导致国内相关的政策效应评价出现起步较晚，理论和实践都还处于亟待发展的状态。此外，国内现有的政策效应评价研究一般只限于静态和局部分析，缺乏动态和整体的评价分析。因此，在以后的政策效应评价研究过程中，我们可以在结合国情和政策的实际情况基础上，学习、借鉴和引进国外成熟的政策评价理论和方法。

(3) 后续研究建议

在后续的世界一流大学建设政策效应评价研究中，我们应在前人研究的基础上，探求系统分析和评价世界一流大学建设政策效应的方法。具体说来，可以在以下两个方面努力：首先，强化政策效应评价理论研究，为我国世界一流大学建设政策效应评价提供理论支撑。毋庸置疑，世界一流大学建设政策的实施需要强有力的政策评价理论支持，但目前国内外不管是世界一流大学建设理论，还是世界一流大学政策评价理论都还有极大的改进和提升空间。世界一流大学的相关研究呈现出研究成果和研究作者数量多，但质量差的特点。1993年第一篇“世界一流大学”研究论文发表后，世界一流大学的相关研究成果呈现逐年增加的趋势，特别是一揽子“985工程”政策实施以后，相关研究热度持续上升，研究成果增长迅速。但由于我国世界一流大学建设政策实施的时间不长，政策研究文献数量较少，尤其是具有高度创新性的理论研究成果更少，整体研究质量有待进一步提升。此外，世界一流大学相关研究的作者呈现数量多、广分散、大家和名家稀缺的状态，更加缺少具有教育家战略思维和国际影响力的作者。换言之，我国世界一流大学建设政策评价研究还处于不成熟的发展阶段，这就意味着相关的研究课题和研究队伍都有发展空间。随着“双一流”建设步伐的加快，世界一流大学建设高校在建设过程中需要符合新情况和能够解决新问题的理论和战略的支撑和指导。因此，当务之急是强化世界一流大学建设政策效应评价的理论研究。

其次，结合国际同行的政策评价研究经验，以跨学科的视角探索我国世界一流大学建设政策评价之道。评价我国世界一流大学建设政策效应，既需要研究和借鉴国际同行的政策效应评价理论、方法和经验，更需要结合我国世界一流大学建设政策理论架构、发展过程、建设目标和实施现状开展研究。大胆探索适合我国高校发展诉求的世界一流大学建设道路，强化跨学科视角的政策评价理论研究。我国世界一流大学建设政策效应评价研究的问题和内容繁杂，不仅涉及世界一流大学建设政策效应评价的定义、内涵和标准，还包括具体的评价途径和方法等。然而，现有的研究大多为关于英美国家著名大学的经验介绍和个案研究，偏向感悟式的定性研究和思辨性研究，大部分研究结果的普遍适用性较差。此外，在研究视角方面，从经济学、哲学和社会学等学科视角展开的研究较少，绝大多数研究属于教育学领域，使得研究结论过于单一。正如潘懋元教授所述，普通教育学的方法和理论已不能满足高等教育研究的需要，多学科的高等教育研究是未来的发展趋势。① 因此，我国学术

① 彭维娜，耿有权. 我国世界一流大学研究的现状与反思——基于1993—2009年CNKI发表论文的实证分析[J]. 现代教育科学，2012(3)：81-82.

界未来应高度重视结合经济学、政策评价学和社会学等跨学科视角来思考和研究世界一流大学建设政策效应评价问题。

1.3 研究思路、方法和难点

1.3.1 研究思路

由于全面、直接的一手数据，尤其是建设经费投入数据的缺乏，我国世界一流大学建设政策评价研究大多仍然停留在空泛的理论探讨和推广价值有限的个案研究上。作为国家重要战略规划之一，世界一流大学建设政策的实施对象和涵盖内容极其广泛，学界并未达成对其实施全面的评价的广泛共识，而现有研究绝大多数缺乏实证依据，对新一轮的世界一流大学建设政策的制定及调整的指导意义不大。

针对现有研究的上述特点和不足，本书将针对世界一流大学建设政策效应评价问题，从理论、方法和应用三个层面来进行研究，以期摸清二十多年来世界一流大学建设政策对建设高校的科学研究、人才培养和社会服务职能相关变量所产生的效应，丰富和完善我国世界一流大学建设政策评价研究的内容，同时为我国即将启动的下一轮世界一流大学建设政策提供方法层面的决策支持服务。为达到以上研究目的，笔者将遵循基本的研究思路，即提出问题→分析问题→解决问题，沿着“国内外世界一流大学建设政策效应评价基本理论→我国世界一流大学政策效应评价的模型选择→我国世界一流大学建设政策效应评价实证分析→我国世界一流大学建设政策改进建议”四个方面的研究组织全文。具体组织框架和研究思路见图1-1。

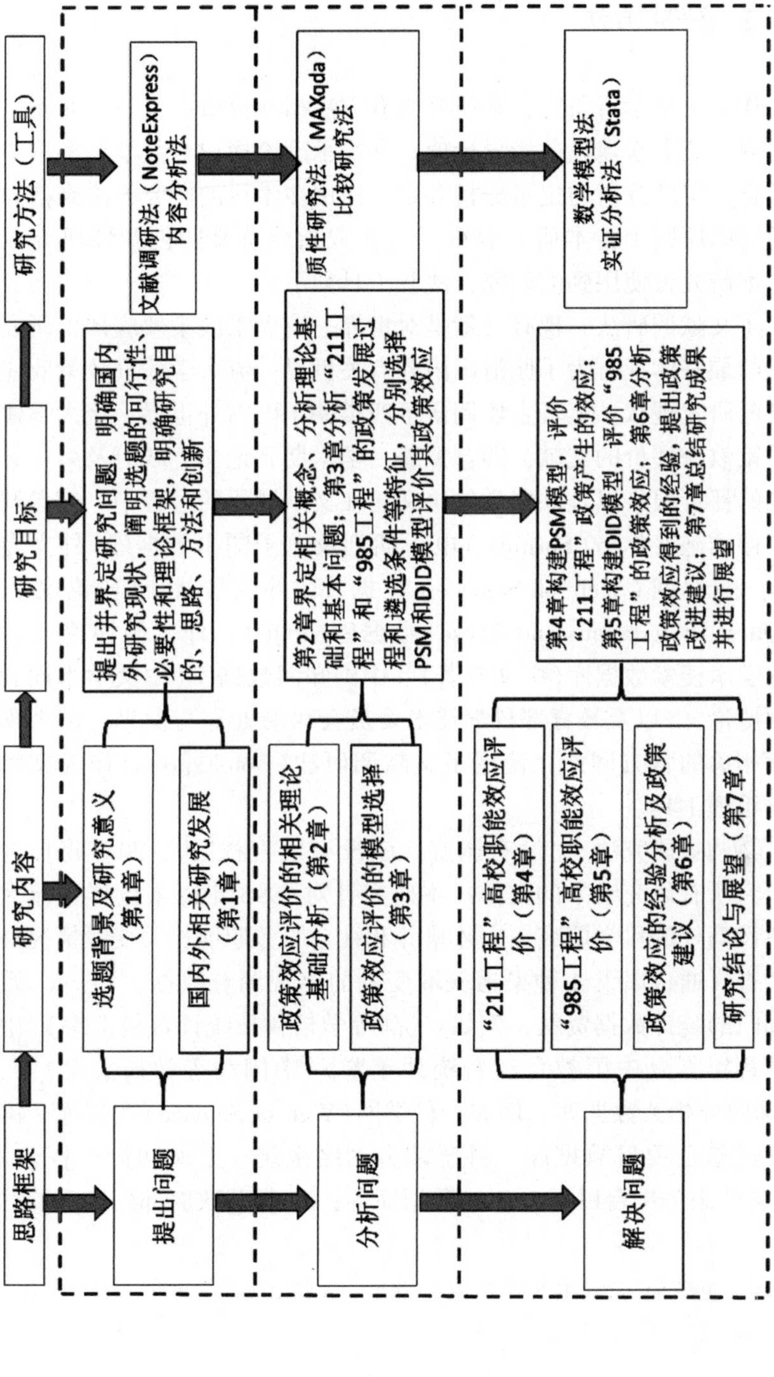
思路框架
研究内容
研究目标
研究方法（工具）
提出问题
选题背景及研究意义（第1章）
国内外相关研究发展（第1章）
提出并界定研究问题，明确国内外研究现状，阐明选题的可行性、必要性和理论框架，明确研究目的、思路、方法和创新
文献调研法（NoteExpress）
内容分析法
分析问题
政策效应评价的相关理论基础分析（第2章）
政策效应评价的模型选择（第3章）
第2章界定相关概念、分析理论基础和基本问题；第3章分析“211工程”和“985工程”的政策发展过程和遴选条件等特征，分别选择PSM和DID模型评价其政策效应
质性研究法（MAXqda）
比较研究法
解决问题
“211工程”高校职能效应评价（第4章）
“985工程”高校职能效应评价（第5章）
政策效应的经验分析及政策建议（第6章）
研究结论与展望（第7章）
第4章构建PSM模型，评价“211工程”政策产生的效应；第5章构建DID模型，评价“985工程”的政策效应；第6章分析政策效应得到的经验，提出政策改进建议；第7章总结研究成果并进行展望
数学模型法
实证分析法（Stata）

图1-1 研究思路

1.3.2 研究方法

作为交叉学科研究，本研究既有方法指导价值，又有针对新一轮世界一流大学建设的指导价值。在秉承理论探讨与数学模型构建相结合，定性分析与定量分析并重，运用多学科的研究方法来指导本研究的原则上，本研究取得了有实践指导意义的创新性研究成果。本研究将使用到的研究方法和工具如下：

①文献调研法。现有文献是对世界一流大学政策效应评价研究成果的最好体现，为了厘清国内外有关世界一流大学建设政策效应评价的研究现状，笔者主要调研了四类关于国内外世界一流大学建设政策效应评价的文献，即：专著、学术期刊论文、政府及第三方机构的评价报告以及硕博学位论文。在文献调研的过程中，笔者调研了德国施普林格(Springer)电子期刊及电子图书数据库(外文专著)、科学网(Web of Science)数据库(外文学术期刊论文)、ProQuest Dissertations and Theses 数据库(PQDT，外文硕博论文)、读秀学术搜索数据库(中文专著)、中国知网数据库(中文学术期刊和硕博论文)以及教育部科学技术委员会秘书处等与世界一流大学政策相关的官方网站，使用了文献调研法(NoteExpress)作为文献调研管理工具。

②调查研究法。“没有调查，就没有发言权”①，调查将作为本研究所有研究结果的支撑。本研究针对 1993 年以来世界一流大学建设高校的科学研究、人才培养和社会服务职能相关变量情况展开调查，通过以下 4 种渠道获取变量的客观调查数据，即：a. 政府部门的统计数据资料，例如：《高等学校科技统计资料汇编》《中国教育年鉴》《中国教育经费统计年鉴》《中国高等学校大全》等；b. 国内外相关数据库，例如：科学网(Web of Science)数据库、国家社科基金项目数据库、科学基金网络系统、上海知识产权(专利)公共服务平台以及 Incites 数据库等；c. 相关政府部门和高校的

① 毛泽东. 反对本本主义[M]. 北京：人民出版社，1975：1.

官方网站；d. 中国科学评价研究中心建立的“基础数据库”。

③理论分析和实证建模法。本研究分析政策影响评价理论、多任务委托代理理论以及我国世界一流大学建设政策的价值依据后，针对两大世界一流大学建设政策——“211 工程”和“985 工程”提出了四大研究假设，即：H1：“211 工程”政策对建设高校的科学研究和人才培养职能相关变量产生了积极效应，但对建设高校的社会服务职能相关变量产生了消极效应；H2：“211 工程”政策对综合类建设高校的科学研究、人才培养和社会服务三大职能相关变量产生的效应要高于对理工类建设高校的相应变量产生的效应；H3：“985 工程”政策对建设高校的科学研究和人才培养职能中与世界一流大学密切相关的变量产生了积极效应，但对社会服务职能中与世界一流大学密切相关的变量产生了消极效应；H4：“985 工程”政策对综合类建设高校的科学研究、人才培养和社会服务职能相关变量产生的效应要高于对理工类建设高校相应变量产生的效应，构建倾向得分匹配模型和双重差分模型，使用建设周期的面板数据，评价“211 工程”和“985 工程”对建设高校的科学研究、人才培养和社会服务职能产生的效应。

④比较研究法。由我国世界一流大学建设历程可知，我国先后实施了“集中力量办好 100 所左右重点大学，若干所高等学校达到或接近世界先进水平”的“211 工程”①和目标明确为建设世界一流大学的“985 工程”。本研究在评价“211 工程”和“985 工程”对建设高校产生的效应时均采用了比较研究法。在评价“211 工程”政策效应时，选取 171 所普通高校作为对照组，71 所“211 工程”高校(参见附录 2)作为实验组。通过倾向得分匹配模型，控制校舍建筑面积、图书馆藏书、固定资产、教科研资产值、专任教师、高级职称教师、副高级职称教师、长江学者、两院院士、博士点、国家重点学科、科技收入和科技支出协变量，在对照组中选择与实验组“211 工程”高校综合实力相当的非“211 工程”高校，解决可比性问

① 国务院关于《中国教育改革和发展纲要》的实施意见[J]. 中华人民共和国国务院公报，1994(16)：715-730.

题，计算“211工程”政策对建设高校科学研究职能的学术论文、学术专著和研发课题，人才培养职能的硕士生和博士生，以及社会服务职能的技术转让合同和技术转让收入产生的平均效应；在评价“985工程”政策效应时，选取71所“211工程”高校和38所“985工程”高校(参见附录3)，构建双重差分模型，将“211工程”与“985工程”高校对高校三大职能维度下各自的变量产生的效应进行比较，计算“985工程”政策效应。

1.3.3 研究难点

本研究有以下两个难点需要突破：第一，我国世界一流大学建设政策效应变量的选取。政策效应变量的选取之所以是本研究的一个难点，原因有两个。其一是国内外对世界一流大学的定义未达成共识。美国波士顿学院(Boston College)国际高等教育研究中心主任菲利普·阿特巴赫(Philip Altbach)教授曾说，“提到世界一流大学，人人都想要，却没有人知道她是什么，也没人知道怎么去得到她。”①正因为国内外对世界一流大学的定义未达成共识，才导致我国世界一流大学建设政策缺乏参照标准，没有精确的量化建设目标，是“先有宏大政策目标的宣示，之后才有政策方案的设计(由教育部和学校设计)，是通过一种比较典型的理想导向型而非问题导向型的政策制定方式制定的”②。其二是我国世界一流大学政策体系复杂，政策效应作用范围广，对建设高校的科学研究、人才培养以及社会服务都产生了效应，并且有些效应无法量化，故而综合效应指标的选取得有所取舍。

第二，相关变量追踪数据的获取。作为一个追踪研究，本研究在世界一流大学建设政策对高校的科学研究、人才培养和社会服务

① Altbach Philip G. The Costs and Benefits of World-Class Universities[J]. International Higher Education, 2004 (90): 20-23.

② 陈学飞. 北京大学百年校庆的政治功能[J]. 华南师范大学学报(社会科学版), 2013(5): 83-86.

职能相关变量产生效应的实证部分，需要获取“211 工程”和“985 工程”实施前后 71 所“211 工程”高校、38 所“985 工程”高校和 171 所普通高校的科学研究、人才培养和社会服务职能相关变量的数据。追踪数据跨度二十余年，变量涉及 20 多个，在我国教育统计年鉴极其不完善的情况下，获取如此庞大的数据对本研究是一个非常大的挑战。

1.4 研究创新点

本书将“211 工程”界定为我国第一层次的世界一流大学建设政策，“985 工程”政策界定为第二层次的世界一流大学建设政策，分别利用倾向得分匹配模型和双重差分模型，计算和比较“211 工程”和“985 工程”系列世界一流大学建设政策对建设高校和非建设高校的科学研究、人才培养和社会服务职能中与世界一流大学密切相关的变量产生的数量效应，分析和评价在“世界一流大学均是综合性研究型大学”建设理念指导下，我国择优式和合并式结合的世界一流大学建设策略的效应。本研究主要在以下 3 个方面具有创新价值：

①以公共政策评价学、计量经济学和教育评价学的跨学科视角分析政策效应问题，在研究思路上具有创新价值。本书在分析“211 工程”和“985 工程”系列建设政策的理论架构、发展过程、内在联系、固有差异和建设目标的基础上，构建政策效应数学模型，评价两大系列政策对建设高校三大职能中与世界一流大学最密切相关的变量产生的效应。本研究力图在消除高校自然发展因素后对我国世界一流大学建设政策效应进行评价，使社会对世界一流大学建设政策的净效应有更加客观、全面的认识。文章在多任务委托代理理论和世界一流大学操作定义等假设依据的基础上提出四大研究假设，在影响评价理论基础上构建倾向得分匹配模型和双重差分模型分别评价“211 工程”和“985 工程”建设政策，使用两大工程建设周期的面板数据进行实证分析。从理论、方法和实证应用三个层面，

系统、深入地对“211 工程”和“985 工程”建设高校的科学研究、人才培养和社会服务职能的相关变量产生的效应进行评价，弥补我国世界一流大学建设政策效应评价研究的不足。

②引入政策文本质性分析方法，应用面板数据构建倾向得分匹配模型和双重差分模型分别评价“211 工程”政策效应和“985 工程”政策效应，在研究方法上具有创新价值。在世界一流大学建设政策效应评价的模型选择部分，使用质性研究软件 MAXqda，分析《“211 工程”总体建设规划》《面向 21 世纪的教育振兴行动计划》《教育部、财政部关于加快推进世界一流大学和高水平大学建设的意见》和《“985 工程”专项资金管理办法》等一系列政策文件，得出“211 工程”和“985 工程”政策的总体目标和根本目的。在“211 工程”和“985 工程”政策对建设高校的科学研究、人才培养和社会服务职能相关变量产生的效应评价部分，构建倾向得分匹配模型和双重差分模型，并利用面板数据对模型进行验证。相比传统的德尔菲专家调查和层次分析法，倾向得分匹配模型和双重差分模型一方面能避免德尔菲专家调查或层次分析法专家调查确定权重的主观随意性和专家数据的难获取性及可信度问题；另一方面借助回归模型的基本功能可以发现与世界一流大学密切相关的变量在世界一流大学建设过程中的变化规律。

③得出四大关键研究结论并提出了针对性的政策建议，在研究应用上具有创新价值。首先，本书利用倾向得分匹配模型和双重差分模型分别评价“211 工程”和“985 工程”政策效应后，得到相比传统的直接比较法，倾向得分匹配模型和双重差分模型解决了选择偏误和可比性问题，在本研究中的应用有意义，进而提出在未来的政策效应评价中引入倾向得分匹配、双重差分、随机评价、工具变量和断点回归等国际前沿的政策效应评价方法的建议。其次，根据“211 工程”和“985 工程”政策对建设高校的科学研究、人才培养以及社会服务职能的不同变量产生了消极或积极效应的研究结论，提出建立均衡的高校职能激励机制的政策建议。再次，根据“985 工程”政策效应具有明显延续性的研究结论，提出继续支持世界一流大学建设政策的建议。最后，根据“211 工程”和“985 工程”选择的

合并式建设策略产生了不同效应的研究结论，提出联系经济社会发展战略，建设多元世界一流大学的政策建议。本研究成果既可以为国家相关部门在世界一流大学政策的制定、实施和评价等方面提供基础理论指导和方法指导，又可进一步拓宽教育政策评价和院校评价的研究范围和应用服务能力。不管是在世界一流大学建设的实践层面，还是在教育政策评价和院校评价领域，本研究取得的成果都将是有价值的创新。

第2章　理论基础分析

2.1　核心概念界定

本研究的研究对象——我国世界一流大学建设政策效应评价所涉及的世界一流大学、建设政策、政策效应等概念及其内涵解释是理论基础和逻辑起点。因此，对我国世界一流大学建设政策效应评价进行理论研究，必须先分析和探讨世界一流大学、建设政策以及政策效应等与其紧密相关的核心概念及其内涵。

2.1.1　世界一流大学

自我国实施一揽子世界一流大学建设政策以来，国外尤其是在各世界大学排行榜上处于劣势的国家开始关注世界一流大学建设实践和研究。但是，国外学者对于世界一流大学的基本理论研究还比较匮乏。虽然学界对于何谓世界一流大学没有公认的定义，但是随着世界一流大学的建设实践和相关研究的开展，人们对这一概念的认识经历了一个混沌→概化→理想化的认知过程。

2004年，正如美国波士顿学院(Boston College)国际高等教育研究中心主任菲利普·阿特巴赫(Philip Altbach)教授所言，“人人都想要世界一流大学，却没有人知道世界一流大学是什么，也不知道如何得到世界一流大学。”①这时人们对世界一流大学的概念还处于混沌状态。2009年，菲利普·阿特巴赫和刘念才等学者公认“世界一流大学是致力于在一系列学科领域范围内传播创造知识，在各层面实施精英教育，服务于国家需要，并促进国际公共事业的学术机构”②③。可以说这时人们对世界一流大学的认识开始明朗，但此定义具有概化倾向，未将大学与科研机构区别开来，一些科研机构(例如我国的中科院)似乎也是“致力于在一系列学科领域范围内传播创造知识，在各层面实施精英教育，服务于国家需要，并促进国际公共事业的学术机构”，然而，这些科研机构并不是大学。2013年，韩国学者申荣澈(Jung Cheol Shin)根据办学目标将大学分为三类，即：地方一流大学、国家一流大学和世界一流大学。④ 他认为世界一流大学在科学研究、人才培养和社会服务三大职能上显著区别于地方一流大学和国家一流大学。世界一流大学在科学研究职能上，注重长期的基础性研究而非短期的应用性研究；在人才培养职能上，为科学、商业、政治、非政府组织和公共组织培养全球性领导者；在社会服务职能上，通过解决全球性问题对整个人类社会做出贡献。⑤ 此定义略偏理想化，按此定义能称得上“世界一流”的大学较为稀少。

综上所述，对于什么是世界一流大学的问题，国内外学者有不同的看法和描述。总结起来，有关世界一流大学的定义可分为三

① Altbach Philip G. The Costs and Benefits of World-Class Universities[J]. International Higher Education, 2004 (90): 20-23.

② Altbach P G. Peripheries and Centers: Research University in Developing Countries[J]. Asia Pacific Education Review, 2009(10): 15-27.

③ Liu Niancai. Building up World-Class Universities: A Comparison. Presentation at 2008-2009[R]. Research Institute for Higher Education, Hiroshima University, 2009.

④ Shin J C, Kehm B. Institutionalization of World-Class University in Global Competition [M]. Berlin: Springer Netherlands, 2013: 20-23.

⑤ Shin J C, Kehm B. Institutionalization of World-Class University in Global Competition [M]. Berlin: Springer Netherlands, 2013: 20-23.

种：其一是利用社会对世界一流大学的常识性判断或憧憬式设计，假定社会对世界一流大学概念形成了基本认识而直接阐述观点；其二是列举世界名牌大学和世界顶尖研究型大学的特征，采用描述性定义概念的方法，将具有相应特征的大学界定为世界一流大学；其三是借助评价机构发布的世界大学排行榜，得出排名性的世界一流大学概念，例如：上海交通大学将其世界学术排行榜前 100 的大学称为世界一流大学，等等。

笔者认同这些有关世界一流大学概念的描述和界定，因为它们从不同角度反映了世界一流大学的内涵，有助于社会探索和认识世界一流大学。同时，笔者在前人归纳的世界一流大学基本特征和要素基础上，对比地方一流大学、国家一流大学和世界一流大学在大学三大职能(科学研究、人才培养和社会服务)上的差异，界定世界一流大学的理想定义和操作定义。就理想定义而言，世界一流大学是主要利用公共经费，在基础性和跨学科知识的基础上，研究长期的全球性基本问题(例如：全球变暖、人类健康和清洁能源等)，创新性地培养全球领导者，非营利性地解决全球性问题的大学。① 也就是说，世界一流大学在科学研究方面主要利用公共经费，在基础性和跨学科知识的基础上，研究全球性问题；在人才培养上创新性地培养全球领导者；而在社会服务方面能非营利性地解决全球性问题。在理想定义上，我国恐怕还没有世界一流大学，政策效应也无法评价。因此，针对本研究及我国世界一流大学建设国情，有必要给出世界一流大学的操作定义。

鉴于研究的可操作性，根据教育部前部长袁贵仁在《建设社会主义高水平大学动员令——学习江泽民同志关于建设一流大学的论述》中的论述“什么是一流大学？这里的一流指的是教育质量，而大学的教育质量体现在科学研究、人才培养和社会服务三个方面”，本研究在政策效应评价的可操作性上，将世界一流大学定义为培养一流人才、创造一流科研成果和提供一流社会服务的大学。

---

① 邱均平，欧玉芳. 政策视角下亚欧四国世界一流大学建设比较研究[J]. 高教发展与评估，2016(4)：72-81.

评价世界一流大学政策效应的根本标准首先是判断世界一流大学政策建设高校是否培养了一流的人才，即培养和造就“高素质的创造性人才”，使受教育者成为理想远大、热爱祖国的人，追求真理、勇于创新的人，德才兼备、全面发展的人，视野开阔、胸怀宽广的人，知行统一、脚踏实地的人。① 其次，判断建设高校是否创造一流的科研成果。通过民族优秀文化与世界先进文明的交流借鉴，“认识未知世界，探求客观真理，为人类解决面临的重大课题提供科学依据”。② 最后，判断建设高校是否提供了一流的社会服务。是否发挥了“思想库”和“智力源”的作用，为政府决策服务，为两个文明建设服务，特别是实现知识创新，推动科学技术成果向现实生产力转化。③ 因此，在操作性上，培养一流的人才、创造一流的科研成果且提供一流社会服务的大学是世界一流大学。此类大学的人才培养、社会服务和科学研究职能及三者之间的相互作用见图2-1。

世界银行高等教育专家杰米尔·萨尔米认为，在高校的科学研究职能中与世界一流大学联系最紧密的是研究成果，在高校的人才培养职能中与世界一流大学联系最紧密的是研究生培养，在高校的社会服务职能中与世界一流大学联系最紧密的是技术转让。④ 本研究赞同此观点，也将科研成果、研究生以及技术转让视为高校三大职能构成要素中与世界一流大学联系最紧密的要素。后文将在以上评价标准的基础上，选取表征高校人才培养、科学研究和社会服务的结果变量。

① 袁贵仁. 建设社会主义高水平大学的动员令——学习江泽民同志关于建设一流大学的论述[J]. 求是，2002(7)：51-54.

② 袁贵仁. 建设社会主义高水平大学的动员令——学习江泽民同志关于建设一流大学的论述[J]. 求是，2002(7)：51-54.

③ 袁贵仁. 建设社会主义高水平大学的动员令——学习江泽民同志关于建设一流大学的论述[J]. 求是，2002(7)：51-54.

④ Jamil Salmi. The Challenge of Establishing World-Class Universities [M]. World Bank Publisher Office: Washington, 2009: 9.

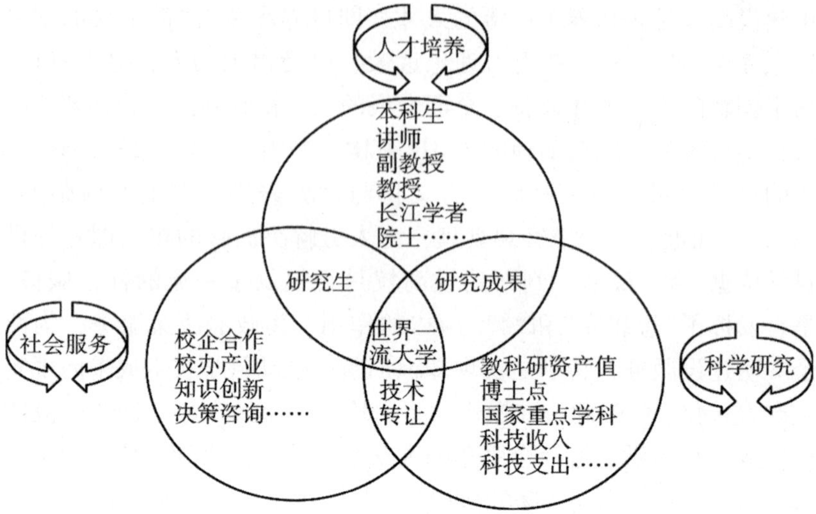

图 2-1　世界一流大学职能要素作用关系

2.1.2　建设政策

本研究中的建设政策一词指我国“211 工程”和“985 工程”时期批准实施的一揽子关于两大工程立项预审、总体规划、实施管理、中期检查和阶段验收的通知、办法、规定和意见。尽管相关学者认为我国世界一流大学建设政策历经了五个阶段(重点大学建设、国家重点建设项目、“211 工程”“985 工程”和“2011 计划”)的变迁①，但是世界一流大学在国家政策文本中首次隐晦出现是在1993 年教育部发布的《中国教育改革和发展纲要》。该政策提到“要集中各方面的力量办好 100 所左右重点大学，力争在下世纪初有一批高等学校在教育质量、科学研究和管理方面，达到世界较高水

① 徐自强，谢凌凌. 从重点建设到协同创新：我国建设世界一流大学的政策变迁[J]. 现代教育管理，2014(5)：39-45.

平”。① 较为明确提出建设世界一流大学概念的是1998年5月4日江泽民同志在北大100周年校庆上的讲话，这次讲话标志着“985工程”的启动。② 此后，2012年开始实施，以四年为一个周期的“2011计划”旨在提升高校的创新能力，支持创新型国家和人力资源强国建设，并未明确提出建设世界一流大学。在“2011计划”之后颁布的世界一流大学政策，譬如：2015年10月24日发布的《统筹推进世界一流大学和一流学科建设总体方案》，颁布时间过短，且未颁布详细的建设规划，发挥的政策效应不明显。因此，本书要研究的世界一流大学政策指的是我国(未包括港澳台地区)世界一流大学建设政策五阶段中的“211工程”和“985工程”建设时期颁布的一揽子世界一流大学政策，而不是哪一项具体政策。因为无论哪一项具体政策都远远不足以说明我国世界一流大学的建设，这些政策颁布时间及名称详见表2-1和表2-2。

表2-1 “211工程”建设系列政策

年份	政策文本/行为
1993	《中国教育改革和发展纲要》《关于重点建设一批高等学校和重点学科的若干意见》
1994	《“211工程”预审工作审核要点》《“211工程”预审专家注意事项》《关于〈中国教育改革和发展纲要〉的实施意见》《关于做好“211工程”预备立项有关工作的通知》《关于咨询“211工程”重点学科建设规划咨询意见的通知》
1995	《“211工程”总体建设规划》
1998	《“211工程”建设实施管理暂行办法》《关于对有关高等学校开展“211工程”中期检查工作的通知》

① 中国教育改革和发展纲要[J]. 中国高等教育，1993(4)：8-17.

② 陈丽萍等. 高水平大学建设的国家战略与模式选择[M]. 天津：南开大学出版社，2008：5.

续表

年份	政策文本/行为
2000	《关于报送 1999 年“‘211 工程’建设基本信息数据库”的通知》《关于提前报送“211 工程”“九五”期间建设总结报告的通知》《“211 工程”“九五”期间建设项目验收办法》《关于做好“211 工程”“九五”期间建设项目验收工作的通知》
2002	《关于“十五”期间加强“211 工程”项目建设的若干意见》《关于做好“十五”“211 工程”建设项目可行性研究报告编制和立项审核工作的通知》《关于“十五”期间加强“211 工程”项目建设的若干意见》《关于发布“211 工程”“九五”期间建设项目验收结果的通知》《关于修改“十五”“211 工程”建设项目可行性研究报告的通知》
2003	《关于进一步做好 2003 年“211 工程”建设工作的通知》《“211 工程”建设实施管理办法》《“211 工程”专项资金管理办法》《关于“十五”期间加强“211 工程”项目建设的若干意见》《关于做好“十五”“211 工程”建设项目可行性研究报告编制和立项审核工作的通知》
2004	《关于开展“十五”“211 工程”中期检查工作的通知》
2005	《关于部署“十五”“211 工程”抽查工作的通知》《“十五”“211 工程”中期执行报告》《关于做好 2005 年“211 工程”项目建设方案编制和论证审批工作的通知》《关于做好“十五”期间“211 工程”建设项目验收工作的通知》
2006	《关于做好“十一五”“211 工程”建设方案预研究工作的通知》
2007	《关于发布“十五”“211 工程”建设项目验收结果的通知》
2008	《关于印发〈高等教育“211 工程”三期建设总体方案〉的通知》《关于做好“211 工程”三期建设项目规划编制及论证工作的通知》《关于委托有关学校对“211 工程”三期重点学科建设项目进行评审的通知》《关于“211 工程”三期重点学科建设项目审批等有关问题的通知》《关于编制 2008 年“211 工程”建设项目经费预算的通知》
2009	《高等教育“211 工程”三期建设规划》
2010	《关于补充高等教育“211 工程”三期建设规划的通知》《关于开展“211 工程”三期中期检查工作的通知》

续表

年份	政策文本/行为
2012	《关于做好“211 工程”三期验收工作的通知》《国家发改委关于印发2012 项目后评价计划的通知》《关于做好“211 工程”三期国家验收工作的通知》《关于做好“211 工程”三期第三方验收工作的通知》

由上表可知，本书所要研究的我国“211 工程”一揽子建设政策涵盖了“211 工程”筹备阶段、“九五”期间、“十五”期间以及三期建设阶段的立项预审、总体规划、实施管理、中期检查以及阶段验收等多项内容。本研究要探究的是以上一揽子“211 工程”政策整体发挥的效应，“985 工程”政策效应评价与此类似，一揽子“985 工程”建设政策详见表 2-2。

表 2-2 “985 工程”建设系列政策

年份	政策文本/行为
1998	《江泽民同志北京大学 100 周年校庆重要讲话》
1999	《面向 21 世纪教育振兴行动计划》《关于深化教育改革全面推进素质教育的决定》
2001	《江泽民：在庆祝清华大学建校 90 周年大会上的讲话》
2002	《建设社会主义高水平大学动员令——学习江泽民同志关于建设一流大学的论述》
2004	《2003—2007 教育振兴行动计划》《教育部 财政部关于继续实施“985 工程”建设项目的意见》《关于印发〈“985 工程”建设管理办法〉的通知》《关于做好“985 工程”二期建设规划和编制“985 工程”二期建设项目可行性研究报告的通知》《“985 工程”建设项目专家审核办法》《财政部、教育部关于印发〈“985 工程”专项资金管理办法〉的通知》《关于向有关高等学校反馈“985 工程”平台和基地项目专家审核意见的函》《关于报送“985 工程”二期建设项目可行性研究报告的通知》《教育部、财政部关于同意“985 工程”二期建设项目可行性研究报告立项的通知》

续表

年份	政策文本/行为
2007	《关于对“985 工程”二期建设项目可行性研究报告立项的通知》
2008	《关于进行“985 工程”建设方案预研工作的通知》《关于做好“985 工程”二期验收等有关工作的通知》
2010	《教育部 财政部关于加快推进世界一流大学和高水平大学建设的意见》《财政部 教育部关于下达 2010—2013 年“985 工程”中央财政专项资金基本额度控制数的通知》《国家中长期教育改革和发展规划纲要(2010—2020 年)》《“985 工程”专项资金管理办法》《“985 工程”建设管理办法》
2011	《教育部、财政部关于同意学校“985 工程”总体规划(2010—2020)和改革方案的批复》
2012	《关于召开“985 工程”建设座谈会的通知》

本研究结合上文对世界一流大学的操作定义，分析“211 工程”和“985 工程”系列建设政策对建设高校三大职能相关变量的影响，评价“211 工程”和“985 工程”建设政策产生的效应。

2.1.3　政策效应

在计量经济学中，研究者常常对某项政策或项目实施后的效应感兴趣。政策效应(policy effect)也常被称为“处理效应”或“治疗效应”(treatment effect)，因为它最早盛行于医学领域对药物疗效的评价。政策效应即政策的有效性，是指政策的实施对作用对象所产生的影响。政策效应的评价包括两个方面：其一为效应发挥的快慢，也可称为政策的时间效应：二是效力发挥的大小，也可称为政策的数量效应，政策的数量效应很好地反映了政策时间效应，因此它是本研究的主要研究内容。

在政策效应评价中，政策干预者的全体构成实验组或处理组

(treatment/treated group)，政策未干预者构成控制组(control group)或对照组(comparison group)。以虚拟变量$D_i=\{0, 1\}$表示个体 i 是否接受政策干预，即 1 为被干预，而 0 为未被干预。通常 D_i 被称为处理变量(treatment variable)，它反映的是个体 i 是否得到了处理(treatment)。笔者感兴趣的是与世界一流大学联系最紧密的学术论文、学术专著、研发课题、硕士生、博士生、技术转让合同和技术转让收入等结果变量 y_i。笔者想知道的是 D_i 是否对 y_i 有因果作用。对于个体 i 的结果变量可能有两种状态，取决于其是否被政策干预，即：

$$y_i = \begin{cases} y_{1i}, & \text{如果} D_i = 1 \\ y_{0i}, & \text{如果} D_i = 0 \end{cases} \tag{2.1}$$

其中 y_{0i} 表示个体 i 未被政策干预的结果变量，而 y_{1i} 表示个体 i 被政策干预的结果变量。笔者想得到的是 $y_{1i} - y_{0i}$，即个体 i 被政策干预的因果效应。如果个体 i 被政策干预，则可观察到 y_{1i}，但看不到 y_{0i}；除非“穿越”过去，改写历史使政策不干预个体 i，才能观察到 y_{0i}。反之，如果个体 i 未被政策干预，则可观测到 y_{0i}，但无法观测到 y_{1i}。总之，因为个体只能处于一种状态(要么被干预，要么不被干预)，故只能观测到 y_{0i} 或 y_{1i}，而无法同时观测到 y_{0i} 和y_{1i}。这实际上是一种反事实问题。表达式 2.1 可更简洁地表达为：

$$y_i = (1-D_i)\ y_{0i} + D_i\ y_{1i} = y_{0i} + (y_{1i} - y_{0i})D_i \tag{2.2}$$

其中($y_{1i} - y_{0i}$)为个体 i 被政策干预的因果效应或处理效应。显然，($y_{1i} - y_{0i}$)是随机变量，不同个体的处理效应有可能不同。笔者关心的是政策实际干预者的平均处理效应，也称为政策干预者平均处理效应(average treatment effect on the treated，ATT)，即：

$$\text{ATT} = \text{E}\ (y_{1i} - y_{0i} \mid D_i = 1) \tag{2.3}$$

本研究通过控制一系列协变量，利用倾向得分匹配模型，计算近似的 y_{0i}，解决反事实问题，详见 3.4.1 节倾向得分匹配模型概述及适用性分析。

综上所述，本研究将政策效应界定为世界一流大学建设政策导致建设高校科学研究、人才培养和社会服务三大职能一系列结果变量(包括硕士生、博士生、学术论文、学术专著、研发课题、技术转让合同以及技术转让收入等)的数量大小变化，其数学表达式为 $ATT = E(y_{1i} - y_{0i} \mid D_i = 1)$。本研究的世界一流大学建设政策效应评价仅对世界一流大学建设政策的实施结果进行分析，而未涉及世界一流大学建设政策的制定和执行。笔者从事的是事后分析，未涉及事前分析。因此，本研究的政策评价是狭义的政策评价。

2.2　政策效应评价的核心理论

我国世界一流大学建设政策效应评价受到影响评价理论、多任务委托代理理论、政策评价理论、高校职能理论等的影响。鉴于影响评价理论通过构建实验组和对照组，解决反事实问题等原理，多任务委托代理理论论证代理人在多任务委托—代理关系中，根据任务的可测度性配置努力程度，影响可测量性低的任务的完成的观点，与本书的研究思路和方法密切相关，是本研究的核心理论基础。因此，本章探讨与本研究密切相关的影响评价理论和多任务委托代理理论，政策评价理论和高校职能理论则不再赘述。运用这两大理论有助于我们加深对我国世界一流大学建设政策的认识，明确我国世界一流大学建设政策效应评价的目的，把握我国世界一流大学建设政策效应评价的本质和规律，构建科学合理的评价模型。

2.2.1　影响评价理论

影响评价(impact evaluation)是对由特定干预(如政策、规划、计划和项目)导致的预期和非预期的正/负面后果，以及干预所引发的变化进行分析、检测和管理的过程。[①] 影响评价试图回答因果

① Koolwal, Gayatri B. Handbook on Impact Evaluation [M]. Washington: The World Bank, 2010: 55.

问题，它寻找直接归因于特定干预的结果变化。① 它有助于回答循证政策制定的关键问题：政策起到了什么作用？没有起到什么作用？在什么地方起到了作用？为什么能起到作用？起到了多少作用？

与监测目标是否已实现的结果监测相比，影响评价要回答的是：如果没有进行干预，结果会是什么样的？这涉及反事实分析(counterfactual analysis)，即："实际发生的情况与在没有干预的情况下发生的情况之间的比较"。② 影响评价的主要挑战是判断如果特定干预不存在，干预对象将会发生什么。没有干预的干预对象的结果被称为反事实结果。只有通过比较实际结果和反事实结果才能评价特定干预产生的影响，然而反事实结果是不可直接观察的，因为在给定的时间点上，同一个干预对象不可能同时存在干预和未干预两种状态。因此，影响评价的挑战是根据缺失的反事实数据为干预对象创造一个令人信服和合理的对照组。

成功的影响评价取决于一个好的对照组的寻找。为了模拟处理组的反事实情况，研究者们广泛采用的两种方法是：①通过统计创建对照组；或者②修订项目目标战略，在比较结果前消除处理组和非处理组之间有可能存在的差异。

以下公式表达了通过处理组和非处理组中的样本 i，比较产出 Y 的基本评价问题：

$$Y_i = \alpha X_i + \beta T_i + \varepsilon_i \tag{2.4}$$

以上公式中，T 为虚拟变量，当样本为干预对象时其值为 1，否则为 0。X 是样本的一系列可观察特征。ε 是反映影响 Y 但不能直接观察的其他特征的误差项。该公式是影响评价中用来测量政策 T 对产出 Y 产生的直接效应的一种常用评价手段。该公式的问题在于由于项目的目的性及选择性，导致处理分配往往不是随机的。换

① Gertler P, Martinez S, Premand P, et al. Impact Evaluation in Practice[J]. World Bank Publications, 2011, 49 (3): 724-725(2).

② White H. Impact Evaluation: The Experience of the Independent Evaluation Group of the World Bank [J]. Mpra Paper, 2006, 47(3): 336.

言之，政策是根据样本群体或个体的需求设置的，样本群体/个体的自主选择导致了政策的设计和分布。自主选择是建立在可观察和不可观察特征之上的。当不可观察因素存在时，以上估计方程的误差项包含与虚拟变量 T 相关的变量。因此，公式 2.4 中这些不可观察和测量的特征就会导致不可观察选择偏误。$Cov(T, \varepsilon) \neq 0$ 意味着获取无偏估计时，最小二乘的关键假设，即：回归因子与干扰项 ε 独立，不成立。T 和 ε 存在的相关性自然会导致方程式中其他估计量的偏误，包括项目效应 β 的估计量。

在本研究中，我们要评价的是我国世界一流大学建设政策。我们令 Y_i 为高校 i 的校均表现(包括科学研究、人才培养和社会服务相关变量的表现)。对于建设高校，$T_i=1$，Y_i 的值以 $Y_i(1)$ 来表示；对于非建设高校，$T_i=0$，Y_i 的值以 $Y_i(0)$ 来表示。如果将 $Y_i(0)$ 作为 $Y_i(1)$ 的比较对象，那么我国世界一流大学建设政策的平均效应可表示如下：

$$D=E(Y_i(1) \mid T_i=1)-E(Y_i(0) \mid T_i=0) \tag{2.5}$$

如前文所述，在本研究中公式 2.4 的问题在于我国世界一流大学建设政策实施前，建设高校和非建设高校的科学研究、人才培养和社会服务职能相关变量的表现就存在差异，因此公式 2.5 所得的计算差异就有可能不是由建设政策导致的。如果我们在公式 2.5 中添加或者扣除非建设对象被建设的期望表现—— $E(Y_i(0) \mid T_i=1)$，或者以其他方式规定反事实情况，那么我们就得到以下公式：

$$D=E(Y_i(1) \mid T_i=1)-E(Y_i(0) \mid T_i=0) +[E(Y_i(0) \mid T_i=1)-E(Y_i(0) \mid T_i=1)] \tag{2.6}$$

$$\Rightarrow D=ATT+[E(Y_i(0) \mid T_i=1)-E(Y_i(0) \mid T_i=1)] \tag{2.7}$$

$$\Rightarrow D=ATT+B \tag{2.8}$$

其中，ATT 是$[E(Y_i(1) \mid T_i=1)-E(Y_i(0) \mid T_i=1)]$，是假设非建设高校也被建设的情况下，与非建设高校相对应的建设高校的平均处理效应(结果)。ATT 对应的是随机而非选择性建设世界一流大学的状态，因此建设高校和非建设高校的被建设(T)概率是相等的。

公式2.8中的B项，即：[E ($Y_i(0)$ | $T_i=1$) − E ($Y_i(0)$ | $T_i=1$)]是在使用D作为ATT估计量时意外出现的选择偏误的程度。因为，我们无法得知表征反事实的E ($Y_i(0)$ | $T_i=1$)，也无法计算选择偏误的大小。因此，如果我们不知道选择偏误在D中所占的比例，我们就永远无法得知T对建设高校和非建设高校产生的真正效应差异。

一个可靠的影响评价的基本目标是找到消除选择偏误(公式2.8中B=0)的方法，或者找到解释选择偏误的方法。① 随机分配干预/处理是消除选择偏误的方法之一。随机分配建立在条件独立假设(conditional independence assumption，CIA)之上。在本研究中，CIA即：假设高校被建设与不被建设为世界一流大学(条件是一组协变量X)均与潜在结果无关。换而言之，控制X之后，干预分配就相当于随机分配。CIA数学表达式为：

$$(Y_i(1),\ Y_i(0)) \perp T_i \mid X_i \tag{2.9}$$

CIA是一个很强且无法检验的假设，它取决于干预自身的特征。如果存在影响干预实施的其他不可观测因素，CIA将被打破。为此，影响评价提出了另一个较弱的假设，即：

$$(Y_i(0)) \perp T_i \mid X_i \tag{2.10}$$

影响估计的可靠性取决于关于参与组和对照组可比性假设的合理性，以及处理组和非处理组的目标项目的外生性。然而，如果没有任何方法和假设，我们就无法评价选择偏误B的程度。我们可以用一系列公认的方法来判断用于事前/后评价设计反事实分析中的对照组是否恰当。事前评价发生在干预之初，涉及基期和尾期干预对象(处理组)和非干预对象(对照组)数据的收集，还涉及处理组和对照组的样本选取。事后评价通常发生在干预实施之后，尽管最好的评价应该尽量收集基期数据，但是为了确保干预组与对照组的可比性，事后评价可以利用现有的调查数据。本研究属于事后影响评价，解决缺失的反事实情况问题的常用事后影响评价方法有随

① Koolwal, Gayatri B. Handbook on Impact Evaluation [M]. Washington: World Bank, 2010: 26.

机评价法、倾向得分匹配法、双重差分法、工具变量法、断点回归、分布式影响(distributional impact)、结构方程模型和其他建模方法。根据我们世界一流大学建设政策的特点，本研究选择了倾向得分匹配和双重差分模型，选取原因详见第 3 章的分析。

2.2.2 多任务委托代理理论

1991 年，组织经济学家本特·霍尔斯托姆(Bengt Holmstrom)和保尔·米格罗姆(Paul Milgrom)提出了经典的多任务委托代理理论(multitask principal-agent)，该理论分析了各类组织中普遍存在的一种情况，即：在组织中，委托人或者交付给代理人一些不同的工作任务，或者交付给代理人单一但包含了多个不同维度的工作任务。① 多任务委托代理理论显示，如果不同任务的完成绩效在可度量性上存在很大差异，那么委托人针对代理人实施的薪酬制度中的不同激励因素，会导致代理人在不同任务之间配置不同的努力程度，从而最终对委托人总体目标的达成产生不同的影响。通常，如果委托人实施强激励合同，那么代理人就会配置更多的努力在绩效可测量性高的任务上，而敷衍应付绩效可测量性低的任务。②

多任务委托代理理论提出了四大理论观点，即：①在多任务委托—代理关系中，激励契约不但能够分担风险，驱动代理人努力工作，而且可以引导代理人在各个任务之间分配其精力；②在理想的管理中，任何任务的激励强度应该随着其他任务测量难度的增加而降低；③某一任务的激励强度提高，其他任务的激励强度则会降低；④如果某项任务完全无法测量，那么最优的激励契约是对任何

① Holmstrom B, Milgrom P. Multitask Principal-agent Analyses: Incentive Contracts, Asset Ownership, and Job Design [J]. Journal of Law, Economics & Organization, 1991(7): 24-52.

② Holmstrom B, Milgrom P. Multitask Principal-agent Analyses: Incentive Contracts, Asset Ownership, and Job Design [J]. Journal of Law, Economics & Organization, 1991(7): 24-52.

任务均不提供激励，而付给固定工资。①

我国世界一流大学建设第一层次的“211 工程”经历了中央行业主管部门和省(区、市)人民政府、国家教委部门的预审、预备立项、专家审核以及批准立项四个立项环节，第二层次的“985 工程”则是“理想导向”后，以政府和建设高校签订合同的方式进行。根据多任务委托代理理论，在“211 工程”和“985 工程”建设中，政府和有关部门是委托人，112 所建设高校是代理人。在我国世界一流大学建设中，建设高校这个代理人的任务是多重的，包括科学研究维度上“以原始性创新为重点的基础研究创新平台、国家重点实验室和省部级重点试验室的建设”等任务②；人才培养维度中的学术带头人、优秀学术骨干、大学高级管理人才、博士生和博士后的培养等任务③；以及社会服务维度下“科技成果转化模式由自我循环为主向集成化、社会化和规模产业化转变”④等任务，等等。我国世界一流大学建设的多重任务，与韩国学者申荣澈认为世界一流大学应在科学研究、人才培养和社会服务职能上均表现优异的观点不谋而合。然而，我国世界一流大学建设在科学研究、人才培养和社会服务上的激励是不同的。例如，“十五”期间，“211 工程”用于科学研究(重点学科建设)的专项资金达 97.9 亿元，用于社会服务(公共服务体系)的资金为 37.1 亿元，而用于人才培养(师资队伍建设)的资金仅为 22.2 亿元⑤。根据多任务委托代理理论，在这种

① Holmstrom B, Milgrom P. Multitask Principal-agent Analyses: Incentive Contracts, Asset Ownership, and Job Design [J]. Journal of Law, Economics & Organization, 1991(7): 24-52.

② 周济. 构筑创新平台，建设优势学科，加快世界一流大学和高水平研究型大学建设——在“985 工程”二期建设工作会议上的讲话(录音整理稿)[J]. 中华人民共和国教育部公报，2004(9)：8-21.

③ 教育部 财政部关于继续实施“985 工程”建设项目的意见[J]. 中华人民共和国教育部公报，2004(Z2)：44-46.

④ 周济. 构筑创新平台，建设优势学科，加快世界一流大学和高水平研究型大学建设——在“985 工程”二期建设工作会议上的讲话(录音整理稿)[J]. 中华人民共和国教育部公报，2004(9)：8-21.

⑤ 郭新立. 中国高水平大学建设之路：从 211 工程到 2011 计划[M]. 北京：高等教育出版社，2012：20.

情况下，高校这个代理人势必会将其努力程度更多地配置在科学研究上，而社会服务和人才培养的努力程度则会配置得较少。因此，本研究在第 4 章和第 5 章的实证部分提出我国世界一流大学建设政策对三大职能产生不同效应的研究假设。如果研究假设得到证实，那么在世界一流大学建设多任务的背景下，激励强度不均衡导致的治理问题，毫无疑问是我国世界一流大学建设高校改革的核心问题之一。

2.3　政策效应评价基本问题

科学完整的高等教育政策运行理应包括高等教育政策的制定、执行和评价，而及时、合理的高等教育政策评价是高等教育政策运行过程中的重要环节。我国一揽子世界一流大学建设政策是为了建成若干所世界一流大学而设计的，对它的评价涉及内涵、意义、原则和步骤等基本问题。

2.3.1　政策效应评价的内涵

我国世界一流大学建设政策效应评价是根据既定的程序与方法对世界一流大学建设政策产生的结果和效益进行系统的评价和科学的预测，以提高世界一流大学建设政策的合理性与作用的工作过程，它是世界一流大学建设政策在制定和实施过程中产生最佳效益的保证。由于我国世界一流大学建设政策在实施过程中会受到人力、物力和财力等多种因素的影响，其实施后的结果如何；能否达到政策预期的目标；通过何种途径、方式和手段在何时何处推出世界一流大学建设政策，所产生的结果才能令各利益相关者满意；如何判断世界一流大学建设政策实施后产生的效应是好还是坏，是大还是小；当影响世界一流大学建设政策制定和实施的背景、基础、条件和因素等发生变化时，是否需要对世界一流大学建设政策进行调整；如何调整才能产生最佳效应，等等，都是值得世界一流大学建设政策的研究者和制定者认真思考的问题。要对这些问题作出准确的判断和精确的回答并非轻而易举，其根本途径就是综合运用高等教育政策评价方法，进行世界一流大学建设政策效应评价。

2.3.2 政策效应评价的意义

①我国世界一流大学建设政策效应评价是实现世界一流大学建设决策科学化的必要保证。本研究以充足的事实为依据，根据我国世界一流大学建设政策的内在联系，对200多所高校的大量资料和数据进行分析和计算，遵循倾向得分匹配模型和双重差分模型的科学计算程序，进行严密的逻辑推理，研究结果有助于我国世界一流大学建设主体做出正确决策。

②我国世界一流大学建设政策效应评价是检验我国世界一流大学建设政策效果和价值的基本途径。任何科学完整的高等教育政策运行过程都应包含政策的制定、执行和评价三个部分。我国世界一流大学建设政策执行之后有没有产生效应，产生的效应是积极的还是消极的，效应明显不明显，往往不是一目了然的。因此，有必要对我国世界一流大学建设政策执行之后的效应进行评价，才能检验我国世界一流大学建设政策效应和正确评价高等教育政策的价值。

③我国世界一流大学建设政策效应评价是决定我国世界一流大学建设政策修正、调整、继续或终止的重要依据。一般说来，世界一流大学建设政策实施2~3年后，政策效应开始显现①②，如果世界一流大学建设政策积极效应非常明显，那么政策可以继续；如果世界一流大学建设政策效应出现了偏差或者产生了消极效应，那么

① Shin J C. Building World-class Research University: The Brain Korea 21 Project [J]. Higher Education, 2009, 58(5): 669-688.

② Zhang H, Patton D, Kenney M. Building Global-class Universities: Assessing the Impact of the 985 Project [J]. Research Policy, 2013, 42(3): 765-775.

就要调整或者终止政策。实践是检验真理的唯一标准，我们只有对我国世界一流大学建设政策政策进行评价，才能判断政策是否需要修正、调整、继续或终止。通过评价我国世界一流大学建设政策，让社会了解我国世界一流大学建设政策与政策效应之间的因果关系，判定哪些效应是由于实施世界一流大学建设政策实现的，从而直观地解释世界一流大学建设政策是不是有效应，效应是否显著，为以后制定其他世界一流大学建设政策提供经验和依据。

④我国世界一流大学建设政策效应评价是实现资源合理配置的基础。我国世界一流大学建设政策秉承“非均衡发展能够产生高效益”①和“相同的经费投入在较高的平台上能够发挥更高的效益”②等资源配置理念，对我国世界一流大学建设政策效应进行评价有助于探索推动世界一流大学建设的压力和动力，避免过于夸大世界一流大学的价值和重要性，扭曲高等教育资源的分配格局。

2.3.3 政策效应评价的原则

我国世界一流大学建设政策效应评价是一项反映我国世界一流大学建设政策实施状况，检测世界一流大学建设中的矛盾和问题，评价世界一流大学建设政策所产生影响的复杂系统工程。由于世界一流大学建设政策影响因素的复杂性以及政策效应评价方面的困难，任何一种对世界一流大学建设政策的评价都不可能是完全准确、绝对精确的。但是，我们的评价目标是使评价结果尽可能科学、可信，从而为世界一流大学建设政策的制定与实施提供准确的参考。为了确保评价结果全面、客观、准确、合理地反映我国世界一流大学建设政策的效应，评价应遵循以下四条原则：

一是科学性原则。对政策进行评价，要以政策评价理论为指

① 徐小洲，王家平. 卓越与效益——大学重点发展战略研究[M]. 杭州：浙江教育出版社，2007：36.

② 徐小洲，王家平. 卓越与效益——大学重点发展战略研究[M]. 杭州：浙江教育出版社，2007：45.

导，使用科学的评价方法和工具。在进行评价前，要准确了解我国世界一流大学建设政策的运行状况，分析所用政策评价理论的适用性，确定评价模型和方法的应用范围和局限性，甄别统计数据的真实性。通过对评价对象和方法工具的科学认识和掌握，达到评价结果科学、准确的目的。

二是系统性原则。评价我国世界一流大学建设政策，考察的是世界一流大学建设政策的系统整体效应。系统整体效应不能简单地把局部效应相加，不能完全以局部政策的运行状况来评价其效果。必须从高校的科学研究、人才培养和社会服务职能多方面、整体上评价世界一流大学建设政策效应的有无、大小和好坏，只有这样才可能全面、准确地认识世界一流大学建设政策实施所产生的效应，才能为世界一流大学建设决策提供可靠的依据。

三是客观性原则。所谓客观性是指评价应有客观标准，不能只从主观出发来判断效应的好坏。通常，由于政策评价者所处的地位、环境和自身学识等存在差异，评价出发点往往各不相同。如果全凭主观判断，很可能对同一现象得出完全相反的结论，显然不利于发现真实的客观状况。因此，我国世界一流大学建设政策效应评价必须依据建设政策的总体目标和根本目的，尽量根据数据与资料来进行客观评价。此外，客观也意味着公正。我国世界一流大学建设政策执行后，必然形成与该政策有关的社会资源、利益以及成本的分配是否公平的问题。世界一流大学建设政策应该建立在公平合理的基础上，如果世界一流大学建设政策对特定群体的利益造成了严重损害，那么尽管它的局部效益和效率很高，该政策仍然不能被认为是完全产生了积极效应的世界一流大学建设政策。

四是可行性原则。本研究准备的世界一流大学建设政策效应评价方案和评价标准要合理可行，易于操作，使之具有实现的可能。世界一流大学建设政策效应评价方案的可行性原则有以下几个要求。首先，评价对象间要有可比性，否则会大大削弱评价意义。例如，在我国世界一流大学建设政策实施前，世界一流大学建设对象——“211 工程”高校和“985 工程”高校与普通高校在教育资源、教学设备、办学条件、师资水平等方面差距很大。在这种情况下，如果仍然将两者直接比较，两者间缺乏一致的可比基础。其次，要适应我国国情。我国在教育政策效应评价方面的理论、技术和经验亟待填补，需要向在教育政策效应评价方面发展成熟的其他国家多加学习。但由于我国与其他国家的高等教育宏观背景的差异，不能生搬硬套国外已经模式化的操作方法和评价指标，而是要经过本土化处理。再次，指标体系既要繁简适中，又要全面体现我国世界一流大学建设政策的内涵，确保数据可量化、易检索、好采集，以保证评价客观、可操作。

2.3.4　政策效应评价的步骤

我国世界一流大学建设政策效应评价遵循政策效应评价的一般步骤，即：政策效应评价准备阶段、政策效应评价实施阶段和政策效应评价总结阶段。

政策效应评价准备阶段需要明确我国世界一流大学建设政策的评价目的，制定具体政策评价的流程，保证政策评价工作按照流程顺利地进行。本研究准备阶段的工作包括梳理政策理论架构和发展过程、确定评价对象、选择合适的评价模型和变量。具体而言，在准备阶段，笔者首先在三阶段论的世界一流大学建设政策发展过程基础上，梳理了“211 工程”和“985 工程”系列政策各自的三大理论架构、五阶段和四阶段发展过程；接着将“211 工程”政策效应评价的对象确定为 171 所普通高校和 71 所“211 工程”建设高校；最后为“211 工程”选择了倾向得分匹配模型评价其对学术论文、学术专著、研发课题、硕士生、博士生、技术转让合同和收入等变量产生的政策效应；为“985 工程”政策效应评价选择了双重差分模型评价其对建设高校的 SCI 论文、SSCI 论文、国社科课题、国自科课题、专利、硕士生、博士生、技术转让合同和收入等变量产生的政策效应。

政策效应评价实施阶段是我国世界一流大学建设政策评价过程中最关键性的环节。本研究准备阶段的工作包括搜集变量的原始数据，检查数据的准确性，处理原始数据，运用倾向得分匹配模型和双重差分模型分别对“211 工程”和“985 工程”建设政策进行评价。具体而言，笔者在政策效应评价实施阶段首先从《高等学校科技统计资料汇编》《中国高等学校大全》、国家社科基金项目数据库、科学基金网络系统、上海知识产权(专利)公共服务平台、InCites 数据库以及中国科学评价研究中心建立的“基础数据库”中获取上文所述变量的原始数据；然后借助 Excel 表格对原始数据进行简单的统计描述，以检查数据的准确性。最后，借助 Stata 软件和处理好的数据构建倾向得分匹配模型和双重差分模型，分别评价两大工程的政策效应。

本研究政策效应评价总结阶段的工作包括总结我国世界一流大学建设政策实施过程中的得失和经验，分析导致我国世界一流大学建设政策效应产生的因素，以及提出相应的政策改进建议。在总结阶段中，笔者首先总结了我国世界一流大学建设政策产生的积极效应和消极效应。然后，针对世界一流大学建设政策的目标、途径和评价机制提出了相关建议。

2.4 本章小结

本章对我国世界一流大学建设政策效应评价中的相关概念、理论基础、内涵、意义、原则以及步骤等基本理论问题进行了界定和分析。首先，本章界定了世界一流大学、建设政策和政策效应等核心概念。在理想定义上，世界一流大学是主要利用公共经费，在基础性和跨学科知识的基础上，研究长期的全球性基本问题(例如：全球变暖、人类健康和清洁能源等)，创新性地培养全球领导者，非营利性地解决全球性问题的大学；在操作定义上，世界一流大学是培养一流人才，创造一流科研成果和提供一流社会服务的大学。此外，本章将政策效应界定为世界一流大学建设政策导致建设高校科学研究、人才培养和社会服务三大职能系列结果变量(包括人才培养的硕士生和博士生，科学研究职能的论文、专著、课题，社会服务职能的技术转让合同以及技术转让)的数量大小变化，其数学表达式为 ATT=E（$y_{1i}-y_{0i}\mid D_i=1$）；将世界一流大学建设政策限定为与“211 工程”和“985 工程”建设相关的一揽子通知、办法、规定和意见。其次，本章根据研究目的以及研究对象的特征，引入了影响评价理论和多任务委托代理理论作为我国世界一流大学建设政策效应评价的理论基础。最后，本章阐述了我国世界一流大学建设政策效应评价的内涵、意义、原则和步骤。

第3章　政策效应评价模型选择

政策研究的一个主要任务是理解政策演变，以便改进政策。①作为经济、政治、文化等在某一领域综合影响的结果，政策能够敏锐地感应社会的变动和多样性。制定、修改或废除政策的行为反映着政策制定机构面对内外部压力做出的反应，其演变反映着所在领域的社会结构和组织的变迁。② 世界一流大学建设是党中央根据我国高等教育发展需要和世界高等教育发展趋势做出的重大战略决策，受到全社会的高度关注。但是“世界一流大学建设不是理论和思辨问题，而是实践和经验问题”③，我国对世界一流大学建设的认识是一个由表及里、由浅入深的过程。世界一流大学的建成不是一蹴而就的，而是历经地方一流、国家一流之后继续发展的产物。本章在回顾我国世界一流大学建设政策发展过程的基础上，利用MAXqda质性分析软件梳理世界一流大学建设政策的总体目标、阶段目标以及建设对象的遴选标准，选择世界一流大学建设政策效应评价的变量，为下一章基于倾向得分匹配模型和双重差分模型的量化评价提供理论支撑。

① 涂端午. 高等教育政策生产[M]. 北京：北京大学出版社，2012：1.

② 盛明科，朱玉梅. 我国教育统筹发展的政策变迁：问题及改进思路——基于1979年~2013年国家教育政策文本的分析[J]. 理论探索，2014(4)：75-79.

③ 叶赋桂. 世界一流大学建设的辩证思考[J]. 江苏高教，2010(1)：9-13.

3.1　我国世界一流大学建设政策的理论架构和发展过程

我国世界一流大学建设事业源于 20 世纪 50 年代，历经了五六十年代的孕育期，70 年代的受挫期，80 年代的发轫期，90 年代的发展期。① 与世界一流大学建设事业相伴的是世界一流大学建设政策的发轫与发展。尽管相关学者认为我国世界一流大学建设政策历经了五个阶段(重点大学建设、国家重点建设项目、“211 工程”“985 工程”“2011 计划”)的变迁②，但是世界一流大学在国家政策文本中首次隐晦出现的时间和说法是 1993 年标志着“211 工程”启动的《中国教育改革和发展纲要》。该政策提到“要集各方面的力量办好 100 所左右重点大学，力争在下世纪初，有一批高等学校在教育质量、科学研究和管理方面，达到世界较高水平”③，而第一次明确提出建设世界一流大学概念的则是标志着“985 工程”启动的江泽民同志北大 100 周年校庆讲话④。再则，2012 年开始实施，以四年为一周期的“2011 计划”旨在提升高校的创新能力，支持创新型国家和人力资源强国建设⑤，并未明确提出建设世界一流大学。

鉴于“211 工程”分“九五”(1996—2000 年)、“十五”(2001—2005 年)和三期(2008—2011 年)三个周期建设，“985 工程”也分一期(1999—2001 年)、二期(2004—2007 年)和三期(2010—2015)

① 陶爱珠. 攀登 我国创建世界一流大学的研究[M]. 上海：上海交通大学出版社，1999：94.

② 徐自强，谢凌凌. 从重点建设到协同创新：我国建设世界一流大学的政策变迁[J]. 现代教育管理，2014(5)：39-45.

③ 中国教育改革和发展纲要[J]. 中国高等教育，1993(4)：8-17.

④ 陈丽萍等. 高水平大学建设的国家战略与模式选择[M]. 天津：南开大学出版社，2008：5.

⑤ 郭新立. 中国高水平大不建设之路：从 211 工程到 2011 计划[M]. 北京：高等教育出版社，2012：312.

三个周期建设，因此“211 工程”和“985 工程”建设周期是覆盖、交叉的。此外，“211 工程”的最终目标是“建设世界高水平大学”，“985 工程”的最终目标是建成“世界一流大学”。因此，本研究将“211 工程”作为我国世界一流大学建设政策的第一层次，“985 工程”作为我国世界一流大学建设政策的第二层次。下文主要介绍“211 工程”和“985 工程”政策的理论架构和发展过程。

3.1.1 “211 工程”政策的理论架构和发展过程

一切事物都处于永恒发展过程中，我国世界一流大学建设政策也历经了从无到有的萌芽期，各种发展要素整合、形成相对稳定的发展期。“211 工程”的实施是中国高等教育走上非均衡发展道路的一个重要标志，这种指导理念上的变革，伴随着经济领域内的巨变，对中国大学的发展产生了深刻的影响。① 本节以“大众化中的精英模式”为出发点，分析“211 工程”的理论框架以及政策发展过程。

(1)“211 工程”政策的理论架构

“211 工程”政策建立在三个主要理论架构基础上。理论架构一：高等教育精英化可与高等教育大众化并行不悖，同时推进。高等教育大众化战略是国家满足日益增长的高等教育需求的必然选择。但是，在我国“穷国办大教育”，财力十分有限的现实情况下，高校整体实力提高的合理路径是点→线→面，逐步推广的三阶段模式，即：第一阶段，改革试点，重点投入少数几所精英大学；第二阶段，建设一批重点大学，巩固改革成果；第三阶段，逐步推广至一般的地方或部属院校。理论架构二：非均衡发展能够产生高效益。“211 工程”实际上是在高等教育实践中，运用经济“增长点”理论的一种政策尝试。它通过政治手段和遴选条件，选择一批具有

① 徐小洲，王家平. 卓越与效益——大学重点发展战略研究[M]. 杭州：浙江教育出版社，2007：35.

突出向心力、明显集聚效益和较强辐射能力的高校和学科作为高等教育的“发展极”。① 本质上，非均衡发展理论以高质量和高效益为原则，优化配置高等教育资源，最终以现实的非均衡发展达到全面提升大学实力的终极目标。理论架构三：提升高校综合发展水平的突破口是学科建设。“211 工程”以非均衡发展能够带来更高效益为假设，其关键之处在于寻找发展的“突破口”。在我国大学发展的现有水平上，提升高校综合发展水平的突破口是学科建设，以及在学科建设的基础上采取配套措施并实施内部改革。

（2）“211 工程”的政策发展过程

“211 工程”政策发展经历了运筹阶段、“九五”建设阶段、“十五”建设阶段、第三建设阶段以及政策失效阶段，详见图 3-1。

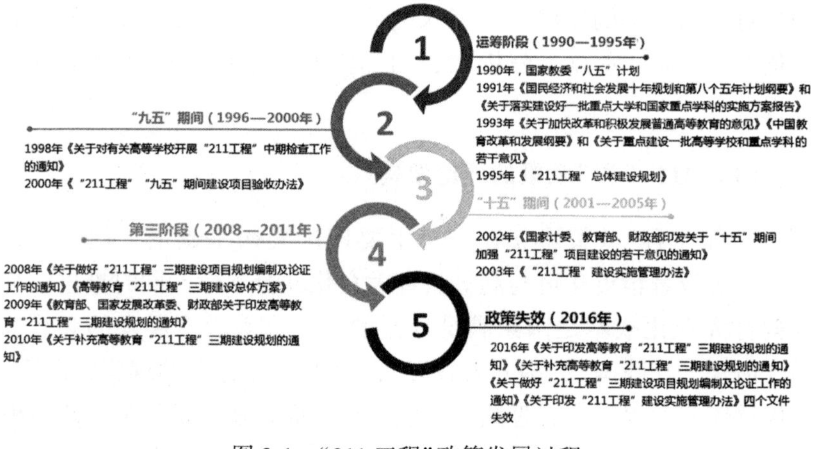

图 3-1　“211 工程”政策发展过程

运筹阶段的“211 工程”政策。1990 年 6 月，国家教委在制定全国教育事业十年规划和制定“八五”计划时，研究了“八五”期间

① 徐小洲，王家平．卓越与效益——大学重点发展战略研究［M］．杭州：浙江教育出版社，2007：36.

集中力量办好一批高校的问题。1991 年 4 月，重点办好一批大学和一批重点学科的规划被列入《国民经济和社会发展十年规划和第八个五年计划纲要》。同年 12 月，原国家教育委员会和财政部经过充分协商，向国务院共同报送了《关于落实建设好一批重点大学和国家重点学科的实施方案报告》。两委一部经过认真讨论，明确表述“一致同意国家设置与国家经济、社会发展相适应的‘重点大学和重点学科建设项目’(简称为‘211 计划’)”。1993 年 1 月，国务院批转了国家教委《关于加快改革和积极发展普通高等教育的意见》，文件中明确了“211 工程”建设的目标①。1993 年 2 月，中共中央、国务院发布《中国教育改革和发展纲要》，明确指出“要集中各方面的力量办好 100 所左右重点大学”。② 1993 年 7 月，国家教委颁发《关于重点建设一批高等学校和重点学科的若干意见》，决定正式实施“211 工程”。1994 年 10 月至 1995 年 1 月，国家教委先后对北大、清华和浙大等 7 所高校进行“211 工程”专案预审，国家教委第二年陆续下达了对这 7 所高校“211 工程”可行性研究报告的批复。③ 1995 年 11 月，国家计委、国家教委、财政部共同拟出《“211 工程”总体建设规划》，“211 工程”作为国家重点建设项目列入国民经济和社会发展中长期规划和第九个五年计划，从 1995 年开始正式实施。这份规划作为“211 工程”建设的纲领性文件，对工程建设总目标、建设内容、“九五”期间的任务、建设资金使用和建设管理程序等分别作了规划或规定。

“九五”期间的“211 工程”政策。1998 年，“211 工程”部际协调小组办公室发布了《关于对有关高等学校开展“211 工程”中期检查工作的通知》。该政策文件对“211 工程”中期检查的目的、主要内容、组织实施、检查结果和时间要求作出了规定。2000 年，

① 国务院批转国家教委关于加快改革和积极发展普通高等教育意见的通知[J]. 中华人民共和国国务院公报，1993(2)：58-66.

② 国务院. 国务院关于《中国教育改革和发展纲要》的实施意见[J]. 中华人民共和国国务院公报，1994(16)：715-730.

③ 龚放，曲钦岳：从天体物理学家到高等教育家[J]. 江苏高教，2016，187(3)：1-7.

“211 工程”部际协调小组办公室发布了《“211 工程”“九五”期间建设项目验收办法》，对验收对象、验收依据、验收阶段与时间、验收条件、验收主要内容、验收组织及程序、验收文件资料要求作出了规定。

“十五”期间的“211 工程”政策。2001 年，随着“十五”建设规划的展开，“211 工程”也进入第二期规划。2002 年，国家计委、教育部、财政部联合发布了《关于“十五”期间加强“211 工程”项目建设的若干意见》，目标是继续重点学科建设与重点建设“211 工程”院校，使其中大多数院校整体教学和研究成为“国内一流、具有国际影响的大学”，该政策指出“上质量、上水平”是“十五”期间加强“211 工程”建设的宗旨。

第三期建设的“211 工程”政策。2008 年 2 月，国家发改委、教育部、财政部根据《中华人民共和国国民经济和社会发展第十一个五年规划岗位》制定了《高等教育“211 工程”三期建设总体方案》，启动了“211 工程”三期建设。该方案在“九五”“打基础”、“十五”“上水平”的建设宗旨基础上提出：“211 工程”三期建设以“实现重点突破为目标”，继续坚持以重点学科建设为核心，突出创新人才培养和对外建设，推进机制、体制改革，发挥工程建设辐射带动作用。2009 年 12 月，教育部、发改委和财政部印发《高等教育“211 工程”三期建设规划》，规定“211 工程”三期建设执行期为 2008—2011 年，同时明确了三期建设的指导思想、总体目标、建设任务以及实施与管理规定等。

2016 年 6 月 7 日，教育部、国务院学位委员会以及国家语委宣布《关于做好“211 工程”三期建设项目规划编制及论证工作的通知》《关于印发高等教育“211 工程”三期建设规划的通知》《关于补充高等教育“211 工程”三期建设规划的通知》《关于印发“211 工程”建设实施管理办法的通知》四个文件失效。这意味着 1995 年 11 月 18 日正式实施的为期建设长达 22 年之久的“211 工程”告一段落。

“211 工程”是中华人民共和国成立以来我国第一个在高等教育系统内部实施重点建设的工程。徐小洲学者认为“211 工程”的任务是强化我国高校金字塔精英阶层的底部实力，112 所“211 工程”高校大致上界定了我国高校总数10%的精英阶层，它已经完成了在我国高等教育大众化发展中构筑一个精英阶层的任务，为后来“985工程”政策的实施奠定了基础。① 至于精英大学顶层的发展，则转由更明确地以“建设世界一流大学”为目标的“985工程”来承担。

3.1.2 “985工程”政策的理论架构和发展过程

20世纪90年代后期，跨越式发展理论成为主导高等教育决策的关键因素。初步实现高等教育大众化目标后，高等教育发展的主流转变为在已经成形的大学发展层级系统中进一步构筑一个精英化的顶尖。在这种背景下，“985工程”应运而生了。本节分析“985工程”的理论架构以及政策发展过程。

(1)“985工程”政策的理论架构

“985工程”政策建立在三大主要的理论架构基础上。理论架构一：实现建设世界一流大学的目标依靠跨越式发展是完全可能的。“985工程”实施之初，我国高校正面临着难得的发展机遇，综合国力和国际地位的迅速提高、科教兴国战略的实施、社会主义制度集中力量办大事的优越性，都为高等教育发展提供了良好的环境优势、制度优势和后发优势。跨越式发展是符合我国高等教育实际的合理路径，跨越式发展理论是指引我国高等教育发展的理论基础。理论架构二：相同的经费投入在较高的平台上能够发挥更高的效益。“985工程”的实行相对缓解了大学办学经费拮据的情况，并为追求卓越奠定了基础。理论架构三：建设世界一流大学的基础仍然是学科平台建设。要正确制定适合国情和校情的战略规划，必须从重点学科建设入手，以人才队伍建设为核心，才能够使一流大学目标的达成事半功倍。

① 徐小洲，王家平. 卓越与效益——大学重点发展战略研究[M]. 杭州：浙江教育出版社，2007：38.

(2)“985 工程”的政策发展过程

“985 工程”政策发展是一个大学与政府合作、上下结合以及多方互动的过程。作为中国政府的一项重大政策，“985 工程”的形成不是偶然的孤立事件，它与我国的“科教兴国战略”及“人力资源强国战略”等宏观政策目标相一致，由我国世界一流大学建设实践过程制定的众多子政策构成，其发展过程详见图 3-2。

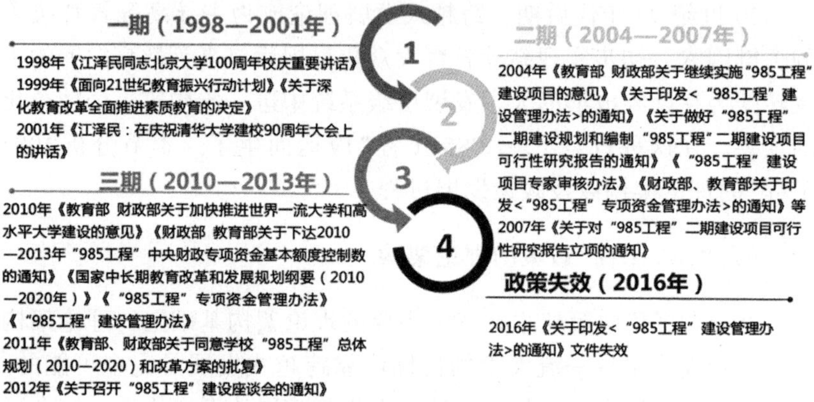

图 3-2　“985 工程”政策发展过程

1998 年 5 月 4 日，江泽民同志在北京大学一百周年校庆上代表党和政府提出“为了实现现代化，我国要有若干所具有世界先进水平的一流大学”①。同一天，教育部向全国教育系统发出《关于深入学习江泽民同志在庆祝北京大学建校一百周年大会上的重要讲话精神的通知》。同年 6 月 25 日，国家科技教育领导小组正式成立。同年 10 月 28 日，在国家科技教育领导小组的第二次会议上，审议并通过了教育部报送的《面向 21 世纪教育振兴行动计划》。同年 12 月 24 日，教育部发布了《面向 21 世纪教育振兴行动计划》，

① 江泽民. 在庆祝北京大学建校一百周年大会上的讲话[EB/OL]. [2016-12-01]. http://www.moe.edu.cn/jyb_s jzl/moe_177/tnull_2475.html.

对世纪之交我国教育的发展和改革进行了全面部署。教育振兴行动计划历史性地提出重点支持部分高校创建具有世界先进水平的一流大学(即“985工程”)，指出“建设世界一流大学，具有重大的战略意义”；“一流大学建设要有政府的支持，资金的投入”；“要相对集中国家有限财力，调动多方面积极性，从重点学科建设入手，加大投入力度，对于若干所高等学校和已经接近并有条件达到国际先进水平的学科进行重点建设。今后10~20年，争取若干所大学和一批重点学科进入世界一流水平”。① 1999年1月13日，国务院批转了该项计划，为期4年的“985工程”一期(1998—2001年)建设正式实施。

2004年3月3日，国务院批转教育部《2003—2007年教育振兴行动计划》，决定继续实施“985工程”，努力建设若干所世界一流大学和一批国际知名的高水平研究型大学”。② 教育部、财政部于2004年6月2日发布了《关于继续实施“985工程”建设项目的意见》，对“985工程”的重要意义、总体建设思路、目标、任务、建设资金以及组织管理等方面作了明确的规定。该政策文件的发布标志着“985工程”二期(2004—2007年)正式启动。③ “985工程”二期建设的主要内容是机制创新、队伍建设、平台建设、条件支撑和国际交流与合作。具体目标如下：①通过管理体制创新、运行机制创新，积极探索世界一流大学建设的新机制；②造就和引进一批具有世界一流水平的学术带头人和学术团队；③结合国家创新体系建设，重点建设一批“985工程”科技创新平台和“985工程”哲学社会科学创新基地，促进一批世界一流学科的形成并推动学科建设。④

2010年6月7日，教育部和财政部印发《教育部、财政部关于

① 国务院批转教育部面向21世纪教育振兴行动计划的通知[J]. 中华人民共和国国务院公报，1999(2)：36-50.

② 国务院. 国务院批转教育部2003—2007年教育振兴行动计划的通知[J]. 中华人民共和国教育部公报，2004(4)：3-12.

③ 教育部 财政部关于继续实施“985工程”建设项目的意见[J]. 中华人民共和国教育部公报，2004(Z2)：44-46.

④ 郭新立. 中国高水平大学建设之路：从211工程到2011计划[M]. 北京：高等教育出版社，2012：35.

加快推进世界一流大学和高水平大学建设的意见》，标志着“985 工程”三期启动。该政策对“985 工程”三期的指导思想、建设目标和主要任务给出了意见。同年 12 月 6 日，教育部和财政部印发《“985 工程”专项资金管理办法》对“985 工程”中央财政专项资金、地方人民政府共建资金、项目学校主管部门共建资金以及项目学校自筹资金的使用和管理作出了规定。① 2013 年 1 月 8 日，教育部发布《“985 工程”建设管理办法》，该政策文件对“985 工程”领导小组办公室的主要职责、三期总体规划和改革方案的组织实施、建设资金的管理和使用以及工程的检查和验收作出了规定。

2016 年 6 月 7 日，教育部、国务院学位委员会以及国家语委宣布《关于印发〈“985 工程”建设管理办法〉的通知》失效，这意味着为期建设长达 18 年之久的“985 工程”告一段落。

“985 工程”政策进一步深化了“211 工程”建设中已经形成的对我国世界一流大学建设目标、理念和策略的认识，全面加快了我国世界一流大学建设的进程。“211 工程”和“985 工程”政策共同构成了我国世界一流大学建设政策的主要支撑，开辟了我国世界一流大学建设之路。

3.2　“211 工程”和“985 工程”政策的内在联系

“211 工程”与“985 工程”是我国在高等教育领域实施的重大举措，二者既有紧密的内在联系，又有显著的固有差异。二者的内在联系主要体现在建设周期和对象的交叉性、建设目标的递进性以及建设策略的趋同性。

① 财政部教育部关于印发《“985 工程”专项资金管理办法》的通知[J]. 中华人民共和国教育部公报，2004(12)：21-23.

3.2.1 建设周期和对象的交叉性

“211 工程”和“985 工程”都是分三个周期建设的，其中“211 工程”分 1995—2000 年的一期(“九五”)、2001—2005 年的二期(“十五”)和 2008—2011 年的三期建设；“985 工程”分 1999—2011 年的一期、2004—2007 年的二期以及 2010—2013 年的三期建设。由此可见“211 工程”和“985 工程”建设周期具有交叉性，交叉的时间段详见下图 3-3。

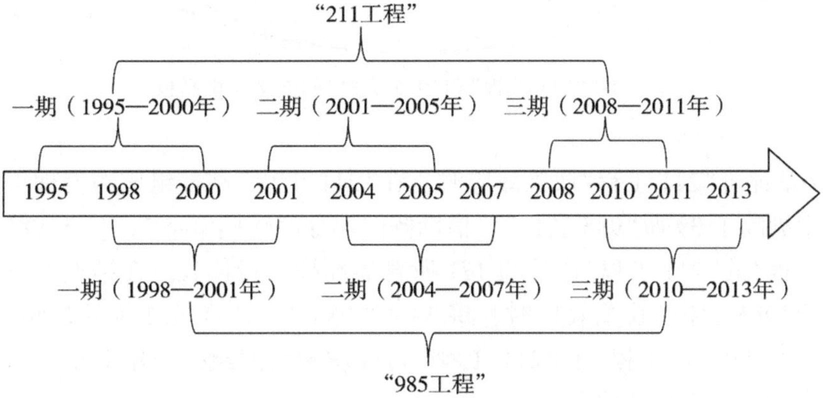

图 3-3 “211 工程”和“985 工程”的交叉建设周期

由上图可知，“211 工程”和“985 工程”的交叉建设时间为 1998—2001 年、2004—2005 年和 2010—2011 年。“211 工程”和“985 工程”除建设周期存在交叉现象外，建设对象也存在交叉现象。“211 工程”共建设 112 所高校，“985 工程”共建设 39 所高校，而且 39 所“985 工程”建设高校也都是“211 工程”建设高校，详见图 3-4。

如图 3-4 所示，两大工程交叉建设高校的结果导致 39 所高校既接受了“211 工程”建设，又接受了“985 工程”建设。建设高校的交叉性带来的问题是交叉建设的高校政策效应难以辨别是由“211 工程”还是由“985 工程”导致的。为了解决这一问题，本研究的第

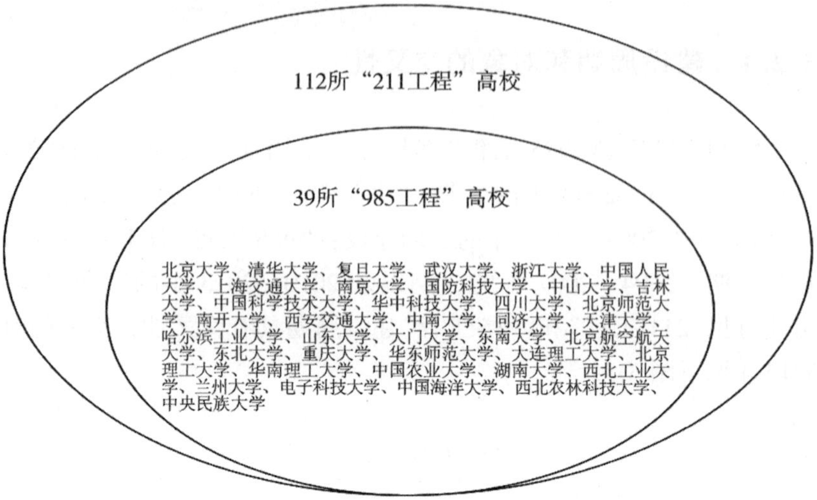

图 3-4　“211 工程”和“985 工程”的交叉建设高校

4 章评价“211 工程”政策效应时，在“211 工程”高校组成的处理组中剔除了 39 所“985 高校”，借助倾向得分匹配模型将 71 所非“985 工程”的“211 工程”高校与 171 所普通高校进行比较。在第 5 章评价“985 工程”政策效应时，将 39 所“985 工程”高校作为处理组，71 所非“985 工程”的“211 工程”高校作为对照组，利用双重差分模型来计算政策效应。

3.2.2　建设目标的递进性

在理想的状况下，公共政策在制定之初就应清楚地阐明政策目标，以便解决后来的公共问责问题。然而，许多公共政策没有阐明其政策目标，当然也就无法很好地解决公共问责问题。我国的一揽子世界一流大学建设政策以不同的方式隐晦地阐述过政策目标，极不利于政策效应评价。为了鉴别更清晰的政策目的，达到政策效应评价目的，笔者使用 MAXqda(MAX qualitative data analysis)质性分析软件，分析我国一揽子世界一流大学建设政策，归纳出总体目标和根本目的，结合世界一流大学建设对象的遴选标准，选择政策效应评价的结果变量。

MAXqda 是一种集文本、音频和视频等定性数据处理于一身的分析软件程序，1989 年由德国 Udo Kuckartz 教授研发，它允许用户有系统地组织、评估和诠释文本以及多媒体数据。本小结运用 MAXqda 软件对我国世界一流大学建设政策的目标进行分析，旨在为政策效应评价的指标选取提供理论依据。具体分析步骤如下：首先，导入分别指导“211 工程”的“九五”“十五”和三期建设的政策文本——《“211 工程”总体建设规划》《“十五”期间加强“211 工程”项目建设的若干意见》《高等教育“211 工程”三期建设规划》等。接着，导入分别指导“985 工程”的一期和二期建设的《面向 21 世纪的教育振兴行动计划》《教育部 财政部关于继续实施“985 工程”建设项目的意见》等文本。然后，对各个政策文件的总体目标和建设任务编码。最后，利用软件的可视化功能对总体目标和建设任务进行分析。经分析后，得到我国世界一流大学建设政策各阶段的建设目标，见表 3-1。

表 3-1 “211 工程”和“985 工程”系列建设政策目标

文本组	周期目标	具体内容
“211 工程”	“九五”目标	在“九五”期间重点建设一批高等学校，提高 100 所左右高等学校的教育质量、科学研究、管理水平和办学效益，使之成为立足国内培养高层次人才、解决经济建设和社会发展重大问题的基地。① 使其中一部分建设高校接近或达到国际同类学校的先进水平，大部分学校的办学条件得到明显改善，在人才培养和科学研究上取得较大成绩，适应地区和行业发展需要，总体处于国内先进水平，起到骨干和示范作用②

① 国家计委，教委，财政部. 国家计委、教委、财政部关于印发《“211 工程”总体建设规划》的通知(计社会[1995]2081 号)[EB/OL]. [2015-03-18]. http://www.china-lawedu.com/falvfagui/fg22598/36870.shtml.

② 国家计委，教委，财政部. 国家计委、教委、财政部关于印发《“211 工程”总体建设规划》的通知(计社会[1995]2081 号)[EB/OL]. [2015-03-18]. http://www.china-lawedu.com/falvfagui/fg22598/36870.shtml.

续表

文本组	周期目标	具体内容
“211工程”	“十五”目标	继续重点建设“211工程”院校，使其中大多数学校达到国内领先地位，成为国家和地方解决经济、科技和社会发展重大问题的基地;① 加强重点学科、新兴和交叉学科建设，力争使其中部分学科接近或达到世界先进水平;② 加快高等教育信息服务建设，建立起辐射全国高等学校、带动我国高等教育整体发展的信息服务平台③
“211工程”	三期目标	使更多的学科接近或达到国际先进水平；构建具有国际先进水平的高等教育公共服务平台；进一步缩小“211工程”学校与世界一流大学的差距，使之成为培养创新人才和解决经济、科技和社会发展重大问题的基地，其中部分学校建成国际知名大学④
“985工程”	一期目标	在10~20年中，争取若干所大学和一批重点学科进入世界一流水平⑤

① 国家计委，教育部，财政部. 关于“十五”期间加强“211工程”项目建设的若干意见(计社会[2002]1505号)[EB/OL]. [2017-01-03]. http://www.51wf.com/print-law?id=1113678.

② 国家计委，教育部，财政部. 关于“十五”期间加强“211工程”项目建设的若干意见(计社会[2002]1505号)[EB/OL]. [2017-01-03]. http://www.51wf.com/print-law?id=1113678.

③ 国家计委，教育部，财政部. 关于“十五”期间加强“211工程”项目建设的若干意见(计社会[2002]1505号)[EB/OL]. [2017-01-03]. http://www.51wf.com/print-law?id=1113678.

④ 教育部，国家发展改革委，财政部. 关于印发高等教育“211工程”三期建设规划的通知(教重[2009]1号)[EB/OL]. [2017-01-03]. http://web.dhu.edu.cn/fazhan/3d/14/c2274a15636/pagem.htm.

⑤ 教育部. 面向21世纪教育振兴行动计划[J]. 中国高等教育，1999(1)：3-7.

续表

文本组	周期目标	具体内容
“985 工程”	二期目标	巩固一期建设成果，为创建世界一流大学和一批国际知名的高水平研究型大学进一步奠定坚实基础，使一批学科达到或接近国际一流学科水平，经过更长时间的努力，建成若干所世界一流大学。①

由上表可知，“九五”期间“211 工程”重在重点学科和公共服务体系的建设；“十五”期间“继续重点建设‘211 工程’院校，使其中大多数学校整体教学、科研水平达到国内领先地位……加强重点学科建设，加大学科结构调整力度，支持发展新兴和交叉学科，力争使其中部分学科接近或达到世界先进水平……”三期建设期间“……加大学科调整、队伍建设和高层次创新人才培养力度，优化重点学科体系结构和布局，使更多的学科接近或达到国际先进水平……”由此可见，“211 工程”的周期建设目标立足于“九五”的“打基础”，上升到“十五”的“国内领先地位”，再晋级为三期建设的“世界先进水平”，建设目标具有明显的递进性。“985 工程”建设目标则开宗明义地表述为“建设世界一流大学”。与“211 工程”类似，“985 工程”的周期建设目标也有递进性。一期侧重学校的整体建设和重点学科建设，二期旨在使一批学科达到或接近国际一流学科水平，经过更长时间的努力，建成若干所世界一流大学。②

正如教育部前部长袁贵仁在《建设社会主义高水平大学动员令——学习江泽民同志关于建设一流大学的论述》中所言：“什么是一流大学？这里的一流指的是教育质量。大学的教育质量体现在科学研究、人才培养和社会服务三个方面。”③因此，“211 工程”和

① 教育部，财政部. 关于继续实施“985 工程”建设项目的意见[J]. 中国现代教育装备，2004(10)：71-73.

② 教育部，财政部. 关于继续实施“985 工程”建设项目的意见[J]. 中国现代教育装备，2004(10)：71-73.

③ 袁贵仁. 建设社会主义高水平大学的动员令——学习江泽民同志关于建设一流大学的论述[J]. 求是，2002(7)：51-54.

“985 工程”建设每个阶段的具体建设目标虽有差异，但都围绕提高教育质量这一根本目的，即：不断提升人才培养、科学研究和社会服务的水平。①② 因此，本研究将“211 工程”和“985 工程”政策效应评价模型的结果变量定为人才培养、科学研究和社会服务三个维度。

3.2.3　建设策略的趋同性

从德国、法国、日本、韩国等国的世界一流大学建设实践来看，目前国际通行的世界一流大学建设策略有：①择优建设少数现有的具有实现一流潜力的大学(择优式)；②鼓励现有的一些大学合并，通过协同合作发展成为世界一流大学(合式并)；③从头创建新的世界一流大学(新建式)。世界银行高等教育专家杰米尔·萨尔米(Jamil Samil)总结了择优式、合式并和新建式三种世界一流大学建设策略各自的利弊，详见表 3-2。

表 3-2　世界一流大学建设策略的利弊比较

策略	择优式	合并式	新建式
吸引人才的能力	不利于人才的流动和更新 不利于吸引优质生源	有利于调整、建设学校领导班子 吸引新的教职员工 可能会遭到现有教职工的阻挠	有利于吸引优秀人才(包括教职员工和学生) 因为是没有知名度的新学校，故很难吸引最好的生源 需要逐步积累教学和科研的传统

① 徐小洲，王家平．卓越与效益——大学重点发展战略研究[M]．杭州：浙江教育出版社，2007：38.

② 张亚群．高水平大学建设的政策分析——以“985”“211”工程与“2011 计划”为视点[J]．中国地质大学学报(社会科学版)，2015(5)：122-126.

续表

成本	较低	一般	较高
治理	在相同的管理架构下难以更改学校的运作模式	比较可能以有别于现有大学的合法地位进行运作	有利于创造新的适当的管理激励体制
大学文化	难以从内部转变	可能难以从不同的大学文化中开辟出新的文化特性	有希望创造“追求卓越”的文化
管理变革	与所有利益相关者共同沟通、协商重大问题	以“规范”的方式将大学规范和学校文化教授给所有利益相关者	以“环境顺应”的方式沟通，同时进行社会宣传和推广

资料来源：Jamil Salmi. The Challenge of Establishing World-Class Universities [M]. World Bank Publisher Office：Washington，2009：9.

“211 工程”选择了择优式和合并式结合的世界一流大学建设策略。择优式策略的表现为“211 工程”建设高校是通过遴选条件确定的综合实力较强的高校。合并式策略则表现为 20 世纪 90 年代末“211 工程”高校在我国高校第二次合并潮中的合并行为，详见附录 6。与“211 工程”建设策略类似，“985 工程”的建设策略仍然选择了择优式和合并式结合的世界一流大学建设策略。择优式策略的表现是“985 工程”建设高校是通过“政治”过程确定的综合实力较强的高校。合并式策略则表现为 19 世纪末和 20 世纪初在“综合性、研究型”的世界一流大学建设理念指导下“985 工程”高校进行的高校合并，详见附录 7。由此可见，“211 工程”和“985 工程”均选择了择优式和合并式结合的世界一流大学建设策略，这将为本研究第 4 章的 H2 研究假设和第 5 章的 H4 研究假设提供依据。

3.3 “211 工程”和“985 工程”政策的固有差异

20 世纪 90 年代，如果说我国高等教育的横阔发展以高校扩招、高等教育大众化的实现为主要标志，那么纵深发展毫无疑问是世界一流大学的建设。我国世界一流大学建设开始以“211 工程”政策的形式出现，继而发展为“985 工程”政策。① 虽然“211 工程”和“985 工程”是我国一脉相承的重大世界一流大学建设政策，但是这两个系列的政策在建设目标、遴选条件和资助强度三方面有着显著的固有差异。因此，本研究分析三方面的差异后，为“211 工程”和“985 工程”选择适宜的政策效应评价模型。

3.3.1 遴选条件的有无

“211 工程”建设院校的遴选是政治过程与专家评审相结合的结果，“211 工程”立项得经历部门预审→预备立项→专家审核→批准立项的流程。②“211 工程”重点建设高校和重点学科点的原则是“水平是基础，投资是条件，目标要明确，措施要落实，公平竞争，择优遴选”。③ 遴选“211 工程”重点建设的高等学校的前提条件是办学思想端正，领导班子团结有力，改革取得一定成效；教学、生活等基本设施已经达标，本科教育水平较高；学校所在部门、地区有

① 张秀兰. 中国教育发展与政策 30 年[M]. 北京：社会科学文献出版社，2008：275.

② 徐小洲，王家平. 卓越与效益——大学重点发展战略研究[M]. 杭州：浙江教育出版社，2007：40.

③ 国家教委. 关于重点建设一批高等学校和重点学科的若干意见[EB/OL]. [2016-10-02]. http://www.chinalawedu.com/ew/201309/wangying2013091114220489862086.shtml.

统筹合理的教育发展规划。① 重点建设的高等学校的遴选条件是：师资队伍稳定、素质较高；教学科研水平和条件较先进；具备一定数量的博士点和重点学科点，培养数量较多、质量较好的高层次专门人才；科研经费较多，成果显著，对国家建设贡献较大，办学效益较高；国内外学术影响较大；明确、有特色的学校建设目标，保障建设经费落实等。② 在本研究中，“211 工程”重点建设高校的遴选条件是后文所选评价模型协变量选择的依据，详见 4.1.3 节 PSM 模型样本及变量的选取。

作为一种典型的先宣示宏大政策目标，后设计政策方案的理想导向型而非问题导向型国家重大政策③，“985 工程”政策确定建设院校主要是通过政治过程，而非公开竞争的方式。④ 政治过程体现在“985 工程”没有公开的院校遴选条件，这对“985 工程”评价模型协变量的选择造成了很大的困难。幸运的是，虽然“211 工程”有明确的遴选条件，而“985 工程”没有，但是“985 工程”高校是在“211 工程”高校中选取产生的，所有的“985 工程”高校均是“211 工程”高校，且“985 工程”和“211 工程”是同时存在的两大建设项目，“985 工程”是“211 工程”的延续，其建设周期和对象与“211 工程”的建设周期和对象交叉并行。因此，本研究“985 工程”协变量的选择参照“985 工程”的根本建设目的，与“211 工程”的协变量选择一致。

3.3.2 建设目标的高低

一揽子“211 工程”政策的总体目标是面向 21 世纪重点建设 100

① 国家教委. 关于重点建设一批高等学校和重点学科的若干意见[EB/OL]. [2016-10-02]. http://www.chinalawedu.com/new/201309/wangying2013091114220489862086.shtml.

② 国家教委. 关于重点建设一批高等学校和重点学科的若干意见[EB/OL]. [2016-10-02]. http://www.chinalawedu.com/new/201309/wangying2013091114220489862086.shtml.

③ 陈学飞. 北京大学百年校庆的政治功能[J]. 华南师范大学学报(社会科学版), 2013(5): 83-86.

④ 张秀兰. 中国教育发展与政策 30 年[M]. 北京：社会科学文献出版社，2008: 275.

所左右的高等学校，使一部分建设高校接近或达到国际同类学校的先进水平，大部分建设高校在办学条件、人才培养和科学研究等方面总体上处于国内先进水平，起到骨干和示范作用。① 概而论之，“211 工程”的总体目标是使大部分建设高校处于国内先进水平，部分建设高校达到世界先进水平。根据世界一流大学的“三阶一流”发展规律，它处于世界一流大学发展过程中的国家一流大学阶段。

一揽子“985 工程”政策的总体目标是经过若干年的努力，建成若干所世界一流大学和一批国际知名的高水平研究型大学。通过管理体制和运行机制创新，积极探索世界一流大学建设的新机制；造就和引进一批具有世界一流水平的学术带头人和学术团队；重点建设一批科技创新平台和哲学社会科学创新基地，促进一批世界一流学科的形成。② 由此可见，“985 工程”的建设目标则直指“世界一流大学”，处于“三阶一流”的第三发展阶段。由此可见，“985 工程”的建设目标要高于“211 工程”的建设目标。为了体现“211 工程”和“985 工程”总体建设目标的高低，本研究在“985 工程”科学研究职能变量的选取上高于“211 工程”的相应变量。具体来说，为“985 工程”选择了 SCI 论文、SSCI 论文、国自科课题、国社科课题和专利；而“211 工程”选择了一般的学术论文、学术专著和研发课题。

3.3.3　资助资金的多寡

拥有丰富的资源是世界一流大学的基本特征之一。③ 由于要支

---

① 郭新立. 中国高水平大学建设之路：从 211 工程到 2011 计划[M]. 北京：高等教育出版社，2012：12.

② 郭新立. 中国高水平大学建设之路：从 211 工程到 2011 计划[M]. 北京：高等教育出版社，2012：12.

③ Jamil Salmi. 世界一流大学：挑战与途径[M]. 上海：上海交通大学出版社，2009：19.

付世界一流大学巨大的运营开支，充足的资金就变得尤为重要。“211 工程”和“985 工程”建设均设有中央专项资金，专项资金随着建设周期的推进也都有增长，然而就每个建设高校而言，增长幅度非常有限，与跨越式发展的需要有较大差距。因此，两大建设工程与建设高校所在地方政府和建设高校合作，建设资金均采取国家、部门、地方和建设高校四大建设主体共同筹集的方式解决。但是，它们的建设资金强度存在很大差异，见下表 3-3。

表 3-3 “211 工程”与“985 工程”各周期建设资金(单位：亿元)

筹集方式	“211 工程”			“985 工程”		
	“九五”	“十五”	三期	一期	二期	三期
中央专项	27.55	60	96.5	145.1	189	264.9
部门和地方配套	95.95	59.7	50	125.7	—	186.33
学校自筹	72.58	67.8	51	—	—	—
小计	196.08	187.5	197.5	—	—	451.23

数据来源：根据袁贵仁主编的《中国高水平大学建设之路：从 211 工程到 2011 计划》编制。

注：“—”表示无数据。“985 工程”三期建设资金数据为 16 省 32 所建设高校数据，来自《光明日报》2012 年 12 月 29 日 04 版。

由于“985 工程”建设高校为 39 所，不到“211 工程”建设高校的 1/4，处于金字塔的顶端，资金使用更为集中，因此“985 工程”比“211 工程”获得的资助强度要大得多。根据投入产出规律，这必然导致“985 工程”高校的产出，尤其是科研产出的质和量要优于“211 工程”高校。因此，本研究在进行“985 工程”效应评价时，科学研究和人才培养职能的变量选择上要高于“211 工程”效应评价相应的变量。

3.4　“211 工程”和“985 工程”效应评价模型选择

效应评价的通行做法是通过比较接受政策/计划的对象(个人、学校或社区等)的结果与未接受该政策/计划的对象的结果，衡量政策/计划的有效性。常用的效应评价模型有倾向得分匹配、双重差分、随机评价、工具变量以及断点回归模型。本节根据“211 工程”和“985 工程”政策的政策发展过程、联系和差异以及常用效应评价模型的适用性，选择倾向得分匹配模型评价“211 工程”政策效应，选择双重差分模型评价“985 工程”政策效应。

3.4.1　PSM 模型概述及适用性分析

1983 年，保尔·罗森鲍姆(Paul R Rosenbaum)和唐纳德·鲁宾(Donald B Rubin)首次提出了倾向得分匹配(propensity score matching，PSM)概念，它使用可观察的特征(协变量)，在样本接受处理的概率模型基础上构建实验组和对照组，将多个协变量综合成一个变量(起到“降维”作用)，均衡协变量在实验组和对照组之间的分布后，类似随机和均衡地处理非随机研究中的多种混杂因素，达到减少选择偏误的目的。① 下面，笔者结合本研究的具体情况，扼要介绍倾向得分(propensity score，PS)的定义，PSM 模型的假设条件、研究步骤，三种主要匹配方法以及该模型的优缺点。

(1)倾向得分的定义及 PSM 的假设条件

保尔·罗森鲍姆和唐纳德·鲁宾将倾向得分定义为：“个体在

① Koolwal Gayatri B. Handbook on Impact Evaluation [M]. Washington: The World Bank, 2010: 53.

其特定的属性下接受某种干预的可能性(概率)。”①倾向得分计算公式如下：

$$P(X) = \Pr[D = 1 \mid X] = E[D \mid X], \tag{3.1}$$

其中，X 是控制组的多维特征矢量，D 是二维标识分类变量。在本研究中，当 $D=1$ 时，样本为世界一流大学建设高校，即“211 工程”高校或“985 工程”高校；当 $D=0$ 时，样本为非世界一流大学建设高校，即其他 171 所非“211 工程”高校或 71 所非“985 工程”的“211 工程”高校，详见附录 2。

PSM 模型有两大假设条件，其一是条件独立假设(conditional independence assumption，CIA)，即给定的一系列可观测的协变量 X、结果变量 Y 与处理变量 T 的分布独立。② 换句话说，就是给定 X 后干预状态的潜在结果是独立的，控制 X 之后，干预分配就相当于随机分配。如果 Y_i^T 代表干预结果，Y_i^C 代表非干预结果，那么条件独立假设可表示如下：

$$(Y_i^T, Y_i^C) \perp T_i \mid X_i \tag{3.2}$$

这一假设也被称为非混淆假设③，它意味着样本是否接受干预完全取决于可观测的特征。条件独立假设是一个非常强的假设，无法直接检验，通常取决于项目或政策自身的特征。

其二是共同支撑条件假设(common support condition assumption)，也称为覆盖条件，它首先要求对于拥有 X 协变量属性的每一个样本，存在于干预组或控制组的可能性均为正，即：

$$0 < P\{D = 1 \mid X\} < 1$$

此外，该假设要求协变量 X 要在干预组和控制组上有足够的

① Rosenbaum P R, Rubin D B, et al. The Central Role of the Propoensity Score in Observational Studies for Causal Effects [J]. Biometrika, 1983, 70(1): 41-55.

② Koolwal Gayatri B. Handbook on Impact Evaluation [M]. Washington: The World Bank, 2010: 55.

③ Rosenbaum P R. The Central Role of the Propoensity Score in Observational Studies for Causal Effects [J]. Biometrika, 1983, 70(70): 41-55.

覆盖，即处理组每一个个体或绝大多数个体在控制组中都能找到与之匹配的 X，如下图 3-5 所示。

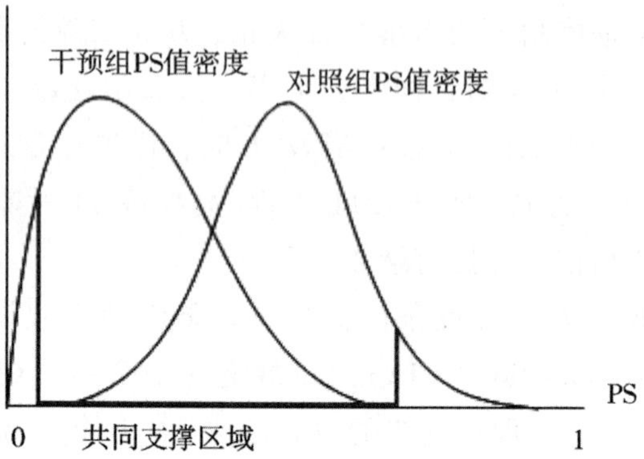

图 3-5　PSM 模型共同支撑条件

这两个假设条件在模型的应用过程中均应得到满足或通过检验，否则模型无意义。

(2) PSM 模型的研究步骤

应用 PSM 模型评价政策效应主要包括五个步骤，详见图 3-6。

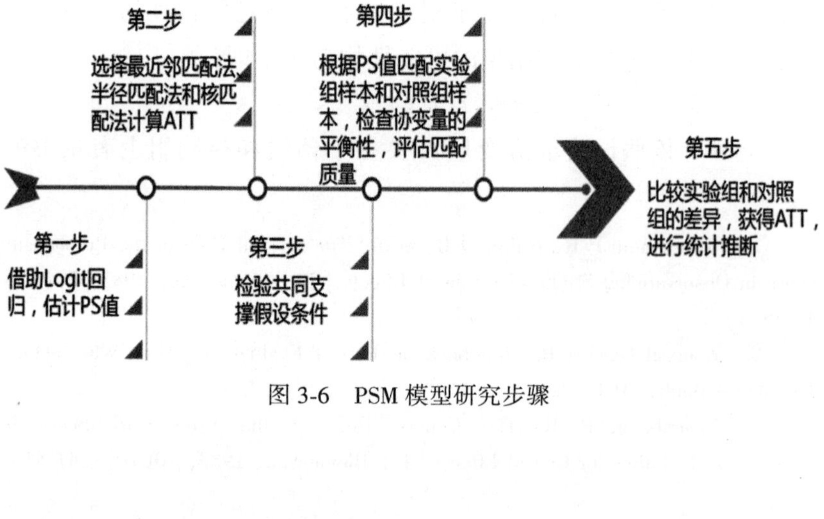

图 3-6　PSM 模型研究步骤

第一步，PS 值估计。本研究遵循拉杰夫·德赫贾(Rajeev H Dehejia)和萨迪克·沃赫拜(Sadek Wahba)以及萨沙·贝克尔(Sascha O Becker)和安德里亚·伊齐诺(Andrea Ichino)的理论①②，使用 Logit 模型估计 PS 值，计算公式如下：

$$P(X_i) = \Pr(D_i = 1 \mid X_i) = \frac{\exp(\beta X_i)}{1 + \exp(\beta X_i)} \tag{3.3}$$

其中，在本研究中 X 为影响高校获得世界一流大学建设政策资助倾向的自变量的多维矢量，β 为系数矢量。PS 值是 Logit 模型的预测值。

第二步，共同支撑假设条件检验。

第三步，根据 PS 值匹配实验组样本和对照组样本。

第四步，检查协变量的平衡性，即：评估 PS 值的属性，检查实验组样本和匹配好的对照组的非参与样本的所有协变量的分布是否一样，确保每个协变量的均值在实验组和对照组之间无差异。

第五步，比较实验组和对照组的差异，进行统计推断。理论上，我们得到倾向得分的估计值后，ATT 就能通过实验组和控制组的结果变量的差异估计出来。③ ATT 的计算公式如下：

$$\begin{aligned} \text{ATT} &= \mathrm{E}[Y_{1i} - Y_{0i} \mid D_i = 1] \\ &= \mathrm{E}\{\mathrm{E}[Y_{1i} - Y_{0i} \mid D_i = 1, p(X_i)]\} \\ &= \mathrm{E}\{\mathrm{E}[Y_{1i} \mid D_i = 1, p(X_i)] - \mathrm{E}[Y_{0i} \mid D_i = 0, p(X_i)] \mid D_i = 1\} \end{aligned} \tag{3.4}$$

其中 Y_{1i} 和 Y_{0i} 分别代表实验组和控制组的潜在结果变量。

(3)PSM 模型的三种主要匹配方法

因为 $p(X)$ 是一个连续变量，因此要找出拥有完全相同 PS 值的

① Dehejia R H, Wahba S. Propensity Score-Matching Methods for Nonexperimental Causal Studies [J]. Review of Economics & Statistics, 2006, 84(1): 151-161.

② Becker S O, Ichino A. Estimation of Average Treatment Effects Based on Propensity Score [J]. Stata Journal, 2002, 2(4): 358-377.

③ Becker S O, Ichino A. Estimation of Average Treatment Effects Based on Propensity Score [J]. Stata Journal, 2002, 2(4): 358-377.

两个高校是不可能的，所以即便得到了 PS 值，我们也无法使用公式 3.4 直接估计 ATT。为此，学者们提出了克服这一难题的几种匹配方法，其中最常用的有最近邻匹配法(nearest-neighbor matching)、半径匹配法(radius matching)以及核匹配法(kernel matching)。

最近邻匹配法通过在控制组中反复抽取，获得 PS 值最接近实验组 PS 值的样本。本研究令 T 和 C 分别代表实验组和控制组，Y_i^T 和 Y_j^C 分别代表实验组和控制组科研能力。同时，令 $C(i)$ 代表与 PS 值为 p_i 的第 i 个实验组变量相匹配的一系列控制组变量。因此，最近邻匹配法可表示如下：

$$C(i)= \min_j \| p_i - p_j \| \tag{3.5}$$

半径匹配法是在控制组中搜索 PS 值与实验组 i 变量的 PS 值的差异在事先设定的半径 r(r 是一个正实数)范围内的所有匹配样本。半径匹配法的数学表达式如下：

$$C(i)= \{p_j \mid \| p_i - p_j \| < r\} \tag{3.6}$$

本研究正是将 r 设为 0.005 后，使用半径匹配法将控制组高校与实验组高校匹配。

使用最近邻匹配和半径匹配方法识别出匹配样本后，我们就能够计算 ATT 了。本研究令控制组匹配样本数量为 N_i^C，$i \in T$，并且如果 $j \in C(i)$，那么权重 $w_{ij} = 1/N_i^C$，否则 $w_{ij} = 0$。同时，我们假设实验组的观测值数量为 N^T，那么 ATT 就可按如下公式计算而得：

$$\tau^M = \frac{1}{N^T}\sum_{i \in T} Y_i^T - \frac{1}{N^T}\sum_{j \in C} w_j Y_i^C \ , \tag{3.7}$$

其中，M 代表匹配方法，即：最近邻匹配法或者半径匹配法，$w_j = \sum i\, w_{ij}$。假设权重恒定，每所高校的建设政策效应是相互独立的。τ^M 的方差可计算如下：

$$\text{Var}(\tau^M)= \frac{1}{N^T}\text{Var}(Y_i^T) + \frac{1}{(N^T)^2}\sum_{j \in C}(W_j)^2 \text{Var}(Y_j^C) \tag{3.8}$$

核匹配方法的思想与最近邻匹配和半径匹配思想不同，这种方法构建一个虚拟变量来与每一所世界一流大学建设高校匹配，即：每一所世界一流大学建设高校与所有对照组带权重的 PS 值的加权平均数匹配，其中权重为实验组 PS 值与控制组 PS 值差异的反比。使用核匹配方法计算 ATT 时，其计算公式如下：

$$\tau^K = \frac{1}{N^T}\sum_{i \in T}\left\{Y_i^T - \frac{\sum_{j \in C} Y_j^C G(((p_j - p_i))/(h_n))}{\sum_{k \in C} G(((p_k - p_i))/(h_n))}\right\} \tag{3.9}$$

其中，$G(\cdot)$代表高斯核函数，h_n代表宽度参数。在标准宽度和核条件下，式 3.9 中的$\frac{\sum_{j \in C} Y_j^C G(((p_j - p_i))/(h_n))}{\sum_{k \in C} G(((p_k - p_i))/(h_n))}$为反事实结果变量 Y_{0i} 的一个一致性估计量。因为得到 τ^K 的方差估计值很困难，因此本研究使用 500 次迭代的 Bootstrap 来估计 τ^K 的方差。Bootstrap 的步骤如下：首先，从原始样本中重新抽取 n 个观察值，作为实证样本；其次，使用以上三种方法计算 ATTi；再次，重复 500 次第一步和第二步，得到 ATT1、ATT2、ATT3……ATT500；最后计算 ATT1、ATT2、ATT3……ATT500 的标准差，进而得到 ATT 统计量的标准误。

(4) PSM 模型的优缺点

任何一种研究方法或模型都不会是完美无缺的，有优点的同时必然也存在缺陷。PSM 模型的优点在于：①研究步骤标准化程度高，模型结果便于解释和理解；②PSM 模型可以减少非随机化研究和观察性研究中的选择偏误。①② 该模型通过调整 PS 值，均衡处理组和对照组间的协变量分布，达到减少估计平均处理效应(ATT)时的选择偏误；③传统的多元线性分析模型(例如：普通最小二乘法、多层线性模型等)不适用于协变量很多，而结果变量

① Rosenbaum P R, Rubin D B. The Central Role of the Propensity Score in Observational Studies for Causal Effects[J]. Biometrika, 1983, 70: 41-55.

② Austin P C. A Critical Appraisal of Propensity-Score Matching in the Medical Literature between 1996 and 2003[J]. Statistics in Medicine, 2008, 27(12): 2037-2049.

(outcome variable)发生概率很低的情况。PSM 模型不受此限制，无论协变量的数量多少，都可以用一个 PS 值来表示。本研究"211 工程"政策效应评价正是协变量多，结果变量发生概率低的情况，其中协变量包括校舍占地面积、博士点、高级职称教师、副高职称教师、专任教师、两院院士和长江学者等 13 个变量，而论文、专著、技术转让合同和技术转让收入等结果变量在实验组高校和控制组高校中的发生概率均较低，非常适合使用 PSM 模型。

PSM 模型的缺陷如下：①作为非随机化研究方法中的一种，PSM 模型也有非随机化研究的共有缺陷，即：仅能均衡已知的协变量，而无法消除未知的混杂因素引起的偏误。① 在所有混杂因素均已知的情况下，PSM 模型得到的 ATT 才是无偏估计。② ②PSM 模型的应用要求大样本，小样本即使能通过 PS 值调整，组间协变量的分布要达到均衡也较为困难。③应用 PSM 模型时，如果无法匹配的样本量较多，样本构成有可能发生改变，匹配数据集无法很好地代表总体，处理效应估计精度则会受到一定程度的影响。④当实验组和对照组 PS 值没有重叠或者重叠范围较少时，譬如：实验组的 PS 值范围是 0.2~0.4，对照组的 PS 值范围是 0.5~0.6，两组间的可比性就非常差，无法进行合适的分层或者匹配，导致研究结果出现极大偏误。③ 以上缺陷可以通过选择大样本，共同支撑区域检验和协变量平衡性检验来弥补。

3.4.2　DID 模型概述及适用性分析

与普通科学研究不同，公共政策尤其是大范围内的公共政策通

① Yue L Q. Statistical and Regulatory Issues with the Application of Propensity Score Analysis to Nonrandomized Medical Device Clinical Studies [J]. Journal of Biopharmaceutical Statistics, 2007, 17(1): 25-27.

② Brookhart M A, Schneeweiss S, Rothman K J, et al. Variable Selection for Propensity Score Models [J]. American Journal of Epidemiology, 2006, 163(12): 1149-1156.

③ Senn S, Graf E, Caputo A. Stratification for the Propensity Score Compared with Linear Regression Techniques to Assess the Effect of Treatment or Exposure [J]. Statistics in Medicine, 2007, 26(30): 5529-5544.

常难以保证样本在政策实施组和对照组之间完全随机分配。政策实施组和对照组非随机分配的试验是一种自然试验(natural trial)，它的显著特点是：政策实施前，事前差异可能存在于不同组间样本之间。如果运用简单的“前后差异”比较法，即将政策实施后的结果变量值减去实施前的结果变量值，不能分离出政策实施期间有可能受到其他因素的影响，得到干预效应的有偏估计；如果执行“有无”差异比较，即用处理组的结果变量值减去对照组的结果变量值，则需要建立在政策实施前，处理组和对照组之间需要考察的结果变量之间无差异。我国世界一流大学建设政策，不管是“211 工程”还是“985 工程”都选择了择优建设策略，显然难以满足该假设。

“211 工程”和“985 工程”都是存在事前差异的公共政策。倾向得分匹配模型依赖于非混淆假设，它意味着样本是否接受干预完全取决于可观测的特征。“211 工程”高校的选择建立在公开、可观测的遴选条件之上，因此适用于倾向得分匹配模型。然而，“985 工程”高校的选择则是“理想导向”下非公开“遴选条件”以及政治干预等多种不可观测因素的结果①。因此，单从遴选条件来看，倾向得分匹配也不适用于“985 工程”政策效应的评价。

作为自然实验分析中常用的评价方法，双重差分(DID)模型有效地结合了“前后差异”和“有无差异”比较，它通过在某种程度上控制除政策干预因素之外的其他因素的影响，计算公共政策给政策对象带来的影响。此外，它在模型中加入其他可能影响结果变量的协变量，进一步控制了实验组和对照组中存在的“疑似”影响因素，弥补准实验无法完全随机分配样本的缺陷，从而得到干预政策效应的真实评价。② DID 模型基于自然试验得到的数据，通过建模来有效控制研究对象间的事前差异，将政策效应的真正结果有效分离出来③，

① 陈学飞. 北京大学百年校庆的政治功能[J]. 华南师范大学学报(社会科学版)，2013(5)：83-86.

② 叶芳，王燕. 双重差分模型介绍及其应用[J]. 中国卫生统计，2013(1)：131-134.

③ 叶芳，王燕. 双重差分模型介绍及其应用[J]. 中国卫生统计，2013(1)：131-134.

是一种典型地解决存在不可观测因素问题的政策效应评价模型。故而，本研究选择双重差分模型评价“985 工程”政策效应。

DID 模型的基本思想是将研究对象分成两组，其一为接受政策的实验组，其二为未接受政策的对照组。借助政策实施前后实验组和对照组的信息变化，量化公共政策(世界一流大学建设政策)对政策目标(提高高等教育质量)产生的效应。同时，量化政策实施前后实验组因变量的变化，之后再对两个变化量做两次差分(倍差)，即可获取公共政策(世界一流大学建设政策)对实验组高校产生的净效应。与倾向得分匹配理论相比，DID 理论假设影响接受干预的不可观察的外生性存在且不随时间发生变化。通过处理干预前后处理组和对照组的数据，双重差分模型能够消除不可观察的外生性。DID 通过测量干预前后两期干预对象和非干预对象的潜在结果和协变量，来解决缺失的反事实数据问题，它实际上是比较处理组和对照组的潜在结果在干预前后发生的变化。DID 假设存在干预前后两个时期 t，干预前 $t=0$，干预后 $t=1$，Y_t^T 和 Y_t^C 分别代表时期 t 内干预对象和非干预对象的潜在结果，那么估计平均干预效应的 DID 计算如下：

$$ATT = E(Y_1^T - Y_0^C \mid T_1 = 1) - E(Y_1^T - Y_0^C \mid T_1 = 0) \quad (3.11)$$

以上公式中，$T_1=1$ 指干预前存在干预组的潜在结果，而 $T_1=0$ 则表示干预前对照组的潜在结果。与 PSM 不同，DID 估计量允许有可能导致选择偏误的不可观测的外生性(干预组和非干预组的反事实潜在结果存在不可观测的差异)。DID 假设不可观测的外生性是不随时间改变的，因此两次差分后，其导致的选择偏误可被消除。换而言之，以上方程式中，非干预对象的潜在结果变化代表的是反事实潜在结果变化。

ATT 估计量也可以用回归模型来计算，回归模型如下：

$$Y_{it} = \alpha + \beta T_{i1} t + \rho T_{i1} + \gamma t + \varepsilon_{it} \quad (3.12)$$

在以上公式中，β 是干预变量(T_{i1})和时间变量($t=1, \cdots, T$)交互项产生的平均效应。因此，根据公式 3.11 的定义，$\beta=$ATT。除此之外，变量 T_{i1} 和 t 也被分别纳入模型中，来获取平均时间效应以及干预对象相对于非干预对象的效应。为了更好地理解公式

3.12 背后的含义，我们可以以更详细的期望形式来表达它，即：

$$E\ (Y_1^T - Y_0^C \mid T_1 = 1) = (\alpha + DD + \rho + \gamma) - (\alpha + \rho) \quad (3.13a)$$

$$E\ (Y_1^T - Y_0^C \mid T_1 = 0) = (\alpha + \gamma) - \alpha \quad (3.13b)$$

如果用公式 3.13a 减去公式 3.13b，我们就可以得到公式 3.11，即：ATT。只有选择偏误不随时间发生变化，ATT 才是无偏的。使用同样的方法，如果只计算干预对象干预前后的效应，那么计算的干预效应应该是 ATT+γ，相应的偏误应该是 γ^2。在没有对照组的情况下，判断其他因素是否影响干预结果是极其困难的。通常，研究人员会尝试比较干预后处理组和对照组的结果差异，但是这样得到的干预效应是 DID+ρ，偏误是 ρ。理论上，与干预相关且不可测量的差异是很难分离出来的。

正确的 ATT 估计量必须满足两个条件，即：①模型正确，例如，强制的误差项正确；②误差项与方程中的其他变量不相关，即：

$$\mathrm{Cov}(\varepsilon_{it},\ T_{i1}) = 0$$

$$\mathrm{Cov}(\varepsilon_{it},\ t) = 0$$

$$\mathrm{Cov}(\varepsilon_{it},\ T_{i1}t) = 0$$

第二个条件也被称为平行趋势假设，是 DID 模型中最重要的假设，它假设影响样本是否接受干预的不可观测特征不随处理状态发生变化。由于目前学界没有检验平行趋势假设的公认办法，因此本研究不详细解释该假设。

3.4.3 其他模型概述及适用性分析

在常用的倾向得分匹配、双重差分、随机评价、工具变量以及断点回归效应评价模型中，随机评价模型通常被认为是适用条件最严格的，并且在所有其他方面都相同，产生结果最准确(即无偏)的模型。① 然而，随机评价要求资源配置和政策应用具有随机性，

---

① Glennerster R, Takavarasha K. Running Randomized Evaluations: A Practical Guide[M]. New Jersey: Princeton University Press, 2013: 103.

我国的“211 工程”和“985 工程”政策应用显然不是随机的，前者的应用经过了遴选条件的筛选，后者的应用则是政治博弈的过程，两者应用的高校均为人为干预因素下综合实力较好的高校。因此，随机评价不适用于本研究。

根据工具变量模型的理论基础，使用工具变量模型评价我国世界一流大学建设政策效应时至少需要满足三大假设，即：单位处理值稳定假设、非混淆假设和排除性假设。① 在本研究中，单位处理值稳定假设意味着每所高校被选中建设为世界一流大学的结果不会对其他高校被选中建设为世界一流大学产生影响；非混淆假设，即被选中建设为世界一流大学与个体高校本身的实力相互独立；排除性假设意味着排除两类高校，第一类高校无论遴选条件是什么都不会被选中建设成世界一流大学，第二类高校无论遴选条件是什么都会被选中建设成世界一流大学，也就是说高校最后是否被建设成世界一流大学仅与建设本身相关，而与遴选条件无关。我国世界一流大学建设政策的实施显然有悖于以上三大假设，寻找到合适的工具变量来满足上面列举的诸多假设在本研究中难以满足。因此，工具变量模型不适用于本研究。

断点回归通常应用于政策具有清晰断点的情况，例如：综合实力高于某个值就能接受世界一流大学建设政策资助，如下图 3-7 所示。

如图 3-7 所示，断点回归需要寻找一个变量“完全决定”个体是否进入实验组或者对照组，它的缺点是仅能估计政策对刚刚高于或低于断点的评价对象产生的效应。② 我国的“211 工程”和“985 工程”政策建设高校显然不是依据清晰的“断点”所建设的，因此断点回归也不适于本研究。

① 胡安宁. 社会科学因果推断的理论基础[M]. 北京：社会科学文献出版社，2015：52-53.

② Seong S, Popper S W, Goldman C A, et al. Brain Korea 21 Phase II : A New Evaluation Model[M]. California：RAND, 2008：74-75.

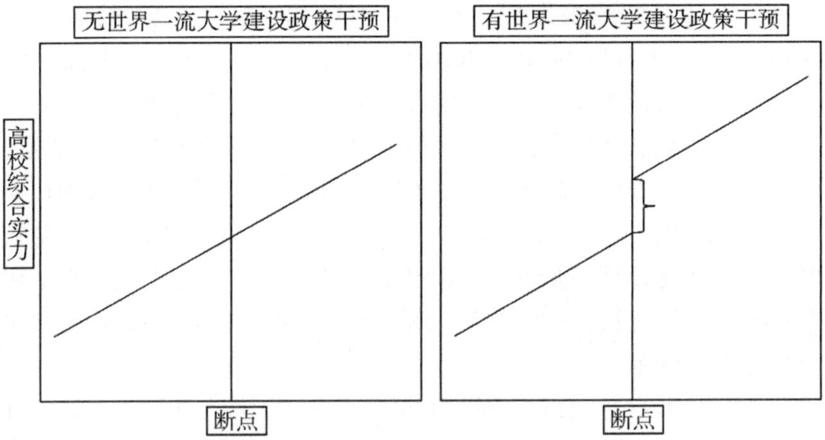

图 3-7 断点回归模型示意图

3.5 本章小结

本章在分析评价对象——我国“211 工程”政策和“985 工程”政策的理论架构、发展过程、相互联系以及存在差异的基础上，分析倾向得分匹配模型、双重差分模型、随机评价、工具变量和断点回归五种国际通行的政策效应评价模型后，为“211 工程”政策效应评价选择了倾向得分匹配模型，为“985 工程”政策效应评价选择了双重差分模型。首先，本章分析了“211 工程”和“985 工程”建设各自的三大理论架构。“211 工程”的三大理论架构：其一是高等教育精英化可与高等大众化并行不悖，同时推进；其二为非均衡发展能够产生高效益；其三指提升高校综合发展水平的突破口是学科建设。“985 工程”的三大理论架构：其一是实现建设世界一流大学的目标依靠跨越式发展是完全可能的；其二为相同的经费投入在较高的平台上能够发挥更高的效益；其三与“211 工程”一样，建设世界一流大学的基础仍然是学科平台建设。

接着，本章分析了“211 工程”和“985 工程”两大世界一流大学建设工程各自的政策发展过程。从 1993 年“211 工程”的启动到 2016 年“211 工程”的终止，我国颁布了《关于重点建设一批高等学校和重点学科的若干意见》《“211 工程”总体建设规划》《“211 工程”建设实施管理办法》等一系列涉及“211 工程”的规划、实施、管理和验收等方面的政策。从 1998 年“985 工程”的启动到 2016 年“985 工程”的终止，我国颁布了《教育部 财政部关于继续实施“985 工程”建设项目的意见》《“985 工程”专项资金管理办法》和《“985 工程”建设管理办法》等一系列涉及“985 工程”的启动实施和管理方面的政策。

然后，本章对“211 工程”和“985 工程”的建设周期、对象、目标、策略、遴选条件和资助资金强度进行了比较研究。比较后发现两大工程存在建设周期和对象交叉、建设目标递进和建设策略趋同的联系，同时在遴选条件、建设目标和资助基金上分别存在有无、高低和多寡的区别。最后，本章分析倾向得分匹配、双重差分、随机评价、工具变量和断点回归五种国际通行的政策效应评价模型后，选择倾向得分匹配模型评价“211 工程”政策效应，选择双重差分模型评价“985 工程”政策效应。

第4章　“211工程”政策效应评价

政策评价最重要的功能之一在于提供一个公共问责平台。相比其他政策，我国世界一流大学建设政策评价应该解决根本目的(即：改善人才培养、科学研究和社会服务职能，详见3.3节)的实现问题，弄清楚政策对高校人才培养、科学研究和社会服务产生的净效应或做出的净贡献。遗憾的是，以往的相关研究仅单一地关注世界一流大学政策建设高校(“985工程”和“211工程”高校)取得成绩的描述，而未考虑世界一流大学政策作用高校和非作用高校之间的绩效差异，只简单地罗列数字，缺乏对数字背后的规律探析，而对世界一流大学建设政策效应进行追踪和历时评价的研究则更为罕见。本小节将“211工程”高校作为实验组，非“211工程”高校作为控制组，根据“211工程”高校建设遴选标准选取相关协变量后，构建PSM模型，估算“211工程”建设政策对建设高校人才培养、科学研究和社会服务职能相关变量产生的净效应。

不管是我国第一层次世界一流大学建设的“211工程”，还是第二层次建设的“985工程”，都明确提出过改进高校三大职能的目标。因此，要对我国世界一流大学建设政策产生的效应进行评价，则必然要就政策对建设高校的三大职能效应做评价。从文献调研的情况来看，学者们对“211工程”高校的科学研究、人才培养和社会服务评价都做过相关的研究，而由于高校科学研究数据获取性相对于人才培养和社会服务数据的便捷性，“211工程”高校的科学研究能力或绩效评价研究尤其不胜枚举(详见本书文献综述部分的

1.2.1 节)，研究方法包括随机前沿面模型、DEA 以及 TOPSIS 方法等前沿方法，但对人才培养和社会服务评价的研究则较少。以往的相关研究开阔了笔者的视野，然而它们大多只注重单一政策建设高校的科研绩效，而未将政策建设高校与非政策建设高校进行对比研究，究其原因是我国世界一流大学建设事实上是非随机建设，即建设高校是通过遴选条件而非随机抽样确定的，也就是说“211 工程”建设政策在 1993 年实施之初，被选中高校的三大职能表现就比未被选中的高校表现优秀，见下表 4-1。

表 4-1 1993 年“211 工程”政策建设高校与非建设高校表现

高校职能的相关变量	均 值	
	对照组	实验组
学术论文(篇)	131	283
SSCI 论文(篇)	0	1
SCI 论文(篇)	4	52
学术专著(册)	7	21
研发课题(项)	124	417
硕士生(人次)	71	240
博士生(人次)	15	33
技术转让合同(项)	9	13
技术转让收入(千元)	421	654

注：①SSCI 和 SCI 论文原始数据来源于 Web of Science(WOS)数据库；学术论文总数、学术专著数、科研项目、技术转让签订合同以及技术转让收入原始数据来源于《1994 年高等学校科技统计资料汇编》；硕士生和博士生数来自于《中国高等学校大全(第 2 版)》。

②样本高校中非建设高校样本详见附录 1，建设高校为除国防科学技术大学、第二军医大学、第四军医大学(相关数据不可得，故无法纳入本研究)和“985 工程”高校之外的其他 71 所“211 工程”高校。

由上表可知，在我国世界一流大学建设政策实施之初，经过遴选后的入选高校在科学研究(表征指标为学术论文、SSCI 论文、SCI 论文、专著和研发课题)、人才培养(表征指标为硕士生和博士生)和社会服务(技术转让合同和技术转让收入)上的表现均优于未入选的非建设高校。在“211 工程”非随机建设的实际情况下，如果仍然按传统研究方法，直接比较政策建设高校和非政策建设高校，比较结果一方面会高估“211 工程”建设政策的作用，另一方面无法判断比较差异是由政策实施还是高校自然发展所导致的，进而导致无法得出世界一流大学建设政策的净效应。在本章研究中，笔者构建 PSM 模型，首先估计 171 所非政策建设高校(也就是我国现有高校总体样本的一个子集)中每所高校入选“211 工程”建设的概率，然后从中选出和政策建设高校具有相似概率但没有被建设的高校作为建设高校的对照，最后再分析它们的区别。当样本中的每所或绝大多数建设高校都具备与之匹配的非建设高校后，笔者便能对这两组样本进行比较，而后估算政策产生的净效应。

4.1 “211 工程”政策效应评价研究假设及 PSM 模型构建

正如上文所述，由于必须控制样本选择偏误，本研究选择了由保尔·罗森鲍姆和唐纳德·鲁宾研发的倾向得分匹配(PSM)模型①，具体理论及相关匹配算法见本书 3.4.1 节的倾向得分匹配模型及变量选择。在本章研究中，笔者应用 PSM 模型要达到的目标是：分析“211 工程”建设高校(实验组)与非“211 工程”建设高校(对照组)在科学研究表现上的差异。但是，现实可以观测到的是实验组接受“211 工程”建设的事实，而实验组没有接受建设是不可

① Rosenbaum P R, Rubin D B, et al. The Central Role of the Propoensity Score in Observational Studies for Causal Effects [J]. Biometrika, 1983, 70(1): 41-55.

观测到的，这种状态被称为反事实(counter factual)状态。PSM 模型就是为了解决这种不可观测事实的方法。在本研究中，实验组是“211 工程”建设政策实施后接受建设的高校组，对照组是政策实施后没有接受建设的高校组。在本研究中 PSM 模型的基本思路是：将实验组和对照组样本高校通过最近邻匹配、半径匹配和核匹配三种匹配算法匹配后，在其他条件(协变量)完全相同或近似的情况下，通过接受建设的实验组和不接受建设的对照组在高校三大职能相关变量表现上的差异，来判断“211 工程”建设政策与政策效应之间的因果关系。

4.1.1 H1 和 H2 研究假设

研究假设是对调查对象的特征以及有关现象之间的相互关系所作的推测性判断或设想，它是对问题的尝试性解答。合理的研究假设应具有合乎规律和逻辑的科学性、简洁和清晰的明确性以及能被研究及以后的实践证明的可检验性。根据研究经验和实践提出研究假设并进行实证分析，有利于探索研究问题、指导实践。本节在“211 工程”建设政策的根本目的、多任务委托代理理论等假设依据基础上，提出 H1 和 H2 研究假设，引导后文的实证分析。

(1) H1 研究假设的依据、内容及验证意义

本研究 H1 研究假设的提出基于以下四点理由：第一，根据“211 工程”建设政策提高高等教育教育质量的根本目的，而高等教育教育质量体现在高校科学研究、人才培养和社会服务多维度任务上的表现①。因此，H1 假设从科学研究、人才培养和社会服务职能三方面提出“211 工程”对建设高校产生的效应。

第二，多任务委托代理理论显示，如果不同任务的完成绩效在可度量性上存在很大差异，委托人会针对代理人实施的薪酬制度中

① 袁贵仁. 建设社会主义高水平大学的动员令——学习江泽民同志关于建设一流大学的论述[J]. 求是，2002(7)：51-54.

的不同激励因素，在不同任务之间配置不同程度的努力，从而最终对委托人总体目标的达成产生不同的影响。① 我国“211 工程”政策的实施采用的就是一种典型的多任务委托代理方式。其中，委托人为教育部和地方各级政府，代理人为高校，而委托任务则是以提高高等教育质量为中心，涵盖了科学研究、人才培养和社会服务三大职能维度下的重点学科建设、学校整体条件建设以及高等教育公共服务体系建设等多重任务。因此，本研究推测“211 工程”不可能对建设高校的科学研究、人才培养和社会服务均产生积极效应。

第三，前人的相关研究证明世界一流大学建设政策能够同时改善建设高校的科学研究和人才培养。早在 2012 年，候永琪学者对台湾地区的 11 所接受世界一流大学建设政策资助的高校研究后发现，被资助高校的人才培养职能和科学研究职能都得到了改善。② 德国学者乌利齐·司默河(Ulrich Schmoch)等人研究后发现，注重科学研究的世界一流大学建设政策也改善了建设高校的人才培养职能，因为建设高校雇佣了质量较好的研究人员和教师，从而使人才培养职能得到了改善。③ 第四，本研究将政策效应的表达式定义为 $ATT=E(y_{1i}-y_{0i}\mid D_i=1)$，而在“211 工程”建设之初，建设高校在科学研究、人才培养和社会服务三大职能的多个指标表现均优于非建设高校(见表 4-1)，因此 ATT 的值为正的可能性较大。综合以上四点理由，笔者提出 H1 研究假设，即：

H1：“211 工程”政策对建设高校的科学研究和人才培养职能相关变量产生了积极效应，但对建设高校的社会服务职能相关变量

① Holmstrom B, Milgrom P. Multitask Principal-agent Analyses: Incentive Contracts Asset Ownership, and Job Design [J]. Journal of Law, Economics, & Organization, 1991(7): 24-52.

② Hou Y C, Ince M, Chiang C. A Reassessment of Asian Pacific Excellence Programs in Higher Education: The Taiwan Experience[J]. Scientometrics, 2012, 92(1), 23-42.

③ Schmoch U, Fardoun H M, Mashat A S. Establishing A World-Class University in Saudi Arabia: Intended and Unintended Effects[J]. Scientometrics, 2016, 109(2), 1-17.

产生了消极效应。

本节通过构建PSM模型，计算“211工程”对建设高校科学研究、人才培养和社会服务三大职能中与世界一流大学密切相关的变量产生的数量效应来检验H1研究假设，可以检验“211工程”政策实施后产生的效应是积极的还是消极的。社会可以了解“211工程”政策与政策效应之间的因果关系，判定哪些效应是由于实施“211工程”政策实现的，从而直观地解释“211工程”政策是不是有效应，效应是否显著，为以后制定其他世界一流大学建设政策提供经验和依据。

(2) H2研究假设的依据、内容及验证意义

本研究H2研究假设的提出基于以下三点理由：第一，“211工程”选择了择优式和合并式结合的建设策略。在权衡三种建设策略利弊(详见表3-2)后，我国为“211工程”选择了择优式和合并式结合的建设策略。择优式策略的表现为“211工程”建设高校是通过遴选条件确定的综合实力较强的高校。合并式策略则表现为20世纪90年代末“211工程”高校在我国高校第二次合并潮中的合并行为。在择优式和合并式结合的建设策略以及“世界一流大学是综合性研究型大学”的建设理念指导下，我国大部分“211工程”高校进行过一次甚至多次合并，详见附录6。合并后的综合性建设高校在科学研究、人才培养和社会服务三大职能上的表现是否优于理工类型建设高校的表现也是本研究的关注点。

第二，理工类高校在“211工程”建设高校和非“211工程”建设高校样本中数量均最多(详见图4-1)，并且由于发展工业的历史原因，我国向来有“重理工高校，轻人文高校”发展的传统。①

由图4-1可知，理工类高校在171所非“211工程”和71所“211工程”建设高校样本中各占73所和23所，数量均最高，能很好地代表我国总体高校的类型分布。因此，H2研究假设将综合类

① 刘丽建. 潘懋元高等教育论述精要[M]. 福州：福建教育出版社，2015：34.

高校与理工类进行比较。

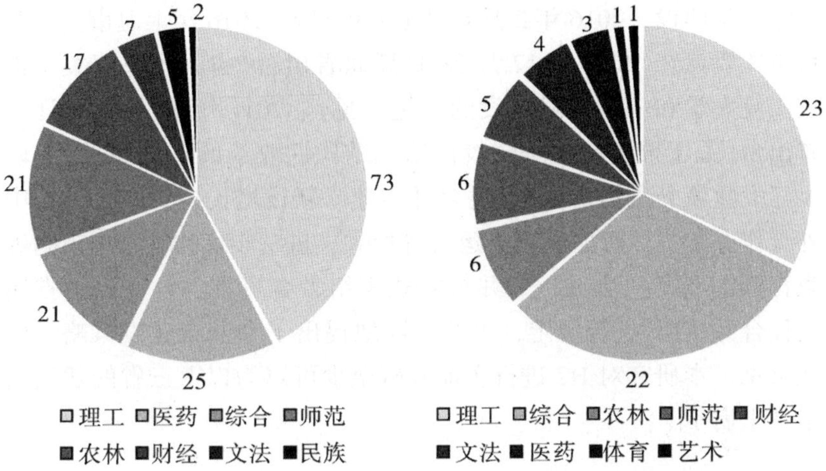

图 4-1　171 所非“211 工程”和 71 所“211 工程”建设高校的高校类型分布

第三，我国世界一流大学建设持有“相同的经费投入在较高的平台上能够发挥更高的效益”的理论架构。笔者前期研究已经初步证明综合类高校在科学研究能力上优于师范、农林和理工类高校的表现。① 故而笔者推断“211 工程”综合类建设高校在科学研究、人才培养和社会服务相关变量上的表现要优于理工类建设高校的表现。综合以上三点理由，笔者提出 H2 研究假设，即：

H2：“211 工程”政策对综合类建设高校的科学研究、人才培养和社会服务三大职能相关变量产生的效应要高于理工类建设高校的相应变量产生的效应。

对 H2 研究假设进行验证具有两点较强的现实意义。首先，验证 H2 研究假设将有助于检验“世界一流大学应为综合性研究型”大学建设理念指导下，我国“211 工程”择优式和合并式结合的建设策

① 邱均平，欧玉芳. 面向世界一流大学建设的“985 工程”高校科研竞争力评价分析——基于“十二五”期间 RCCSE 世界一流大学及学科竞争力评价报告[J]. 中国高教研究，2016(4)：57-63.

略的有效性。其次，对世界一流大学合并式建设战略在新一轮的世界一流大学建设中的适用性带来启示。面对即将开始的新一轮世界一流大学建设，2016 年 2 月 6 日上海市出台《2016 年上海市高等教育工作要点》、2016 年 12 月 28 日湖北省出台《省人民政府关于推进一流大学和一流学科建设的实施意见》、2017 年 1 月 13 日辽宁省出台《关于推进高中等学校供给侧结构性改革的实施意见》。以上三大政策分别提出了“通过合并组建、新设增设、调整撤并、中外合作办学、二级学院独立运行等形式，进一步优化整合本市高等教育资源”①，“合并、兼并等方式重组教育资源”②，“探索省属高校合并重组”③等规定，不约而同地提出了合并式建设策略。由此可见，本研究对 H2 进行实证分析至少可以为以上三省的建设策略带来启示。

4.1.2 PSM 模型构建

为了证明上文提出的假设，笔者选取了除“985 工程”高校之外的 71 所“211 工程”高校和 171 所非“211 工程”高校(见附录 1)，并将这些高校分成两组，即：(a)实验组，71 所“211 工程”高校；以及(b)控制组，171 所非“211 工程”。正如上文 3.3 节所述，本节选择了由保尔·罗森鲍姆和唐纳德·鲁宾研发的 PSM 模型来控制样本选择偏误。使用 PSM 方法，笔者可以得到用来测度实验组和控制组在多个变量上的匹配程度。下面，笔者简要介绍如何计算

---

① 上海市教育委员会 .2016 年上海市高等教育工作要点[EB/OL].[2016-02-06]，[2017-02-21]. http://www. shmec. gov cn/html/xxgk/201602/304182016007.php.

② 湖北省政府办公厅. 省人民政府关于推进一流大学和一流学科建设的实施意见[EB/OL].[2016-12-28]，[2017-02-21]. http://gkml. hubei. gov. cn/auto5472/auto5473/201701/t20170106_936549.html.

③ 辽宁省人民政府. 关于推进高中等学校供给侧结构性改革的实施意见[EB/OL].[2017-01-13]，[2017-02-21]. http://www.cingta.com/index.html?p=2618.

倾向得分(propensity score, PS), 并讨论 PSM 的三种主要匹配方法以及实验组的平均处理效应(average effect of treatment, ATT)。

(1)倾向得分(propensity score, PS)

1983 年, 保尔·罗森鲍姆和唐纳德·鲁宾将倾向得分定义为:“个体在其特定的属性下接受某种干预的可能性。”①倾向得分计算公式如下:

$$P(X)=\Pr[D=1 \mid X]=E[D \mid X] \tag{4.1}$$

其中, X 是控制组的多维特征矢量, D 是标识变量, 当 $D=1$ 时, 样本为“211 工程”高校, 即 71 所“211 工程”高校; 当 $D=0$ 时, 样本为非“211 工程”高校, 即 171 所其他高校。理论上, 我们得到倾向得分的估计值后, ATT 就能通过实验组和控制组的结果变量的差异估计出来。② ATT 的计算公式如下:

$$\begin{aligned} \text{ATT} &= E[Y_{1i}-Y_{0i} \mid D_i=1] \\ &= E\{E[Y_{1i}-Y_{0i} \mid D_i=1,\ p(X_i)]\} \\ &= E\{E[Y_{1i} \mid D_i=1,\ p(X_i)]-E[Y_{0i} \mid D_i=0,\ p(X_i)] \mid D_i=1\} \end{aligned} \tag{4.2}$$

其中 Y_{1i} 和 Y_{0i} 分别代表实验组和控制组的潜在结果变量。

本研究遵循拉杰夫·德赫贾和萨迪克·沃赫拜以及萨沙·贝克尔和安德里亚·伊齐诺的理论③④, 使用 Logit 模型估计 PS 值, 计算公式如下:

---

① Rosenbaum P R, Rubin D B, et al. The Central Role of the Propoensity Score in Observational Studies for Causal Effects[J]. Biometrika, 1983, 70(1): 41-55.

② Becker S O, Ichino A. Estimation of Average Treatment Effects Based on Propensity Score[J]. Stata Journal, 2002, 2(4): 358-377.

③ Dehejia R H, Wahba S. Propensity Score-Matching Methods for Nonexperimental Causal Studies[J]. Review of Economics & Statistics, 2006, 84(1): 151-161.

④ Becker S O, Ichino A. Estimation of Average Treatment Effects Based on Propensity Score[J]. Stata Journal, 2002, 2(4): 358-377.

$$p(X_i) = \Pr(D_i = 1 \mid X_i) = \frac{\exp(\beta Xi)}{1 + \exp(\beta Xi)} \tag{4.3}$$

其中，X 为影响高校获得“211 工程”建设政策资助倾向的自变量的多维矢量，β 为系数矢量。PS 是 Logit 模型的预测值。

(2) 匹配方法

由于 $p(X)$ 是一个连续变量，因此要找出拥有完全相同 PS 值的两个高校是不可能的，所以即便得到了 PS 值，我们也无法使用公式(2)直接估计 ATT。为此，学者们提出了克服这一难题的几种匹配方法，其中最常用的有最近邻匹配法、半径匹配法以及核匹配法。

最近邻匹配法通过在控制组中反复抽取，获得 PS 值最接近实验组 PS 值的样本。本研究令 T 和 C 分别代表实验组和控制组，Y_i^T 和 Y_j^C 分别代表实验组和控制组科研能力。同时，令 $C(i)$ 代表与 PS 值为 p_i 的第 i 个实验组变量相匹配的一系列控制组变量。因此，最近邻匹配法可表示如下：

$$C(i) = \min_j \| p_i - p_j \| \tag{4.4}$$

半径匹配法是在控制组中搜索 PS 值与实验组 i 变量的 PS 值的差异在事先设定的半径 r(r 是一个正实数)范围内的所有匹配样本。半径匹配法的数学表达式如下：

$$C(i) = \{p_j \mid \| p_i - p_j \| < r\} \tag{4.5}$$

使用最近邻匹配和半径匹配方法识别出匹配样本后，我们就能够计算 ATT 了。本研究令控制组匹配样本数量为 N_i^C，$i \in T$，并且如果 $j \in C(i)$，那么权重 $w_{ij} = 1/N_i^C$，否则 $w_{ij} = 0$。同时，我们假设实验组的观测值数量为 N^T，那么 ATT 就可按如下公式计算而得：

$$\tau^M = \frac{1}{N^T}\sum_{i \in T} Y_i^T - \frac{1}{N^T}\sum_{j \in C} w_j Y_i^C \tag{4.6}$$

其中，M 代表匹配方法，即最近邻匹配法或者半径匹配法，$w_j = \sum i\, w_{ij}$。假设权重恒定，每所高校的“211 工程”政策效应是相互独立的。τ^M 的方差可计算如下：

$$\mathrm{Var}(\tau^M)=\frac{1}{N^T}\mathrm{Var}(Y_i^T)+\frac{1}{(N^T)^2}\sum_{j\in C}(W_j)^2\mathrm{Var}(Y_j^C) \quad (4.7)$$

核匹配方法的思想与最近邻匹配和半径匹配思想不同，这种方法通过构建一个虚拟变量来与每一所“211 工程”建设高校匹配，即：每一所“211 工程”建设高校与所有对照组带权重的 PS 值的加权平均数匹配，其中权重为实验组 PS 值与控制组 PS 值差异的反比。使用核匹配方法计算 ATT 时，其计算公式如下：

$$\tau^K=\frac{1}{N^T}\sum_{i\in T}\left\{Y_i^T-\frac{\sum_{j\in C}Y_j^C G(((p_j-p_i))/(h_n))}{\sum_{k\in C}G(((p_k-p_i))/(h_n))}\right\} \quad (4.8)$$

因为得到 τ^K 的方差估计值很困难，因此本研究使用 500 次迭代的 Bootstrap 来估计 τ^K 的方差。Bootstrap 的步骤如下：首先，从原始样本中重新抽取 n 个观察值，作为实证样本；其次，使用以上三种方法计算 ATTi；再次，重复 500 次第一步和第二步，得到 ATT1、ATT2、ATT3……ATT500；最后计算 ATT1、ATT2、ATT3……ATT500 的标准差，进而得到 ATT 统计量的标准误。

4.1.3 样本及变量的选取

(1)样本选取

为证明 H1 和 H2 研究假设，根据上节研究思路和研究目的，笔者选取了 71 所“211 工程”政策建设高校①和近 5 年在中国科学评价研究中心发布的《中国大学及学科专业评价咨询报告》中综合排名前 200 的 171 所非政策建设高校，并将这些高校分成两组，即：(a)实验组——政策建设高校，即 71 所“211 工程”高校，以及(b)对照组——非政策建设高校，即 171 所非“211 工程”高校。

① 本研究中出现的所有“211 工程”高校指除“985 工程”高校的其他“211 工程”高校。

此外，鉴于我国宣布“211 工程”启动的年份是 1993 年，宣布政策失效的年份是 2016 年，作为一个完善的历时研究，本应该获取 1993 年至 2015 年 23 年间每个年度所有变量的数据。但是“211 工程”的实际建设分“九五”(1995—2000 年)、“十五”(2001—2005 年)和三期建设(2008—2011 年)三个周期进行，并且政策效应的发挥具有滞后性，故而本研究根据数据的获取性及随机抽样原则，选取 2003 年、2004 年、2006 年、2009 年、2011 年和 2014 年的数据来研究政策效应，仅将 1993 年数据作为研究的参照数据(详细处理方法见附录 4 PSM 模型 do 文档)。笔者认为以上七年数据已经能够反映各建设周期的特征和效应，研究样本的年度分布基本特征见下表 4-2。

表 4-2 研究样本年度分布基本特征

年份	1993	2003	2004	2006	2009	2011	2014	总计
控制组高校数量	171	171	171	171	171	171	171	1197
实验组高校数量	71	71	71	71	71	71	71	497
小计	242	242	242	242	242	242	242	1694

如上表所示，本研究样本是一个强平衡面板数据样本，包含 1993 年、2003 年、2004 年、2006 年、2009 年、2011 年和 2014 年共 7 年的数据，每年均有 242 个研究样本，样本编号从 1~242。

(2)变量选取

根据 PSM 模型的协变量(matching variable)和结果变量(outcome variable)选取要求①，结合“211 工程”建设政策的根本目的和建设高校的遴选条件，遵循政策效应评价的科学性、系统性、

① Brookhart M A, Schneeweiss S, Rothman K J, et al. Variable Selection for Propensity Score Models[J]. American Journal of Epidemiology, 2006, 163(12): 1149-56.

客观性以及可行性原则，参考中国科学评价研究中心大学评价指标体系①以及前人对高校三大功能评价指标的选取②③④，同时考虑数据获取的可得性后，笔者选取了“211 工程”政策效应评价 PSM 模型的因变量、协变量和结果变量(如表 4-3 所示)，具体选取原因见下文分析。

表 4-3 “211 工程”建设政策效应评价 PSM 模型变量

PSM 模型变量	因变量	=1	当样本为政策建设高校时为 1
		=0	当样本为政策建设高校时为 0
	协变量	师资队伍	专任教师、高级职称教师、副高级职称教师、长江学者、两院院士
		教科研条件	校舍建筑面积、图书馆藏书、固定资产、教科研资产值
		博士点和重点学科	博士点和国家重点学科
		科研经费	科技收入和科技支出
	结果变量	科学研究	学术论文、学术专著、研发课题
		人才培养	硕士生和博士生
		社会服务	技术转让合同和技术转让收入

协变量选取原因。在 PSM 模型应用中，首要步骤就是构建 Logit 或 Probit 模型获取 PS 值，这就涉及协变量的选择，但该问题一直存在争议。唐纳德 · 罗宾(Donald B Rubin)和托马斯(Thomas

① 殷之明. 中国大学综合评价指标体系研究[D]. 武汉：武汉大学，2005.

② 申超. 大学排行榜的形成机理及其指标体系研究[J]. 中国高教研究，2011(7)：39-42.

③ 韩瑞珍，杨思洛. 区域高校社会服务绩效评价指标体系构建研究——以湖南省为例[J]. 重庆大学学报(社会科学版)，2013(6)：83-88.

④ 李顺. 高校人才培养质量评价模型的建立及应用研究[D]. 广州：华南理工大学，2011.

Neal)学者建议倾向指数模型应该纳入所有与结果变量有关的变量，而不考虑变量与应变量的关系①，而有的学者提出只纳入混杂因素，即与结果变量和应变量都有关的变量。② 笔者比较认同后一种观点，在本研究中，结果变量是科学研究、人才培养和社会服务职能的相关变量；应变量为高校是否为“211 工程”建设高校，它是一个虚拟变量，取 1 时为“211 工程”建设高校，取 0 时为非“211 工程”建设高校。根据上文 3.3.1 节“211 工程”的遴选条件量化的可能性，结合协变量应与结果变量和应变量都有关的标准③，本研究将 PSM 模型的协变量指标定为校舍建筑面积、图书馆藏书、固定资产、教科研资产值、专任教师、高级职称教师、副高职称教师、长江学者、两院院士、博士点、国家重点学科、科技收入经费以及科技支出经费。遴选条件与协变量的对应关系见下图 4-2，协变量的最终定夺取决于 PSM 模型构建计算 PS 值时的 Logit 回归结果。

以上协变量中校舍建筑面积、图书馆藏书、固定资产以及教科研资产值数据来自于《中国高等学校大全》。以上四个协变量和科技收入经费数值较大，考虑到模型的平滑性，笔者在后续模型中取它们的对数。其他变量中长江学者、两院院士以及国家重点学科数据来自教育部科技发展中心官方网站；结果变量中的专著、研发课题、科技收入经费、科技支出经费、技术转让合同以及技术转让收入数据来自 1995 年、2005 年、2006 年、2008 年、2011 年、2013 年和 2015 年的《中国高等学校科技统计资料汇编》。

① Rubin D B, Thomas N. Matching Using Estimated Propensity Scores: Relating Theory to Practice[J]. Biometrics, 1996, 52(1): 249-64.

② Perkins S M, Tu W, Mpa M G U, et al. The Use of Propensity Scores in Pharmacoepidemiologic Research[J]. Pharmacoepidemiology & Drug Safety, 2000, 9(2): 93-101.

③ Brookhart M A, Schneeweiss S, Rothman K J, et al. Variable Selection for Propensity Score Models[J]. American Journal of Epidemiology, 2006, 163(12): 1149-56.

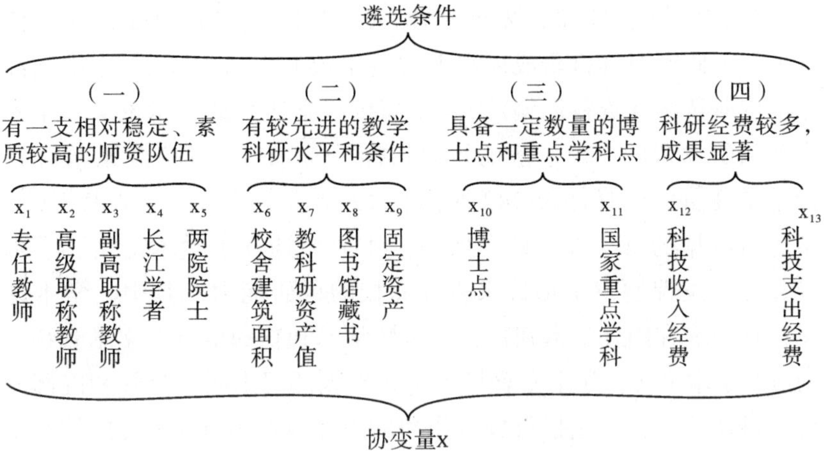

图 4-2 遴选条件与协变量的对应关系

科学研究结果变量选取原因。自 19 世纪初威廉·洪堡提出“研究与教学相结合”和“学术自由”的办学理念后，高校的科学研究职能就一直受到世界各大高校，尤其是占据高等教育体系顶峰之高校的重视。我国一揽子“211 工程”政策文本中多次提到要提高高校的科学研究能力，学术界也有大批学者认为我国世界一流大学建设战略目标实现的途径是建设高水平研究型大学①②。因此本研究关注“211 工程”对建设高校科学研究产生的效应，并将结果变量选为学术论文、学术专著和研发课题。科学研究结果变量的选取原因如下：①国内外目前表征高校科研能力的通行方法仍然是基于文献计量学的学术论文、学术专著和研发课题数量的评价方法③。②“211 工程”是我国第一层次的世界一流大学建设政策，它的建设目

① 王战军. 目标与途径：世界一流大学与研究型大学建设[J]. 清华大学教育研究，2003，24(3)：14-17.

② 赵沁平. 与时俱进，适应需要，逐步在我国形成一批高水平研究型大学[J]. 中国高等教育，2002(21)：3-5.

③ 杜伟. 高校科研评价现状与完善途径探析[J]. 高等教育研究，2004(4)：61-64.

标相对较低。按照“地方一流大学→国家一流大学→世界一流大学”的世界一流大学阶段发展规律①，“211 工程”应处于国家一流水平。本研究对其科研成果水平的期望较低，因此选择了《中国高等学校科技统计资料汇编》中表征高校科学研究的学术论文、学术专著和研发课题三个一般的科研指标。③“211 工程”政策效应评价结果变量的选择涉及 242 所高校 13 个协变量和 7 个结果变量 7 年历时数据的可得性。综上所述，本研究选择了学术论文、学术专著和研发课题三个指标来表征高校的科研能力。其中，学术论文包括发表在国外学术刊物、全国性学术刊物和地方性学术刊物上的所有学术论文；学术专著指由正式出版部门出版、公开和内部发行的科技著作，不包括科普著作和翻译外国著作以及大专院校基础课教材。

人才培养结果变量选取原因。广义的高校人才培养构成要素包括高校人才培养者、人才培养措施以及人才培养对象②。狭义的高校人才培养指对人才培养对象，即各级各类学生，包括本科生、硕士生、博士生以及留学生的培养。本研究取狭义的高校人才培养定义，因为我国第一层次的世界一流大学建设政策必然对人才培养者和人才培养措施产生影响，例如：刘献君等学者认为“盲目追求‘一流’的目标驱动、有失偏颇的评价与考核机制以及不科学的教学管理方式导致人才培养者对教学与科研关系的认识和处理产生了影响”③。此外，在“211 工程”政策“十五”建设目标之一——“加快高等教育信息化步伐”的作用下，政策建设和非建设高校的人才培养措施也会受到一定影响。然而，在笔者查阅的文献范围内，还没有直接衡量人才培养者认知或心理变化以及人才培养措施变化的

① Shin J C, Kehm B. Institutionalization of World-Class University in Global Competition [M]. Berlin: Springer Netherlands, 2013: 20, 23.

② 朱晟利. 论人才培养模式的概念及构成[J]. 当代教育论坛, 2005(5): 28-29.

③ 刘献君, 张俊超, 吴洪富. 大学教师对于教学与科研关系的认识和处理调查研究[J]. 高等工程教育研究, 2010(2): 13.

评价指标，无法直接获取研究效应。为了弥补这一缺陷，本研究选取与人才培养者和人才培养措施相关的变量，即：专任教师、高级职称教师、副高级职称教师、固定资产值以及教学研究仪器设备值，作为 PSM 模型的协变量。鉴于“211 工程”政策“成为立足国内培养高层次人才基地”①的政策目标，以及蒋馨岚和徐梅等学者认为一流的学术是世界一流大学的本质特征，它是靠卓越研究生教育和研究来取得的。② 据不完全统计显示，在世界百强大学中，研究生占学生总数的平均比例超过35%，有些甚至超过70%。③ 世界银行高等教育专家杰米尔·萨尔米也认为在高校的人才培养职能中，与世界一流大学大学联系最紧密的是研究生培养④。故而，本研究在界定世界一流大学的操作性定义时，将与世界一流大学联系最紧密的人才培养界定为研究生的培养。综上所述，本研究将硕士生和博士生作为 PSM 模型人才培养效应的结果变量。

社会服务结果变量选取原因。目前，学术界对高校社会服务职能的定义仍未达成共识。广义的高校社会服务职能是指高校为社会所进行的人才培养、科学研究和社会服务，即高校的职能都可归为“社会服务”。⑤ 狭义的社会服务则是指高校利用自身资源和优势为社会的各方面建设提供的直接服务活动，而非人才培养或科研成果转化等间接活动。本研究取高校社会服务的广义界定，因为尽管广义界定的高校社会服务概念与高校的其他两大职能——人才培养

① 国家计委，教委，财政部. 国家计委、教委、财政部关于印发《“211 工程”总体建设规划》的通知(计社会[1995]2081 号)[EB/OL]. [2015-03-18]. http://www.china-lawedu.com/falvfagui/fg22598/36870.shtml.

② 蒋馨岚，徐梅. 世界一流大学的研究生教育质量保障体系：特征与启示[J]. 学位与研究生教育，2011(11)：14-18.

③ 冯倬琳，王琪，刘念才. 世界一流大学建设之路与启示[J]. 中国高等教育，2014(10)：61-63.

④ Jamil Salmi. The Challenge of Establishing World-Class Universities [M]. World Bank Publisher Office：Washington，2009：9.

⑤ 盛国军. 高校社会服务职能评价体系研究[J]. 黑龙江高教研究，2012，30(2)：49-52.

和科学研究相重叠，但它能够系统、全面地描述社会服务的内涵①。此外，国内外不少学者认为高校社会服务功能的重要体现是通过技术转让将科研成果转化为现实生产力。例如：我国学者许霆认为在内容自然得到了丰富与拓展的广义社会服务职能中科技服务是关键；② 学者许治也认为高校服务社会功能的重要体现，便是通过技术转让方式，将其科研成果转化为现实生产力；③ 世界银行高等教育专家杰米尔·萨尔米认为在高校的社会服务职能中，与世界一流大学联系最紧密的是技术转让。④ 因此，本研究将社会服务职能相关变量定为技术转让合同和技术转让收入。

4.2 PSM 模型研究结果及分析

4.2.1 倾向得分计算结果

如 3.4.1 节 PSM 模型的研究步骤所述，执行 PSM 模型分析的第一步是计算 PS 值。PS 值将每一个样本高校的多个特征聚合成一个指标，这样一来就使得大样本条件下匹配具有多维特征(协变量)的样本高校变得可行。在本研究中，笔者根据第 3.3.1 节“211 工程”的遴选条件，将 PSM 模型的基本协变量定为校舍建筑面积、图书馆藏书、固定资产、教研仪器设备值、专任教师、高级职称教师、副高职称教师、长江学者、两院院士、博士点、国家重点学

① 盛国军. 高校社会服务职能评价体系研究[J]. 黑龙江高教研究，2012，30(2)：49-52.

② 许霆. “校地互动”战略：背景分析、实施内容与机制保障[J]. 江苏高教，2011(6)：41-43.

③ 许治，杨风. 高校技术转让单因素效率研究[J]. 科研管理，2013，(3)：145-153.

④ Jamil Salmi. The Challenge of Establishing World-Class Universities [M]. World Bank Publisher Office：Washington，2009：9.

科、科技收入经费以及科技支出经费，这些协变量的描述统计特征见下表 4-4。

表 4-4 PSM 模型基本协变量描述统计特征

协变量	对照组高校				实验组高校			
	均值	标准差	最小值	最大值	均值	标准差	最小值	最大值
专任教师（人次）	1185	460	136	3738	1439	673	200	5376
高级职称教师（人次）	169	97	18	1729	256	134	8	914
副高职称教师（人次）	358	149	54	1017	467	229	19	1623
长江学者（人次）	0	0	0	4	1	1	0	4
两院院士（人次）	0	0	0	2	0	0	0	2
校舍建筑面积（万平方米）	66	37	1	566	80	45	2	335
图书馆藏书（万册）	161	80	26	473	197	105	3	702
固定资产（万元）	90467	69706	224	676242	129375	92117	7449	505390
教研仪器设备（万元）	19952	14243	978	121330	37712	78754	1124	1558105
博士点（个）	8	11	0	63	25	19	0	112

续表

协变量	对照组高校				实验组高校			
	均值	标准差	最小值	最大值	均值	标准差	最小值	最大值
国家重点学科（个）	1	2	0	18	3	3	0	15
科技收入经费（千元）	60918	100980	129	1562156	130414	142578	442	850416
科技支出经费（千元）	85488	116199	264	1374656	183621	196742	18	1169149

注：①鉴于政策效应产生的滞后性，以上基本协变量的原始数据是“211工程”建设政策实施以后，即 1993 年、2003 年、2004 年、2006 年、2009 年、2011 年和 2014 年这 7 年的数据。

②鉴于协变量的平衡性，本研究在下文获取 PS 值的 Logit 回归中使用了建筑面积、图书馆藏书、科技收入、科技支出、固定资产、教学仪器设备、专任教师以及副高职称教师变量各自的对数变量，高级职称教师、博士点、国家重点学科、长江学者和两院院士变量各自的平方变量。

由上表可知，实验组“211 工程”建设高校所有协变量的均值均高于对照组非“211 工程”建设高校协变量的均值，这进一步说明以往未使用匹配模型解决可比性问题的研究很有可能高估了“211 工程”政策的作用。此外，从对照组高级职称教师、校舍建筑面积、固定资产、国家重点学科、科技收入经费和科技支出经费变量的最大值大于实验组对应变量的最大值可以推测，对照组样本高校的选取较为合理，存在协变量综合实力与实验组抗衡的高校，而下文的两组良好的匹配结果很好地证实了此推测。

确定基本的协变量后，笔者根据以往的研究文献①，使用倾向

① Lian Y J, Foley M, Boylan R. Are Equity Incentives Effective in Chinese Listed Firms? New Evidence from Propensity Score Matching (PSM) [J]. International Academy of Business and Economics, 2011, 5(2): 266-290.

得分匹配模型的 Logit 模型，即：取值为 1(政策建设高校)或者 0(非政策建设高校)的虚拟离散变量作为因变量，以下不同组合的协变量为自变量的 Logit 模型，尝试多种不同组合的协变量回归后得到 PS 值(详见附录 4 PSM 模型 do 文档)。Logit 回归估计结果见下表 4-5。

表 4-5 Logit 模型估计结果

协变量	(1) m1	(2) m2	(3) m3	(4) m4	(5) m5
专任教师	1.176***	2.059***	1.547***	1.583***	0.600***
	(-2.65)	(-6.31)	(-5.14)	(-5.28)	(-2.73)
高级职称教师	0	0	0	0	0
	(-0.00)	(0.00)	(-0.01)	(-0.05)	(-0.04)
副高职称教师	1.153***				
	(-3.07)				
长江学者	0.609***	0.613***	0.599***	0.608***	0.614***
	(-5.15)	(-5.2)	(-5.14)	(-5.2)	(-5.27)
两院院士	0.754***	0.781***	0.792***		
	(-3)	(-3.08)	(-3.1)		
建筑面积	-0.911***	-0.898***			
	(-4.33)	(-4.32)			
图书馆藏书	-1.109***	-0.931***	-1.235***	-1.264***	
	(-3.80)	(-3.29)	(-4.53)	(-4.63)	
固定资产	-0.579***	-0.534***	-0.651***	-0.662***	-0.756***
	(-3.95)	(-3.69)	(-4.44)	(-4.52)	(-5.28)
教研设备	0.342**	0.361**	0.343**	0.364**	0.256*
	(-2.26)	(-2.36)	(-2.23)	(-2.36)	(-1.76)

续表

协变量	(1) m1	(2) m2	(3) m3	(4) m4	(5) m5
博士点	0. 001***	0. 001***	0. 001***	0. 001***	0. 001***
	(−7. 63)	(−7. 78)	(−7. 92)	(−8. 03)	(−7. 87)
国家重点学科	0. 022***	0. 022***	0. 021***	0. 022***	0. 023***
	(−4. 32)	(−4. 35)	(−4. 24)	(−4. 22)	(−4. 33)
科技收入	0. 344***	0. 354***	0. 360***	0. 389***	0. 357***
	(−3)	(−3. 1)	(−3. 2)	(−3. 5)	(−3. 27)
科技支出	−0. 129	−0. 124	−0. 16	−0. 179*	−0. 187*
	(−1. 24)	(−1. 20)	(−1. 58)	(−1. 78)	(−1. 91)
_ cons	−5. 730***	−6. 938***	−3. 615***	−3. 899***	−0. 974
	(−3. 52)	(−4. 51)	(−2. 74)	(−2. 96)	(−0. 84)
r2_ p	0. 302	0. 297	0. 288	0. 282	0. 271
AUC	0. 864	0. 862	0. 859	0. 857	0. 852
N	1666	1666	1666	1666	1666

注：①Logit 模型的因变量为虚拟离散变量，当高校为“211 工程”高校时，其值为 1，否则为 0。

②括号内数值为 t 统计量，*、**和***分别代表 10%、5%和 1%的显著水平。

③r2_ p 指衡量 Logit 模型拟合效果的 Pseudo-R^2；AUC 指受试者工作特征曲线（receiver operating characteristic curve，简称 ROC 曲线）的面积；N 为 6 年的样本数。

④鉴于数据的平滑性和协变量平衡性要求，本节在上表的 Logit 回归模型中取建筑面积、图书馆藏书、科技收入、科技支出、固定资产、教学仪器设备、专任教师以及副高职称教师变量数据的对数，高级职称教师、博士点、国家重点学科、长江学者和两院院士变量数据的平方。

由表 4-5 可知，多种协变量组合的 Logit 模型结果显示高校获得“211工程”政策资助的概率与专任教师、副高职称教师、长江学者、两院院士、教科研设备、博士点、国家重点学科和科技收入呈显著正相关关系；与建筑面积和固定资产呈显著负相关关系；与高级职称教师和科技支出不相关。

执行Logit模型的最终目的是估算每所高校获得“211工程”建设政策资助的倾向概率，即PS值，以便为政策建设高校找到合适的非建设高校作为比较对象。然而，目前国内外并没有恰当判断Logit模型优劣的直接标准。本研究选取两个诊断变量，其一为Logit模型分析中常用的Pseudo-R^2，其二为ROC曲线下面积AUC。选取AUC的原因是，本研究Logit模型中的因变量为取值为0或1的分类变量，而PS值(Logit模型的预测值)是一个连续型变量，因此传统的统计量(例如：皮尔逊相关系数)不能用来分析它们之间的相关性①。这种情况下，AUC能更好地判断Logit模型的优劣。由上表可知，五组协变量组合获得的Pseudo-R^2范围是0.271~0.302，AUC的范围是0.852~0.864。施蒂默尔(Stürmer)等学者发现在Logit模型获取PS值时，当AUC值大于0.8，模型合理②。在组合(1)中AUC为0.864，为五组中最高，远大于学者建议的数值。此外，组合(1)中的Pseudo-R^2为0.302，也是五组中最高，比较上表不同组合的Pseudo-R^2和AUC后，组合(1)比其他组合要好。因此，本研究使用组合(1)中的协变量来计算PS值，进而比较实验组高校和对照组高校的政策效应。

4.2.2 样本匹配结果

奥斯汀(Austin)等学者经过研究发现PSM模型建模合理，匹

① Hosmer D W, Lemeshow S. Applied Logistic Regression[M]. Applied Logistic Regression, New York: John Wiley & Sons Inc., 1989: 81-82.

② Stürmer T, Joshi M, Glynn R J, et al. A Review of the Application of Propensity Score Methods Yielded Increasing Use, Advantages in Specific Settings, but Not Substantially Different Estimates Compared with Conventional Multivariable Methods[J]. Journal of Clinical Epidemiology, 2006, 59(5): 437-447.

配数据集的样本量可能会增加 20%以上，否则会减小匹配数据集，从而降低 ATT 估计的精度。①② 可以说，匹配数据集越大，ATT 估计精度越高，而 PSM 模型主要根据 PS 值来将控制组高校与匹配实验组高校匹配。因此，本节通过对比匹配前后高校 PS 值的核密度函数图(见图 4-3a 和图 4-3b，两图的 PS 值均由最近邻匹配法求得)以及协变量的属性(见表 4-6)，来分析所建 PSM 模型的合理程度。

由图 4-3a 可知，将非建设政策组高校与建设组高校匹配前，两组高校的 PS 值的核密度函数图存在显著差异。由此可见，以往

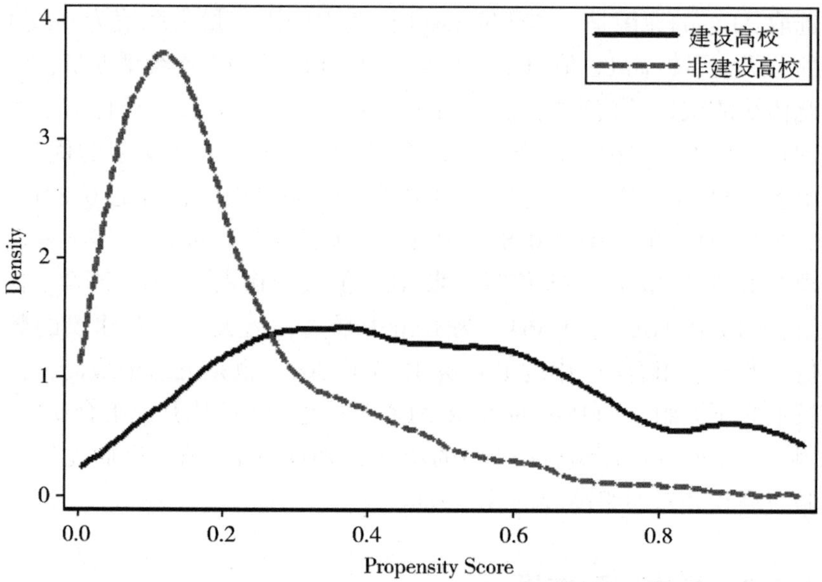

图 4-3a 匹配前 PS 值核密度函数图

① Austin P C, Grootendorst P, Anderson G M. A Comparison of the Ability of Different Propensity Score Models to Balance Measured Variables between Treated and Untreated Subjects: A Monte Carlo Study [J]. Statistics in Medicine, 2007, 26 (4): 734-53.

② 王永吉. 多分组资料倾向得分匹配法的研究[D]. 西安: 第四军医大学, 2011.

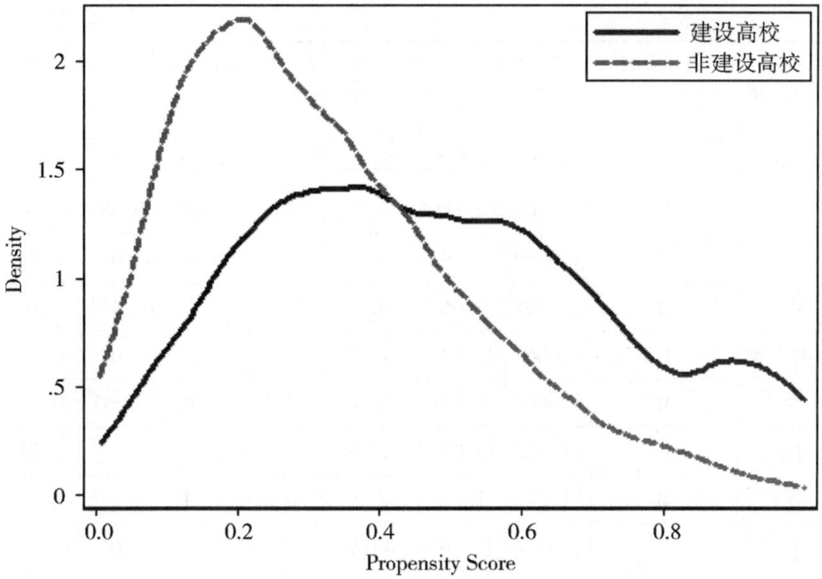

图 4-3b 匹配后 PS 值核密度函数图

未控制两组高校的协变量，而直接将所有非政策建设高校与政策建设高校比较得出的研究存在的偏误是较大的。匹配后，如图 4-3b 所示，两组高校 PS 值的核密度函数图接近了许多，这意味着匹配后两组高校的协变量特征达到近似状态，再无显著差异。表 4-6 进一步证明了根据 PS 值匹配后，两组高校的协变量特征无显著差异，本研究所建 PSM 模型的合理性。

表 4-6 PSM 模型协变量匹配前后差异

协变量	匹配前(U)	均值		%偏误	偏误	%reduct	t-检验	V(T)/
	匹配后(M)	实验组	对照组			t	p>|t|	V(C)
副高职称教师	U	5.9677	5.6672	54.7		10.14	0	1
	M	5.9677	5.9241	7.9	85.5	1.3	0.195	1.24*
长江学者	U	0.73499	0.09045	52。		11.67	0	7.39*
	M	0.73499	0.75845	-1.9	96.4	-0.18	0.859	0.48*

续表

协变量	匹配前(U)	均值		%偏误	偏误	%reduct	t-检验	V(T)/
	匹配后(M)	实验组	对照组			t	p>|t|	V(C)
两院院士	U	0.12422	0.02536	28.3		6.27	0	5.98*
	M	0.12422	0.09455	8.5	70	1.07	0.283	1.30*
建筑面积	U	4.0908	3.8698	31.5		5.84	0	1.02
	M	4.0908	4.06	4.4	86.1	0.72	0.474	1.26*
图书馆藏书	U	5.0667	4.8079	41.5		7.59	0	0.89
	M	5.0667	5.049	2.8	93.1	0.45	0.65	0.98
固定资产	U	11.273	10.907	37.8		7.03	0	1.05
	M	11.273	11.187	8.9	76.5	1.32	0.186	0.9
教研设备	U	9.9174	9.4497	47.9		9.25	0	1.47*
	M	9.9174	9.8694	4.9	89.7	0.75	0.454	1.33*
科技收入	U	10.807	9.9122	57.3		10.53	0	0.93
	M	10.807	10.816	-0.6	99	-0.1	0.922	1.38*
科技支出	U	11.043	10.245	46.7		8.66	0	1.01
	M	11.043	10.923	7	85	1.19	0.235	1.49*

* if variance ratio outside [0.84; 1.20] for U and [0.84; 1.20] for M

样本	Ps R2	LR chi2	p>chi2	偏误均值	偏误中位数	B	R	%Var
匹配前	0.149	299.53	0	44.2	46.7	89.6*	2.38*	33
匹配后	0.009	11.86	0.221	5.2	4.9	22.1	0.87	78

* if B>25%, R outside [0.5; 2]

众多经验研究显示匹配后减少的标准误(%bias)小于 3%或者 5%，PSM 模型视为有效。① 由上表可知匹配后标准误基本上都小

① Caliendo M, Kopeinig S. Some Practical Guidance for the Implementation of Propensity Score Matching [J]. Journal of Economic Surveys, 2008, 22(1): 31-72.

于 5%，表明协变量的平衡性效果较好，PSM 模型的共同支撑条件假设得到了很好的验证。此外，匹配后 T 检验结果表明，政策建设组和非政策建设组的各个协变量的差异不再显著，也表明共同支撑条件假设得到满足。最后，上表倒数第三行的[LR]检验中匹配后的样本 LR chi2 统计量为 11.86，P 值为 0.221，大于 0，表明匹配后已经无法根据协变量的特征区分是否是建设高校了，从整体上也能证明 PSM 模型的共同支撑条件假设得到满足。

4.2.3 PSM 模型结果分析

(1)“211 工程”政策对高校三大职能相关变量的效应分析

H1 研究假设：“211 工程”政策对建设高校的科学研究和人才培养职能相关变量产生了积极效应，但对建设高校的社会服务职能相关变量产生了消极效应。

为了验证 H1 研究假设，笔者选取了高校科学研究职能的学术论文、学术专著以及研发课题三个变量作为衡量科学研究效应的变量；硕士生和博士生作为衡量高校人才培养效应的变量；技术转让合同和技术转让收入作为衡量高校社会服务效应的结果变量。经过上文的 Logit 模型回归确定 PSM 模型的协变量、PS 值的计算、PSM 模型的检验后，笔者得到了“211 工程”政策对结果变量产生的平均效应，即 ATT，见表 4-7。

表 4-7 “211 工程”总体政策效应

结果变量	样本	实验组	对照组	ATT	标准误	T 值
学术论文	匹配前	1727.02	1101.37	625.65	71.30	8.77***
	匹配后	1721.79	1521.45	200.34	115.38	1.74*
学术专著	匹配前	10.64	7.19	3.44	0.65	5.30***
	匹配后	10.63	10.67	-0.05	0.84	-0.06

续表

结果变量	样本	实验组	对照组	ATT	标准误	T 值
研发课题	匹配前	991.74	578.53	413.21	39.00	10.60***
	匹配后	988.63	880.61	108.02	63.89	1.69*
硕士生	匹配前	3890.92	1669.74	2221.18	94.28	23.56***
	匹配后	3889.57	2310.69	1578.88	148.87	10.61***
博士生	匹配前	714.91	157.95	556.96	21.39	26.04***
	匹配后	714.25	260.51	453.74	33.66	13.48***
技术转让合同	匹配前	26.66	17.97	8.70	2.96	2.94***
	匹配后	26.50	43.07	-16.57	4.98	-3.33***
技术转让收入	匹配前	6084.25	2634.32	3449.93	638.55	5.40***
	匹配后	5989.25	8429.81	-2440.56	1051.14	-2.32**

注：①表中 ATT 均为最近邻匹配法获得；

②*、**和***分别代表 10%、5%和 1%的显著水平。

从以上表格表征高校科学研究的结果变量来看，根据 PS 值为建设高校匹配对应的非建设高校后，"211 工程"政策对高校学术论文总数产生的 ATT 高达 200.34，也就是说参与世界一流大学建设，高校可多产出 200.34 篇学术论文。此外，此结果的配对样本 T 检验在 10%的水平上显著，即：ATT 显著不为 0，本研究结果在统计学上有意义(下文 ATT 及 T 检验结果的解释与此处类似)；对高校研发课题产生的 ATT 为 108.02，也在 10%的显著水平上显著不为零。但是，对高校专著产生的 ATT 只在匹配前有统计学意义，在匹配后无统计学意义，这是由于学术专著出版大环境陷入印数少、价格高、图书馆购买力弱的恶性循环①，科研工作者面临科研经费、出版社选择和出版时间控制方面的障碍，对学术专著出版的意义存在疑惑，进而导致学术专著出版意愿低②，以及学术专著出版

① 任翔. 开放获取能否拯救学术专著出版?[J].出版广角,2013(23):20-22.

② 马俊，王静. 试析学术专著出版的意义、困难与措施[J]. 传播与版权，2013(6)：52-53.

周期较学术论文发表和研发课题获取周期长造成的。由此可见，我国“211 工程”政策对建设高校的科学研究职能总体上产生了积极效应，并且主要是通过学术论文总数和研发课题数量的提高来改善科学研究职能的，但对学术专著出版产生的效应不显著。

从以上表格表征高校人才培养的结果变量来看，根据 PS 值为建设高校匹配对应的非建设高校后，“211 工程”政策对硕士生数量产生的 ATT 为 1578.88，且在 1%的显著水平上显著不为零；对博士生数量产生的 ATT 为 453.74，也在 1%的显著水平上显著不为零。由此可见，我国“211 工程”政策对建设高校的人才培养能力产生了积极效应，并且主要是通过硕士生和博士生数量的提高来提升人才培养能力，但对本科生数量产生的效应不显著。① 这种结果是由“211 工程”“成为立足国内培养高层次人才基地”②的政策目标所致。

从以上表格表征高校社会服务的结果变量来看，如果不根据 PS 值匹配，直接将实验组高校技术转让合同和当技术转让收入分别减去控制组的技术转让合同和技术转让收入，结果分别为 8.70 项和 3449.93 万元，结果均为正。然而，根据 PS 值为建设高校匹配实力相当的非建设高校后，笔者发现“211 工程”政策对高校技术转让合同产生的 ATT 是-16.57，且在 1%的显著水平上显著不为零；对技术转让收入产生的 ATT 是-2440.56，且在 5%的显著水平上显著不为零。这个研究结果表明，控制相关协变量为“211 工程”建设高校找到实力相当的非“211 工程”高校后，建设高校的社会服务能力表现反而比非建设高校的社会服务能力差。一个很可能的原因是，“211 工程”高校大多是研究型高校，主要面向基础研究，而非“211 工程”高校大多为地方高校，其定位可能更多地为地方经济

① 正文中未报告本科生的 ATT，但附录 4 PSM 的 do 文档中有相关计算。

② 国家计委，教委，财政部. 国家计委、教委、财政部关于印发《“211 工程”总体建设规划》的通知(计社会[1995]2081 号)[EB/OL]. [2015-03-18]. http://www.china-lawedu.com / falvfagui / fg22598 /36870.shtml.

服务等。

综上所述，PSM 模型的 ATT 结果表明，首先，“211 工程”政策对建设高校的科研能力产生了积极效应，极大地提高了建设高校的学术论文和科研项目数量，但对学术专著数量的提高无能为力。其次，“211 工程”政策对建设高校的人才培养能力也产生了积极效应，极大地提高了硕士生和博士生的数量，但对本科生数量的提高作用不大。最后，“211 工程”对建设高校社会服务能力产生的效应为负。

(2)“211 工程”政策对综合类和理工类建设高校效应的分析

H2 研究假设：“211 工程”政策对综合类建设高校的科学研究、人才培养和社会服务三大职能相关变量产生的效应要高于理工类建设高校的相应变量产生的效应。

为了验证 H2 研究假设，笔者将样本高校中综合类高校作为实验组高校，理工类高校作为对照组高校，使用最近邻匹配、半径匹配以及核匹配三种算法(详见 3. 4. 1 节倾向得分匹配模型概述)来估计 ATT，表 4-8 的 A 组数据代表三种算法获得的所有高校的 ATT 和 T 检验结果，作为 B 组和 C 组数据的参照。B 组数据和 C 组数据分别代表使用三种算法获得的综合类高校和理工类高校的 ATT 及对应的 T 统计量。

表 4-8　综合类与理工类高校“211 工程”政策效应比较

匹配方法/变量	A. 所有高校		B. 综合类高校		C. 理工类高校	
	ATT	t1	ATT	t2	ATT	t3
最近邻匹配	.	.	.	.	.	.
学术论文	203. 95	1. 76*	337. 07	2. 45**	130. 28	0. 89
学术专著	-0. 08	-0. 1	-0. 06	-0. 05	-0. 44	-0. 34
研发课题	110. 16	1. 72*	184. 41	2. 43**	42. 09	0. 52
硕士生	1578. 03	10. 59***	1136. 24	3. 61***	1776. 12	10. 32***
博士生	453. 54	13. 47***	271. 97	5. 72***	483. 78	11. 68***

续表

匹配方法/变量	A. 所有高校		B. 综合类高校		C. 理工类高校	
	ATT	t1	ATT	t2	ATT	t3
技术转让合同	-16.73	-3.35***	-2.79	-0.39	-12.85	-2.18**
技术转让收入	-2419.88	-2.29**	1751.75	1.12	-2663.41	-2.1**
半径匹配	.	.	.	.	.	.
学术论文	212.71	1.95*	303.35	2.25**	738.88	2.02**
学术专著	0.57	0.58	-0.2	-0.18	5.52	1.13
研发课题	122.75	2.05**	190.21	2.52**	344.48	1.77*
硕士生	1543.16	10.62***	1140.56	3.72***	1673.35	3.56***
博士生	440.72	13.29***	261.99	5.46***	812.05	9.12***
技术转让合同	-9.94	-2.2**	-2.08	-0.3	-232.33	-11.61***
技术转让收入	-1094.41	-1.11	1760.22	1.12	-52000.00	-12***
核匹配	.	.	.	.	.	.
学术论文	196.53	1.85*	319.37	2.41**	718.42	1.96*
学术专著	0.15	0.15	-0.28	-0.25	4.81	0.98
研发课题	115.05	1.97**	195.2	2.63***	335.87	1.72*
硕士生	1578.7	11.05***	1227.1	4.01***	1708.53	3.62***
博士生	442.63	13.48***	266.46	5.65***	825.56	9.55***
技术转让合同	-8.35	-1.89*	-2.14	-0.31	-233.52	-11.7***
技术转让收入	-792.13	-0.82	1789.35	1.16	-53000.00	-12.46***

在对科学研究相关变量产生的效应方面，从以上表格 B 综合类型高校组的 ATT 数据可知，最近邻匹配、半径匹配以及核匹配三种算法结果均显示“211 工程”政策对综合类建设高校的学术论文总数和研发课题产生了积极效应(ATT 为正)。其中对学术论文产生的 ATT 在 303.37~337.07，即：政策建设高校产生的论文总数比非政策建设高校多 303.37~337.07 篇，且配对样本的 T 检验结果显示 ATT 在 5%的水平上显著。政策对综合类建设高校研发课题

产生的 ATT 结果在 184. 41～195. 2，即：政策建设高校获得的科研项目数量比非政策建设高校多 184. 41～195. 2 项，且通过配对样本的 T 检验结果显示 ATT 在 5%的水平上显著。与表 4-8 研究结果类似，政策对综合类建设高校学术专著产生的 ATT 无法通过配对样本 T 检验，即：接受政策对建设高校和非建设高校在学术专著上产生的差异为零的 T 检验假设，也就是说政策对两类高校的学术专著影响不明显，在统计学上无差异。由上表 C 组理工类高校 ATT 数据可知，尽管最近邻匹配法算得的“211 工程”政策对理工类高校的学术论文、学术专著以及研发课题产生的 ATT 均未通过 T 检验，但是由半径匹配和核匹配方法算得的“211 工程”政策对理工类高校的学术论文和研发课题产生的 ATT 通过了 T 检验且均高于综合类高校对应的 ATT（半径匹配：738. 88＞303. 35，344. 48＞190. 21；核匹配：718. 42＞319. 37，335. 87＞195. 2），且在 10%及以上的显著水平上通过了 T 检验。因此，综合上表 B 组数据和 C 组数据，笔者可以得到“211 工程”政策对综合类和理工类建设高校的科研能力都产生了积极效应的研究结果。但与 H2 研究假设相反，“211 工程”政策对理工类建设高校科学研究职能相关变量产生的效应要高于综合类建设高校的相应效应。

在对人才培养相关变量产生的效应方面，最近邻匹配、半径匹配以及核匹配三种算法结果均显示“211 工程”政策对综合类建设高校的硕士生和博士生数量产生了积极效应（ATT 为正），其中对综合类建设高校硕士生产生的 ATT 在 1136. 24～1227. 1，且在 1%的水平上显著；对综合类建设高校博士生数量产生的 ATT 结果在 261. 99～266. 46，也在 1%的水平上显著。由上表 C 组数据可知，政策对理工类型高校的硕士生数量和博士生数量也产生了积极效应（ATT 为正），其中对理工类建设高校硕士生数量产生的 ATT 在 1673. 35～1776. 12，且在 1%的水平上显著；对理工类建设高校博士生数量产生的 ATT 结果在 483. 78～825. 56，也在 1%的水平上显著。因此，综合上表 B 组数据和 C 组数据，笔者可以确切地得到“211 工程”政策对综合类和理工类建设高校的人才培养相关变量都产生了积极效应的研究结果，并且“211 工程”政策对理工类建设高校的人才培养积极效应要高于综合类建设高校积极效应的结果。

在对社会服务相关变量产生的效应方面，三种算法结果显示“211 工程”政策对综合类高校产生的 ATT 均未通过 T 检验，而对理工类高校技术转让合同产生的效应为负，ATT 处于-12.85~-233.52，且在 5%以下的水平上显著；对理工类高校技术转让收入产生的效应也为负，ATT 处于-2663.41~-53000.00，且在 5%以下的水平上显著。因此，综合上表 B 组数据和 C 组数据，笔者可以确切地得到“211 工程”政策对综合类高校的社会服务未产生效应，但对理工类建设高校的社会服务产生了消极效应的研究结果。

4.3 “211 工程”政策效应评价研究结论

本节根据“211 工程”政策目标、前人研究成果及本人前期研究经验提出了两大研究假设，即 H1：“211 工程”政策对建设高校的科学研究和人才培养职的相关变量产生了积极效应，但对建设高校社会服务职能的相关变量产生了消极效应；H2：“211 工程”政策对综合类建设高校的科学研究、人才培养和社会服务三大职能相关变量产生的效应要高于对理工类建设高校的科学研究、人才培养和社会服务三大职能相应变量产生的效应。此后，笔者通过构建 PSM 模型，对 H1 和 H2 研究假设进行了实证研究。研究结果表明 H1 研究假设得到证实，但 H2 研究假设被证伪，由此而得的研究结论详见下文分析。

本节采用 PSM 模型对 H1 和 H2 研究假设进行实证后的研究结果可以得到以下三点研究结论。第一，与传统的直接将“211 工程”高校与非“211 工程”高校相比的做法相比，倾向得分匹配法的估计结果相对较低，说明传统的直接将“211 工程”高校与非“211 工程”高校相比而得到的结论没有解决可比性问题，研究样本存在选择性偏差，得到的估计结果存在的偏误较大。证明本节使用 PSM 模型对“211 工程”政策因果效应进行推断是有意义的。

第二，“211 工程”政策对科学研究职能维度的学术论文和研发课题，人才培养职能维度的硕士生和博士生产生了积极效应，但对科学研究职能维度的学术专著产生的效应不显著，甚至对社会服务职能维度的技术转让合同和技术转让收入产生了消极效应。①“211 工程”政策对建设高校的学术论文、研发课题、硕士生和博士生产生积极效应的原因可从以下两个方面进行解释：一是投入产出解释，国家对“211 工程”三个周期的建设共投入 580.08 亿元建设资金，改善了建设高校的整体条件，培养了大批重点学科，加强了师资队伍建设，完善了高等教育公共服务体系，从而带动了建设高校学术论文、研发课题、硕士生和博士生数量的增长。二是信号功能解释，“211 工程”高校的身份帮助建设高校在发表学术论文、申报研发课题、招收硕博士生上获取了相应资源、机会和条件，顺利得到了更多的价值回报。②“211 工程”政策对建设高校科学研究职能维度的学术专著产生的效应不显著的原因是学术专著出版大环境陷入印数少、价格高、图书馆购买力弱的恶性循环①，科研工作者面临科研经费、出版社选择和出版时间控制方面的障碍，对学术专著出版的意义存在疑惑，进而导致学术专著出版意愿低②，以及学术专著出版周期较学术论文发表和研发课题获取周期长。③“211 工程”政策对建设高校社会服务职能维度的技术转让合同和技术转让收入产生了消极效应的原因也有两方面：一是“211 工程”的目标之一是“建设高水平研究型大学”，建设资金向建设高校的科学研究和人才培养倾向，导致建设社会服务职能受到消极影响。二是与非“211 工程”高校相比，“211 工程”高校大多是研究型高校，主要面向基础研究，而非“211 工程”高校大多为地方高校，其定位可能更多地为地方经济服务，重视技术转让。

第三，“211 工程”政策对理工类建设高校的科学研究、人才培养和社会服务职能相关变量产生的效应均要高于对综合类建设高校

① 任翔. 开放获取能否拯救学术专著出版？[J]. 出版广角，2013(23)：20-22.

② 马俊，王静. 试析学术专著出版的意义、困难与措施[J]. 传播与版权，2013(6)：52-53.

相应变量产生的积极效应。从“211 工程”政策对综合类和理工类建设高校三大职能相关变量产生的效应差异分析来看，不管是政策对相关变量产生的积极效应还是消极效应，理工类建设高校的效应均要高于综合类的建设高校。产生这个结果的原因可从以下三个方面解释：①一是我国有重视理工类高校发展的传统，在很长的一段历史上理工类高校相比综合类高校的实力强。经过 20 世纪 50 年代中华人民共和国成立后第一次大规模的院校调整后，在响应国家“以培养工业建设人才和师资为重点，发展专门学院”以及“及时培养供应各种建设事业(首先是工业)所需的高、中级干部和技术人才”①政策的号召下，此后我国直至 20 世纪 90 年代末第二次大规模高校合并之前的近半个世纪里，大力发展独立建制的钢铁、地质、航空、矿业、水利等理工科院校。②二是大部分综合性“211 工程”高校是在 20 世纪 90 年代末的高校合并第二次探索阶段中通过“中—弱”合并模式合并而成的，实质性融合效果差，这是由合并的综合性高校认识上达不成共识，缺乏理想的合并氛围，对合并效益估计过高，感情上不融合，难以形成合力，利益调整不合理，难以调动各方面的积极性等原因导致的。② ③三是虽然部分理工类“211 工程”高校也参与了 20 世纪 90 年代末的高校合并(详见附录 6)，也面临综合类“211 工程”高校合并中实质融合效果问题，但是由于理工类“211 工程”高校底子比综合类“211 工程”高校好，且经过“中—弱”模式合并的大部分综合类“211 工程”高校的合并效果不突出。

上述研究结论将为世界一流大学建设政策效应评价方法，我国政府或高校完善科学研究、人才培养和社会服务职能以及世界一流大学建设策略的选择提供实证依据，详见第 6 章我国世界一流大学建设政策效应评价的启示。

---

① 何东昌. 中华人民共和国重要教育文献(共三册)[M]. 海口：海南出版社，1998：151-153.

② 姜大良. 教育改革与合并院校管理研究[M]. 长沙：湖南人民出版社，2006：15-16.

4.4 本章小结

本章首先提出了两大研究假设，即 H1：“211 工程”政策对建设高校的科学研究和人才培养职能维度下相关变量产生了积极效应，但对建设高校的社会服务职能相关变量产生了消极效应；H2：“211 工程”政策对建设高校的科学研究和人才培养职能维度下相关变量产生了积极效应，但对建设高校的社会服务职能相关变量产生了消极效应。然后在两大研究假设引导下，构建 PSM 模型评价了“211 工程”政策对建设高校科学研究维度下的学术论文、学术专著和研发课题，人才培养职能维度下的硕士生和博士生，以及社会服务职能维度下的技术转让合同和技术转让收入产生的数量效应。本节研究得到三点结论，第一，与传统的直接将“211 工程”高校与非“211 工程”高校相比的做法相比，倾向得分匹配法的估计结果相对较低，说明传统的直接将“211 工程”高校与非“211 工程”高校相比而得到的结论没有解决可比性问题，研究样本存在选择性偏差，得到的估计结果存在的偏误较大。本章使用 PSM 模型对“211 工程”政策因果效应进行推断是有意义的。第二，“211 工程”政策对科学研究职能的学术论文和研发课题，人才培养职能的硕士生和博士生产生了积极效应，但对科学研究职能的学术专著产生的效应不显著，甚至对社会服务职能维度的技术转让合同和技术转让收入产生了消极效应。第三，“211 工程”政策对理工类建设高校的科学研究、人才培养和社会服务职能相关变量产生的效应均要高于综合类建设高校相应变量产生的效应。

第 5 章 “985 工程”政策效应评价

“211 工程”建设高校的选择是政治过程与专家评审(淘汰性评审)相结合的结果，而“985 工程”建设高校的确定主要是通过政治过程，而非公开竞争的方式。① “211 工程”按照 10%的比例选取重点发展的大学，目标是构建中国高校金字塔之精英阶层，而“985 工程”按照 1%的比例选取追求卓越发展的“一流大学”，旨在占领金字塔精英阶层之最顶端。② 处于精英阶层最顶端的“985 工程”高校，不管是在基本办学条件(例如：校舍建筑面积、图书馆藏书、固定资产、教科研设备资产值)、师资队伍(专任教师、高级职称教师、副高级职称教师、长江学者以及两院院士等)还是科研实力(博士点、国家重点学科、科技收入和科技支出)上，均绝对胜出其他阶层的高校，也就说与“985 工程”高校实力匹配的学校极少。因此，适用于“211 工程”政策效应评价的 PSM 模型已不适用于“985 工程”政策效应评价。如 3. 4. 2 节所述，本节选择 DID 模型来评价“985 工程”政策对建设高校科学研究、人才培养和社会服务职能相关变量产生的效应。

① 张秀兰. 中国教育发展与政策 30 年[M]. 北京：社会科学文献出版社，2008：281-283.

② 徐小洲，王家平. 卓越与效益——大学重点发展战略研究[M]. 杭州：浙江教育出版社，2007：11.

5.1 “985 工程”政策效应评价研究假设及 DID 模型构建

与 PSM 模型不同，DID 模型假设处理组中存在不可观察的异质性，但是这种异质性不随时间变化，用政策实施之后的数据减去政策实施之前的数据，这种异质性可被消除。① 在“985 工程”建设之初，建设高校“遴选标准的模糊性”②便是不可观察的异质性，需要获取政策实施前后的数据，借助 DID 模型消除。此外，由于 DID 模型结合了自然科学实验方法与统计科学，能良好地解释政策效应且运行结果稳健③，本节选取 71 所非“985 工程”的“211 工程”高校作为控制组高校，38 所“985 工程”高校④作为实验组高校（高校名单详见附录 2 和附录 3），根据“985 工程”三个建设周期，获取各个周期建设前后的数据，采用 DID 模型来评价“985 工程”对建设高校的科学研究、人才培养和社会服务职能相关变量产生的效应。

5.1.1 H3 和 H4 研究假设

鉴于“985 工程”政策与“211 工程”政策具有建设周期和对象的交叉性、建设目标的递进性以及建设策略的趋同性等内在联系，本章“985 工程”政策效应评价提出了与“211 工程”政策效应评价类似的研究假设，详见下文分析。

① Koolwal, Gayatri B. Handbook on Impact Evaluation [M]. Washington: The World Bank, 2010: 71.

② 宋福进，刘少雪. 我国高等教育重点建设遴选方式的重新审视[J]. 高教探索，2015(11): 5-9.

③ 陈林，夏俊. 高校扩招对创新效率的政策效应——基于准实验与双重差分模型的计量检验[J]. 中国人口科学，2015(5): 45-57，127.

④ 由于数据的保密性，国防科学技术大学不在本研究样本范围内。

(1)H3 研究假设的依据、内容及验证意义

与“211 工程”政策效应评价 H1 研究假设的提出理由类似，本节 H3 研究假设的提出基于以下四点理由：第一，“985 工程”建设政策的根本目的是提高高等教育质量，而高等教育教育质量体现在高校科学研究、人才培养和社会服务三大职能上的表现。① 因此，H3 假设仍然从科学研究、人才培养和社会服务三个方面提出“985 工程”对建设高校产生的效应。第二，多任务委托代理理论显示，如果不同任务的完成绩效在可度量性上存在很大差异，委托人会针对代理人实施的薪酬制度中的不同激励因素，在不同任务之间配置不同的努力程度，从而最终对委托人总体目标的达成产生不同的影响。② 我国“985 工程”政策的实施采用的也是典型的多任务委托代理方式。其中，委托人为教育部和地方各级政府，代理人为高校，而委托任务则是以提高高等教育质量为中心，涵盖了科学研究、人才培养和社会服务三大职能的机制创新、队伍建设、平台建设、条件支撑和国际交流与合作等多重任务。③ 因此，本研究推测“985 工程”也不可能对建设高校的科学研究、人才培养和社会服务职能密切相关的变量均产生积极效应。第三，前人的相关研究证明世界一流大学建设政策能够同时改善建设高校的科学研究和人才培养职能。早在 2012 年，学者候永琪对中国台湾地区的 11 所接受世界一流大学建设政策资助的高校研究后发现，被资助高校的人才培养职能和科学研究职能都得到了改善。④ 德国学者乌利齐 · 司默河

① 袁贵仁. 建设社会主义高水平大学的动员令——学习江泽民同志关于建设一流大学的论述[J]. 求是，2002(7)：51-54.

② Holmstrom B, Milgrom P. Multitask Principal-Agent Analyses: Incentive Contracts, Asset Ownership, and Job Design [J]. Journal of Law, Economics, & Organization, 1991(7): 24-52.

③ 郭新立. 中国高水平大学建设之路：从 211 工程到 2011 计划[M]. 北京：高等教育出版社，2012：35.

④ Hou Y C, Ince M, Chiang C L. A Reassessment of Asian Pacific Excellence Programs in Higher Education: The Taiwan Experience [J]. Scientometrics, 2012, 92(1): 23-42.

(Ulrich Schmoch)等人研究后发现，注重科学研究的世界一流大学建设政策也改善了建设高校的人才培养职能，因为建设高校雇佣了质量较好的研究人员和教师，从而使人才培养职能得到了改善。①第四，本研究将政策效应的表达式定义为 $ATT = E(y_{1i} - y_{0i} \mid D_i = 1)$，而在“985 工程”建设之初的 1998 年，“985 工程”建设高校在科学研究、人才培养和社会服务三大职能多个变量的表现均优于非建设高校相应变量的表现，详见表 5-1。

表 5-1　1998 年“985 工程”政策建设高校与非建设高校的三大职能表现

高校职能变量	均值	
	实验组	对照组
SSCI 论文(篇)	4	0
SCI 论文(篇)	420	55
国家自科课题(项)	51	8
国家社科课题(项)	0	1
专利(项)	21	4
博士生(人次)	1184	235
硕士生(人次)	3424	1074
技术转让合同(项)	61	17
技术转让收入(千元)	9411	3210

注：①SSCI 和 SCI 论文原始数据来源于 Web of Science(WOS)数据库；国家自科课题和国家社科课题数据分别来自于科学基金网络系统和国家社科基金项目数据库；专利数据来自于上海知识产权(专利)公共服务平台；硕士生和博士生数来自于中国科学评价研究中心大学评价数据库；技术转让合同以及技术转让收入原始数据来源于《1999 年高等学校科技统计资料汇编》。

②样本高校中建设高校指除国防科学技术大学之外的其他 38 所“985 工程”大学，详见附录 3；非建设高校指 71 所“211 工程”大学，样本详见附录 2。

① Schmoch U, Fardoun H M, Mashat A S. Establishing a World-Class University in Saudi Arabia: Intended and Unintended Effects[J]. Scientometrics, 2016, 109(2): 1-17.

由上表可知，“985 工程”政策实施之初建设高校的 SCI 论文、SSCI 论文、国家自科课题、国家社科课题、专利、博士生、硕士生、技术转让合同和技术转让收入数量均优于非建设高校，因此 ATT 值为正的可能性较大。基于以上四点理由，笔者提出 H3 研究假设，即：

H3：“985 工程”政策对建设高校的科学研究和人才培养职能的相关变量产生了积极效应，但对社会服务职能的相关变量产生了消极效应。

本节通过构建 DID 模型，计算“985 工程”对建设高校科学研究、人才培养和社会服务三大职能相关变量产生的数量效应来检验 H3 研究假设，可以检验“985 工程”政策实施后产生的效应是积极的还是消极的。我们可以了解“985 工程”政策与政策效应之间的因果关系，判定哪些效应是由于实施“985 工程”政策实现的，从而直观地解释“985 工程”建设政策是不是有效应，效应是否显著，为以后制定其他世界一流大学建设政策提供经验和依据。

(2)H4 研究假设的依据、内容及验证意义

与“211 工程”政策效应评价 H2 研究假设的提出理由类似，本研究 H4 研究假设的提出基于以下三点理由：第一，“985 工程”选择了择优式和合并式结合的世界一流大学建设策略。在权衡杰米尔·萨尔米归纳的择优式、合并式和新建式三种世界一流大学建设策略的利弊后，“985 工程”的建设策略与“211 工程”建设策略类似，仍然选择了择优式和合并式结合的世界一流大学建设策略。择优式策略的表现是“985 工程”建设高校是通过“政治”过程确定的综合实力较强的高校。合并式策略则表现为 19 世纪末和 20 世纪初在“综合性、研究型”的世界一流大学建设理念指导下“985 工程”高校进行的合并。我国国家领导人、著名高校校长以及大批学者都认为世界一流大学应该是综合性研究型大学。例如：早在 1995 年复旦大学 90 周年校庆上，江泽民同志就提出了“把复旦大学建成世界一流综合性大学”。① 清华大学前校长王大中和南京大学前校

① 袁贵仁. 建设社会主义高水平大学的动员令——学习江泽民同志关于建设一流大学的论述[J]. 求是，2002(7)：51-54.

长蒋树声均认为世界一流大学应该是“综合性的研究型”大学。①②中国人民大学前校长纪宝成认为“中国有二三十所综合性研究型大学具有建设为世界一流大学的条件”③。周光礼学者分析世界著名高校特征后，也认同世界一流大学应该是“综合性、研究型”大学的观点④。在择优式和合并式结合的建设策略以及“世界一流大学是综合性、研究型大学”的建设理念指导下，我国大部分“985 工程”高校进行过一次甚至多次合并，详见附录 7“985 工程”高校合并情况。合并后的综合性建设高校在科学研究、人才培养和社会服务三大职能与世界一流大学密切相关的变量的表现是否优于理工类型建设高校的表现也是本研究的关注点。

第二，理工类高校在本研究的“985 工程”建设高校和非“985 工程”建设高校样本中数量均最多(详见图 5-1)，且我国向来有“重理工高校，轻人文高校”发展的传统。⑤

第三，笔者的前期研究得出综合类高校在科学研究能力上优于理工类高校的表现⑥，以及“985 工程”“相同的经费投入在较高的平台上能够发挥更高的效应”的理论假设⑦。基于以上三点理由笔者提出 H4 假设。

---

① 王大中. 建设世界一流大学的战略思考与实践[J]. 清华大学教育研究，2003(3)：2-7.

② 蒋树声. 创建一流大学的对策与选择[J]. 中国软科学，2002(3)：2-4.

③ 张男星，卢彩晨. 如何建设世界一流大学——访中国人民大学校长纪宝成[J]. 大学(学术版)，2011(6)：6-19.

④ 周光礼. 世界一流大学的特质[J]. 中国高等教育，2010(12)：44-47.

⑤ 刘丽建. 潘懋元高等教育论述精要[M]. 福州：福建教育出版社，2015：34.

⑥ 邱均平，欧玉芳. 面向世界一流大学建设的“985 工程”高校科研竞争力评价分析——基于“十二五”期间 RCCSE 世界一流大学及学科竞争力评价报告[J]. 中国高教研究，2016(4)：57-63.

⑦ 徐小洲，王家平. 卓越与效益——大学重点发展战略研究[M]. 杭州：浙江教育出版社，2007：45.

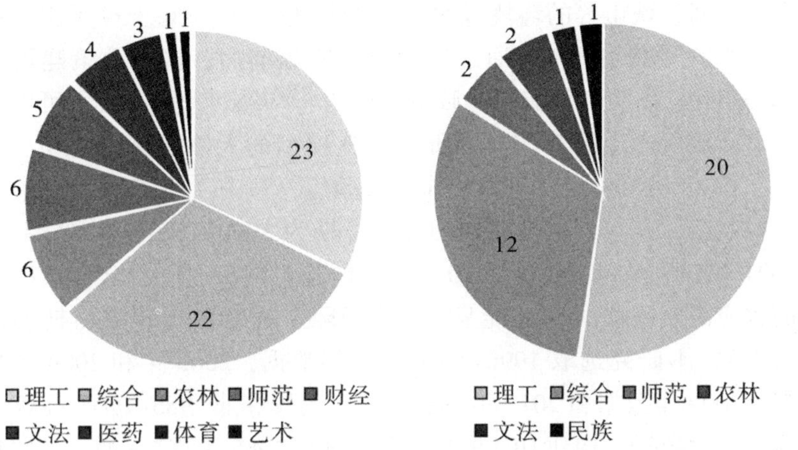

图 5-1　38 所“985 工程”和 71 所非“985 工程”建设高校的高校类型分布

H4：“985 工程”政策对综合性建设高校的科学研究、人才培养和社会服务职能的相关变量产生的效应要高于理工类建设高校相应变量产生的效应。

对 H4 研究假设进行验证同样具有两点较强的现实意义。首先，验证 H4 研究假设将有助于检验在“世界一流大学应为综合性大学”建设理念指导下，我国选择的择优式和合并式结合的“985 工程”建设策略的有效性。其次，对世界一流大学合并式建设战略在新一轮的世界一流大学建设中的适用性带来启示。

5.1.2　DID 模型构建

为了证明上节提出的 H3 和 H4 假设，笔者采用 DID 模型来评价“985 工程”对建设高校的科学研究、人才培养和社会服务职能相关变量产生的效应，下文扼要介绍 DID 模型的设定。

“985 工程”政策的实施使得“985 工程”建设高校受到了影响，而非“985 工程”高校可能没有受到任何影响或者受到的影响较小。因此，“985 工程”政策的实施可以类比自然科学实验中对试验对象施加的干预(treatment)。自然试验或准试验指的是使社会中的个人、厂商、城市等的环境发生改变的外生事件。①对于可类比于自然试验的“985 工程”，通过比较政策实施前后，接受政策建设的“985 工程”高校和没有接受政策建设的非“985 工程”高校，可以了解该政策所产生的效应。本研究 DID 模型的大体研究思路为：首先，将 38 所“985 工程”高校作为实验组，71 所“211 工程”高校作为控制组；其次，根据“985 工程”一期为 1999—2001 年、二期为 2004—2007 年和三期为 2010—2013 的建设时间，② 结合自然试验的效应需要一段时间才能显现，③ 国际上通常取 2 年滞后期的做法④⑤，本研究选取 1998 年和 2003 年数据，2003 年和 2009 年数据，2009 年数据和 2015 年“985 工程”高校和非“985 工程”高校的重复截面数据，构建 DID 模型，分别评价“985 工程”一期、二期和三期建设对建设高校三大职能中与世界一流大学密切相关的变量产生的效应。

在本研究中，由于所获取的数据是重复截面数据(repeated cross-sectional data)，因此使用重复截面数据的 DID 模型。根据这种 DID 模型的要求，笔者以“985 工程”一期建设政策效应评价为例，阐述 DID 模型在本研究中的构建。首先，假定 y 是结果随机变量，$x=1$ 或 0 分别代表实验组的“985 工程”高校和对照组的非“985 工程”高校，“985 工程”政策对结果变量所产生的效应就表现为 $E(y \mid T=1)-E(y \mid T=0)$。假定结果随机变量 y 与 T 之间存在线性

① 周黎安，陈烨. 中国农村税费改革的政策效果：基于双重差分模型的估计[J]. 经济研究，2005(8)：44-53.

② 郭新立. 中国高水平大不建设之路 从 211 工程到 2011 计划[M]. 北京：高等教育出版社，2012：33-40.

③ 陈强. 高级计量经济学及 Stata 应用(第 2 版)[M]. 北京：高等教育出版社，2014：339.

④ Shin J C. Building World-Class Research University: The Brain Korea 21 Project [J]. Higher Education, 2009, 58(5): 669-688.

⑤ Zhang H, Patton D, Kenney M. Building Global-Class Universities: Assessing the Impact of the 985 Project [J]. Research Policy, 2013, 42(3): 765-775.

关系，对于高校个体 i 在时期 t，本节设定计量模型：

$$y_{it} = \beta_0 + \beta_1 T_{it} + \beta_2 A_{it} + \beta_3 T_{it} A_{it} + \varepsilon_{it} \quad (5.1)$$

其中 T_{it} 是反映 t 时期，在“985 工程”建设一期中，当建设年份为 1998 年时，$t=0$，当建设年份为 2003 年时，$t=1$；高校 i 是否接受了“985 工程”建设的虚拟变量，A_{it} 表示时期 t 的虚拟变量，$T_{it} A_{it}$ 是时间变量和处理变量的交互项，ε_{it} 为干扰项。上式中 β_3 为双重差分得到的“985 工程”政策一期建设效应 ATT，总思路如下图 5-2 所示。

	政策实施前	政策实施后	差分
处理组	$\beta_0+\beta_1$	$\beta_0+\beta_1+\beta_2+\beta_3$	ΔY_t $=\beta_2+\beta_3$
对照组	β_0	$\beta_0+\beta_2$	ΔY_t $=\beta_2$
差分			$\Delta\Delta Y_t=\beta_3$

图 5-2 DID 模型原理示意图

由上图可得，“985 工程”建设政策对于建设高校的净效应为：

$$\text{ATT} = \text{dif2} - \text{dif1} = \beta_3 \quad (5.2)$$

即为交叉项 $T_{it} A_{it}$ 的系数。由此可见，β_3 回归系数便是本节研究希望得到的“985 工程”建设政策对建设高校三大职能中与世界一流大学密切相关变量产生的净效应。“985 工程”政策二期和三期建设效应 ATT 与上述方法类似。

5.1.3 样本及变量的选取

为了证明本节提出的 H3 和 H4 研究假设，笔者选取了 38 所“985 工程”政策建设高校和 71 所“211 工程”政策建设高校，并将这些高校分成两组，即：(a)实验组：38 所“985 工程”高校，以及(b)控制组：71 所“211 工程”高校。

(1)样本选取及特征

鉴于我国宣布“985 工程”启动的年份是 1998 年，宣布政策失效的年份是 2015 年，作为一个完善的历时研究，本应该获取 1998 年至 2015 年每个年度所有变量的数据。但是，“985 工程”的实际建设分一期(1999—2001 年)、二期(2004—2007 年)和三期建设(2010—2013 年)三个周期①进行，并且所有政策效应的发挥具有滞后性，故而本研究根据数据获取性原则，选取 1998 年作为政策实施基期(baseline)和 2003 年作为政策实施后期(follow-up)评价“985 工程”建设一期产生的效应；2003 年和 2009 年评价“985 工程”二期效应；2009 年和 2015 年②评价“985 工程”三期效应(详细处理方法见附录 5 DID 模型 do 文档)，本节研究样本的基本特征见下表。

表 5-2 研究样本基本特征

年份	1998	2003	2009	2015	总计
实验组高校数量	38	38	38	38	152
控制组高校数量	71	71	71	71	284
小计	109	109	109	109	436

如上表所示，本研究样本是一个重复截面数据样本，包含 1998 年、2003 年、2009 年和 2015 年共 4 年的数据。每年 109 个研

① 郭新立. 中国高水平大学建设之路：从 211 工程到 2011 计划[M]. 北京：高等教育出版社，2012：33-40.

② 官方政策文件没有明确的三期建设时间，本研究将 2015 年教育部宣布“985 工程”系列政策失效定为结束期。鉴于国际上 2 年政策滞后性的做法，三期效应的后期本应设为 2017 年，但由于本研究具有一定的超前性，2014 年以后的相关数据均无法获得，因此将 2014 年设为三期效应的后期。

究样本，样本编号从 1～109，4 年共计 436 个样本高校。样本高校的省份及类型分布见表 5-3。

表 5-3 样本高校省份分布

省份	非政策高校	政策高校	省份	非政策高校	政策高校
北京	62	32	海南	4	0
江苏	35	8	河南	4	0
上海	20	16	湖南	4	8
湖北	19	8	江西	4	0
陕西	16	12	内蒙古	4	0
黑龙江	12	4	宁夏	4	0
四川	12	8	青海	4	0
安徽	8	4	山西	4	0
广东	8	8	天津	4	8
吉林	8	4	西藏	4	0
辽宁	8	8	云南	4	0
新疆	8	0	重庆	4	4
河北	6	0	山东	2	8
福建	4	4	甘肃	0	4
广西	4	0	浙江	0	4
贵州	4	0	小计	284	152

注：以上数据为 4 年数据。

我国世界一流大学建设高校分布延续了清末高等学堂总体分布不均衡的现象，且呈“金字塔结构分布格局”①。上表也显示“985 工程”建设高校主要集中在北京、上海、江苏和陕西等经济文化发

① 刘海峰，李木洲. 教育部直属高校应分布至所有省区[J]. 高等教育研究，2012(12)：17-25.

达地区，样本高校在各省份之间分布不均衡，势必会影响到政策效应的估计结果。因此，本节将省份作为虚拟变量，加入到 DID 模型中。

鉴于本节的研究假设 H4：“‘985 工程’政策对综合类建设高校科学研究、人才培养和社会服务职能中与世界一流大学密切相关的变量产生的效应要高于理工类建设高校相应变量产生的效应”涉及两组高校的类型，因此有必要了解样本高校的类型分布，详见下表 5-4。

表 5-4　样本高校类型分布

类型	非政策高校	政策高校	小计	类型	非政策高校	政策高校	小计
理工	92	80	172	医药	12	0	12
综合	88	48	136	体育	4	0	4
农林	24	8	32	艺术	4	0	4
师范	24	8	32	民族	0	4	4
财经	20	0	20	总计	284	152	436
文法	16	4	20				

注：以上数据为 4 年数据，高校类型划分依据《中国高等学校大全》规定。

由上表可知，理工类和综合类两种高校类型占据了“985 工程”建设高校的绝对比例，分别为 20 所和 12 所（80/4 = 20；48/4 = 12），理工类和综合类高校数量较为接近，有利于 H4 假设的证明。

（2）变量选取及原因

鉴于“985 工程”建设高校的确定没有透明的遴选条件，而是理想导向的政治博弈结果①，但“985 工程”是“211 工程”的延续，因为所有的“985 工程”建设高校均是“211 工程”高校，因此，本研究

① 陈学飞. 北京大学百年校庆的政治功能[J]. 华南师范大学学报(社会科学版)，2013(5)：83-86.

DID 模型的协变量选择与“211 工程”的协变量选择一致。DID 模型的结果变量的选取则依据“985 工程”政策总体目标和阶段目标，详见下表 5-5。

表 5-5 “985 工程”政策效应评价 DID 模型变量

<table>
<tr><td rowspan="9">DID 模型变量</td><td rowspan="2">虚拟变量</td><td>政策虚拟变量</td><td>当高校为“985 工程”时为 1；当高校为非“985 工程”时为 0</td></tr>
<tr><td>时间虚拟变量</td><td>在第一建设周期中，年份为 1998 年时为 0，年份为 2003 年时为 1；在第二建设周期中，年份为 2003 年时为 0，年份为 2009 年时为 1；在第三建设周期中，年份为 2009 年时为 0，年份为 2015 年时为 1</td></tr>
<tr><td rowspan="4">协变量</td><td>师资队伍</td><td>专任教师、高级职称教师、副高级职称教师、长江学者、两院院士</td></tr>
<tr><td>教科研条件</td><td>校舍建筑面积、图书馆藏书、固定资产、教科研资产值</td></tr>
<tr><td>博士点和重点学科</td><td>博士点和国家重点学科</td></tr>
<tr><td>科研经费</td><td>科技收入和科技支出</td></tr>
<tr><td rowspan="3">结果变量</td><td>科学研究</td><td>SCI 论文、SSCI 论文、国家自科课题、国家社科课题、专利</td></tr>
<tr><td>人才培养</td><td>硕士生、博士生、百篇优博</td></tr>
<tr><td>社会服务</td><td>技术转让合同和技术转让收入</td></tr>
</table>

协变量选取原因。本节 DID 模型的协变量与上节 PSM 模型的协变量选取一致。原因有二，其一为“985 工程”是高度行政化的运作的结果，实施过程缺乏公开性和参与性，没有公布清晰的遴选条件；其二是 39 所“985 工程”建设高校均来自“211 工程”高校，可以说“985 工程”是“211 工程”的高级层次。因此，本节 DID 模型协变量与 PSM 模型协变量一致。

科学研究结果变量选取原因。本节 DID 模型科学研究结果变量选取为 SCI 论文、SSCI 论文、国家自科课题、国家社科课题和专利的原因如下：①目前“985 工程”高校重视表征高校科研能力的通行方法仍然是基于文献计量学的学术论文、科研项目和专利数量的评价方法①。②“985 工程”是我国第二层次的世界一流大学建设政策，它的建设目标相对较高，按照世界一流大学的“地方一流大学→国家一流大学→世界一流大学”阶段发展规律②，我国对“985 工程”高校寄托的希望是成为第三阶段的世界一流大学。因此，本研究对其科研成果水平的期望较高，从而选择了表征高校科学研究的 SCI 论文、SSCI 论文、国家自科课题、国家社科课题和专利五个表征科学研究高水平的结果变量。③“985 工程”政策效应评价结果变量的选择涉及 109 所高校 13 个协变量以及 9 个结果变量 4 年历时数据的可得性。因此，本研究 DID 模型科学研究维度的结果变量选择了表征高水平科学研究能力的 SCI 论文、SSCI 论文、国家社科课题、国家自科课题以及专利数。其中，SSCI 论文和 SCI 论文数据来自汤森路透公司旗下的 InCites 数据库；国家自科课题和国家社科课题数据分别来自科学基金网络系统和国家社科基金项目数据库；专利数据来自上海知识产权(专利)公共服务平台。

人才培养和社会服务结果变量选取原因。根据“985 工程”“形成一支以博士生为生力军的创新力量”的人才培养政策③，本研究将“985 工程”的人才培养结果变量选为博士生和百篇优博论文。人才培养维度选取硕士生变量的原因与“211 工程”政策效应评价选取原因一样，在此不再赘述。人才培养维度增加百篇优博论文变量的原因有以下两点：①1999—2013 年由教育部组织，经过推荐、初

① 杜伟. 高校科研评价现状与完善途径探析[J]. 高等教育研究，2004(4)：61-64.

② Shin J C, Kehm B. Institutionalization of World-Class University in Global Competition[M]. Berlin: Springer Netherlands, 2013: 20, 23.

③ 教育部 财政部关于继续实施“985 工程”建设项目的意见[J]. 中华人民共和国教育部公报，2004(Z2)：44-46.

选和复评后每年产生的不超过一百篇的全国优秀博士论文(本书简称“百篇优博”)，在一定程度上代表着博士生培养质量；②1999—2013 年百篇优博论文评选存在的 15 年间评比出来的百篇优博主要分布在“985 工程”和“211 工程”建设高校中，普通高校略有零星分布，如图 5-3 所示。

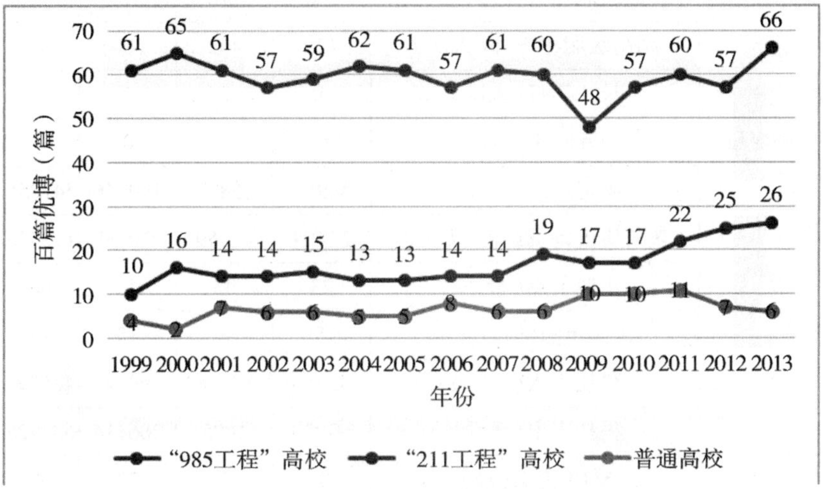

图 5-3 1999—2013 年百篇优博高校分布情况

因此，本研究在将 38 所“985 工程”高校作为实验组，71 所“211 工程”高校作为对照组的“985 工程”政策效应中纳入了百篇优博变量，而在将 71 所“211 工程”高校作为实验组，171 所普通高校作为对照组的“211 工程”政策效应评价时未纳入此变量。本节社会服务变量与“211 工程”政策评价中选取的社会服务变量保持一致，仍然为技术转让合同和技术转让收入，原因不再赘述。

(3) 主要变量的统计特征

本节实验组 38 所“985 工程”建设高校和对照组 71 所非“985 工程”高校涉及的协变量和结果变量的均值特征如表 5-6 所示。

表 5-6 主要变量历年均值特征

变量分类	变量名称	1998	2003	2009	2015
协变量	校舍建筑面积(万平方米)	57	78	106	120
	图书馆藏书(万册)	161	197	268	313
	专任教师(人次)	1327	1481	1831	2002
	高级职称教师(人次)	200	276	396	513
	副高级职称教师(人次)	425	492	600	726
	长江学者(人次)	1	2	2	2
	两院院士(人次)	0	0	0	1
	固定资产(万元)	56950	85837	190046	341055
	教科研设备资产值(万元)	27494	41359	53800	112478
	博士点(个)	23	33	43	66
	国家重点学科(个)	5	6	15	15
	科技收入(千元)	52890	82588	199349	485798
	科技支出(千元)	69070	118056	206114	683925
科学研究结果变量	SSCI 论文(篇)	2	3	22	69
	SCI 论文(篇)	182	314	872	1765
	国家自科课题(项)	23	48	61	88
	国家社科课题(项)	1	2	7	30
	专利(项)	10	69	395	1641
人才培养结果变量	硕士生(人)	1893	3252	5590	7350
	博士生(人)	566	1025	1690	2164
	百篇优博(篇)	0	1	1	0
社会服务结果变量	技术转让签订合同(项)	32	42	31	53
	技术转让当年实际收入(千元)	5372	9582	9238	16929

注：以上数据为实验组和对照组 109 所高校的均值，百篇优博论文从 1999 年开始评选到 2013 年截止，因此 1998 年和 2015 年均值均为 0。国家重点学科 2006 年后不再评选，因此上表中 2009 年和 2015 年国家重点学科均值保持一致。

由上表可知，除技术转让签订合同数和技术转让当年实际收入两个变量外，1998 年至 2015 年间协变量和结果变量的均值均呈上升态势。所有协变量均呈上升态势符合 DID 模型“增长趋势平行”前提条件，有利于 DID 模型的运用。大部分结果变量呈上升态势有可能是自然增长所致，也有可能是“985 工程”政策带来的效应。探索“985 工程”政策产生的效应正是本研究的研究意义所在。

5.2　DID 模型研究结果及分析

为了验证 H3 和 H4 假设，本研究使用 DID 模型分别对“985 工程”对高校 SCI 论文、SSCI 论文、国家社科项目、国家自科项目和专利(科学研究)、硕士生、博士生和百篇优博(人才培养)以及技术转让合同和技术转让收入(社会服务)产生的数量效应，以及三个周期的阶段效应进行了计算，下文将展示并分析研究结果。

5.2.1　DID 模型 H3 假设研究结果及分析

H3：“985 工程”政策对建设高校的科学研究和人才培养职能的相关变量产生了积极效应，但对社会服务职能的相关变量产生了消极效应。

(1)“985 工程”总体效应结果及分析

为了验证 H3 研究假设，笔者根据“985 工程”分三个周期建设的特征，选取了 SCI 论文、SSCI 论文、国家社科项目、国家自科项目和专利五个变量作为衡量高校科研能力的结果变量；硕士生、博士生和百篇优博论文作为衡量高校人才培养的结果变量；技术转让合同和技术转让收入作为衡量高校社会服务的结果变量。经过 DID 模型的计算，笔者得到了“985 工程”政策对高校职能产生的总体效应，第一周期效应、第二周期效应和第三周期效应。“985 工程”政策对高校职能产生的总体效应见表 5-7。

表 5-7 “985 工程”总体效应

变量	(1)	(2)	(3)	(4)	(5)
	SCI 论文	SSCI 论文	社科项目	自科项目	专利
前后差分	244.5***	10.03***	-5.050*	18.98***	411.4***
	(4.69)	(4.73)	(-2.36)	(8.81)	(5.06)
有无差分	921.4***	24.20***	47.97***	24.70***	468.8***
	(6.99)	(4.04)	(4.58)	(5.86)	(4.30)
双重差分	759.7**	40.64**	-27.90*	97.85***	683.5*
	(2.87)	(2.95)	(-2.26)	(6.65)	(2.12)
常数项	206.9***	3.539***	14.07***	6.248***	39.45**
	(9.80)	(6.52)	(7.98)	(11.41)	(2.99)
样本数量	436	436	436	436	436
变量	(1)	(2)	(3)	(4)	(5)
	SCI 论文	SSCI 论文	社科项目	自科项目	专利
前后差分	1122.6***	238.7**	-0.0155	6.563	3302.6
	(3.83)	(3.27)	(-0.41)	(0.93)	(1.95)
有无差分	3242.3***	1818.2***	0.525***	20.82*	7496.8
	(8.18)	(9.67)	(3.77)	(2.13)	(1.68)
双重差分	1237.2	644.6*	0.134	25.71	7583.2
	(2.04)	(2.11)	(0.62)	(1.32)	(0.77)
常数项	2611.2***	495.0***	0.106***	24.38***	4686.0***
	(13.86)	(11.75)	(3.74)	(7.24)	(6.44)
样本数量	436	436	436	436	436

注：括号内为 t 统计量，经过 500 次自助抽样(Bootstrap)计算而得，* $p<0.05$；** $p<0.01$；*** $p<0.001$。

由上表“985 工程”高校职能总效应可知，仅从前后差分来看，在高校的科学研究效应维度上，“985 工程”政策实施之后，政策建设高校除了国家社会科学项目平均减少了 5 项，且在 5%的水平上显著外，SCI 论文、SSCI 论文、自科项目和专利分别平均上升了 244.5 篇、10.03 篇、18.98 项和 411.4 项，且均在 0.1%的水平上显著；在高校的人才培养效应维度上，“985 工程”政策实施之后，政策建设高校的硕士生和博士生数量分别平均增长了 1122.6 人和 238.7 人，且显著水平均在 1%及以上，而建设高校的百篇优博论文则减少了 0.0155 篇，近似无变化，这是因为百篇优博论文每年的评选均在 100 篇左右；在高校的社会服务效应维度上，“985 工程”政策实施之后，政策建设高校的技术转让合同上升 6.56 项，且在 5%的水平上显著，技术转让收入增长 330.26 万元，但在统计学上均不显著。

仅从有无差分来看，在高校的科学研究效应维度上，“985 工程”政策建设高校的 SCI 论文、SSCI 论文、国家社科项目、国家自科项目和专利分别增长了 921.4 篇、24.20 篇、47.97 项、24.70 项、468.8 项，且均在 0.1%的水平上显著；在高校的人才培养效应维度上，“985 工程”政策建设高校的硕士生和博士生数量分别平均增长了 3242.3 人和 1818.2 人，百篇优博论文是 0.525 篇，且均在 0.1%的水平上显著；在高校的社会服务效应维度上，“985 工程”政策建设高校的技术转让合同平均上升 20.82 项，且在 1%的水平上显著，技术转让收入增长 749.68 万元，显著水平为 10%（t 值为 1.68）。

从双重差分结果来看，在高校的科学研究效应维度上，“985 工程”政策实施之后，政策建设高校除国家社会科学项目平均下降 27.90 项，且在 5%的水平上显著外，其 SCI 论文、SSCI 论文、国家自然科学项目和专利均分别增长了 759.7 篇、40.64 篇、97.85 项和 683.5 项；在高校的人才培养效应维度上，“985 工程”政策实施之后，政策建设高校的硕士生平均增长了 1237.2 人次，且在 10%的水平上显著（t 值为 2.01），博士生平均增长了 644.6 人次，且在 5%的水平上显著，百篇优博论文增长了 0.134 篇，但统计上不显著。根据以上研究结果，笔者可以得到“985 工程”政策对科学研究和人才培养相关变量大体上均产生了积极效应的研究结论。这说明科学研究和人才培养不是矛盾关系，而是相互促进的关系，与国内蔡雪梅等学者认为“科研是提高高校人才培养质量的重要途径”①，我国台湾学者侯永琪得出“台湾地区的世界一流大学项目不仅增强了高校的科学研究能力，而且提高了人才培养质量”②，以及国外学者施莫河(Schmoch)等人得到的“德国卓越计划同时提高了高校的科学研究能力和人才培养能力”③的研究结果类似。

在高校的社会服务效应维度上，“985 工程”政策实施之后，政策建设高校的技术转让合同和技术转让收入分别平均上升了 25.71 项和 758.32 万元，但在统计意义上均不显著。这一研究结果进一步证实了多任务委托代理理论的正确性，“激励契约能够引导代理人在各个任务之间分配其精力”以及“某一任务的激励强度提高，其他任务的激励强度则会降低”的理论观点得到证实。我国在秉承“世界一流大学均是综合性研究型大学”的建设理念下，激励制度偏重科学研究，这导致“985 工程”对科学研究产生了积极效应，而由于科学研究与人才培养的相互促进关系，人才培养效应也表现积极，但是社会服务效应则不显著。

综上所述，“985 工程”政策对高校的科学研究、人才培养和社会服务职能相关变量产生的总体效应是复杂的。在科学研究效应方面，不管是从单一的前后差分和有无差分，还是双重差分模型结果来看，“985 工程”政策对建设高校的科学研究相关变量基本上产生了积极效应，这体现在 SCI 论文、SSCI 论文、国家自然科学项目和专利等表征科研能力的指标均表现出增长的现象。在人才培养效应方面，“985 工程”政策对建设高校的人才培养相关变量也产生了

① 蔡雪梅，周应华，等. 高校科研与人才培养的关系[J]. 科教导刊，2011(4)：26-27.

② Hou Y C，Ince M，Chiang C L. A Reassessment of Asian Pacific Excellence Programs in Higher Education：The Taiwan Experience[J]. Scientometrics，2012，92(1)：23-42.

③ Schmoch U，Schubert T. Sustainability of Incentives for Excellent Research-The German Case[J]. Scientometrics，2009a，81(1)：195-218.

积极效应，硕士生和博士生数量均增长，且在统计水平上显著。在社会服务效应方面，虽然表征高校的技术转让合同和技术转让收入均增长了，但是统计上不显著。因此，“985 工程”建设政策对建设高校的科学研究和人才培养相关变量产生了积极效应，但对社会服务相关变量产生的效应不显著。

以上研究结果虽然未证实本节研究假设 H3 中“985 工程”政策对建设高校的社会服务相关变量产生消极效应的假设，但是再次验证了多任务委托代理理论的观点，即高校代理人在科学研究、人才培养和社会服务职能的不同任务之间配置了不同的努力程度，最终影响了政府委托人建成三大职能均衡发展的世界一流大学的目标。该研究结果表明关于世界一流大学的“泛一流”论恐怕只是一种应然状态，而非实然事实，至少我国的世界一流大学建设在目前的阶段难以达到“泛一流”的状态。反而，从侧面映射出世界一流大学建设目标的多任务性及其导致的治理问题是中国世界一流大学建设高校改革的核心问题之一。

众所周知，“985 工程”是分三个周期建设的，那么以上研究所得的总体效应是否贯穿于三个不同的建设周期，政策效应是具有延续性还是发生了变更？下文详细分析“985 工程”政策的阶段效应。

(2)“985 工程”周期效应比较分析

鉴于“985 工程”政策第一周期建设为 1999—2001 年，本研究将“985 工程”评价第一周期效应的 DID 模型基期设为 1998 年，追踪期取 2001 年的滞后 2 年，即 2003 年；“985 工程”政策第二周期建设为 2004—2007 年，本研究将评价“985 工程”第二周期效应的 DID 模型基期设为 2003 年，追踪期取 2007 年的滞后 2 年，即 2009 年；“985 工程”政策实施的第三周期是 2010—2013 年，本研究将评价“985 工程”第三周期效应的 DID 模型基期设为 2009 年，追踪期取 2013 年的滞后 2 年，即 2015 年。样本高校及处理组和对照组的划分同上节的总体效应计算一致。经 DID 模型计算后，“985 工程”政策各周期对高校职能变量产生的效应见表 5-8。

表 5-8 “985 工程”各周期效应

周期	(1) SCI 论文	(2) SSCI 论文	(3) 社科项目	(4) 自科项目	(5) 专利
第一周期双重差分	255.8*	2.484	-1.345**	45.71**	111.7***
	(2.08)	(1.04)	(-3.21)	(3.09)	(3.38)
第二周期双重差分	859.7***	37.50***	8.969***	8.633	793.8***
	(3.86)	(3.73)	(4.86)	(0.44)	(4.07)
第三周期双重差分	1270.7**	79.02***	150.1***	-54.17**	1261.7*
	(3.19)	(3.44)	(6.63)	(-3.15)	(2.41)

周期	(6) 硕士生	(7) 博士生	(8) 百篇优博	(9) 技术转让合同	(10) 技术转让收入
第一周期双重差分	1505.8**	734.8**	1.303***	17.35	4744.7
	(3.16)	(3.30)	(4.38)	(0.67)	(0.71)
第二周期双重差分	280.1	1007.0**	-0.251	-60.90*	-10947.8
	(0.43)	(3.05)	(-0.70)	(-2.58)	(-1.84)
第三周期双重差分	1016	562.3	—	31.47	19329.2
	(1.27)	(1.31)	—	(1.16)	(1.17)

注：由于 2013 年以后不再评选百篇优博论文，因此第三周期未将百篇优博论文纳入结果变量中。括号内为 t 统计量，* $p<0.05$；** $p<0.01$；*** $p<0.001$。

由上表可知，在第一周期建设中，“985 工程”政策对高校的科学研究、人才培养和社会服务职能相关变量产生的总体效应是复杂的。在科学研究效应方面，“985 工程”政策第一阶段建设对建设高校的自然科学研究产生了积极效应，这体现在 SCI 论文、国自科项目和专利等表征自然科学研究的指标均表现出增长的现象；而对社会科学研究产生了一定的消极效应，它表现为国社科项目的双重差分模型结果为负(-1.345)，且在 1%的水平上显著。在人才培养效应方面，“985 工程”政策对建设高校的人才培养也产生了一定的积极效应，表现为硕士生、博士生以及百篇优博论文数量均增长，且在统计水平上显著。在社会服务效应方面，虽然表征高校的技术转让合同和技术转让收入均增长了，但是统计上不显著。因此，在一定程度上，“985 工程”建设政策第一周期对建设高校的自然科学研究和人才培养产生了积极效应，对社会科学研究产生了消极效应，对社会服务产生的效应不显著。

无独有偶，在第二周期建设中，“985 工程”建设政策对高校的科学研究、人才培养和社会服务职能相关变量产生的效应也是复杂的。在科学研究效应方面，“985 工程”政策第二周期建设对建设高校的科学研究产生了积极效应，这体现在 SCI 论文、SSCI 论文、社科项目、自科项目和专利等表征科学研究的指标均表现出增长的现象，且除自科项目外，其他指标均在 1%的水平上显著。在人才培养效应方面，“985 工程”政策对建设高校的博士生数量产生了积极效应，对硕士生和百篇优博论文产生的效应不显著。在社会服务效应方面，“985 工程”政策对建设高校的技术转让收入产生了消极效应。总之，“985 工程”第二周期建设政策对建设高校的科学研究和博士生数量产生了积极效应，对社会服务相关变量产生了消极效应。

与第一、二周期的政策效应大同小异，在第三周期建设中，“985 工程”政策对高校的科学研究、人才培养和社会服务职能相关变量产生的效应依旧复杂。在科学研究效应方面，“985 工程”政策第三周期建设对建设高校的科学研究均产生了积极效应，这体现在除自科项目外，SCI 论文、SSCI 论文、社科项目和专利指标均表现出增长的现象，且均在 1%的水平上显著。在人才培养效应方面，“985 工程”政策对建设高校的硕士生和博士生产生的效应不显著。在社会服务效应方面，“985 工程”政策对建设高校的技术转让收入产生的效应也不显著。总之，“985 工程”第三周期建设政策对建设高校的科学研究相关变量产生了积极效应，但对人才培养和社会服务未产生显著效应。

综上所述，“985 工程”政策的阶段效应，不管是科学研究相关变量的积极效应，还是社会服务相关变量的消极效应都具有明显的延续性。由上表可知，第一阶段“985 工程”建设政策对建设高校科学研究维度下 SCI 论文、SSCI 论文和专利产生的积极效应延续到了政策建设的第二和第三周期；第一周期政策对建设高校社会服务维度下技术转让合同和技术转让收入产生的效应不显著，在政策实施的第三周期仍然不显著。

5.2.2 DID 模型 H4 假设研究结果及分析

H4：“985 工程”政策对综合类建设高校科学研究、人才培养和社会服务相关变量产生的效应要高于理工类建设高校相应变量产生的效应。

为了验证 H4 研究假设，笔者首先分别计算了“985 工程”对综合类建设高校和理工类建设高校的科学研究、人才培养和社会服务相关变量产生的效应，然后将二者进行对比分析，以验证 H4 的研究假设，详细研究结果及分析见下文。

(1)“985 工程”综合类高校总体效应结果及分析

世界一流大学大多是理、工、农、医、文等学科门类比较齐全的学校，譬如：哈佛大学、牛津大学、剑桥大学以及德、法、日、韩等国的综合性大学，都是集理、工、农、医、商、艺等学科于一身，门类齐全、学科交差互补的大学。① 而在“985 工程”政策制定之初的 1998 年，经历了 20 世纪 50 年代初分割综合性大学，建立大批单科性学校的院系调整后，我国真正意义上的综合性大学几乎不存在，人们俗称的综合性大学只是文理学科较强的大学，并不是真正意义上的综合性大学。为了形成真正意义上的综合性大学，最终建成世界一流大学，我国“985 工程”建设高校在 1999 年颁布的《关于进一步调整国务院部门(单位)所属学校管理体制和布局结构

① 杨晓明. 高等教育政策问题研究[M]. 郑州：大象出版社，2011：70.

的决定》中的“共建、调整、合作、合并”的指导方针下进行了高校合并。那么，“985 工程”对合并后的综合类建设高校产生的效应到底如何?

正如许多国际教育界人士认识到的“大学教育已产生了重理工、轻人文的褊狭”那样①，我国在经历了 1949—1958 年“以培养工业建设人才和师资为重点，发展专门学院，整顿和加强综合性大学”的院系调整后，理工类高校的数量一直位居各类高校之首。1992—2000 年，在“世界一流大学均是综合性、研究型”内隐的价值指导下，我国进行了第二次高校布局调整，即“高校合并”，这次调整主要涉及高校隶属关系、类型结构和专业布局。② 1992 年，我国理工类高校达到 288 所，约占全国高校总数(1053 所)的 27.4%③。即使到 2000 年高校合并潮结束时，我国理工类高校数量仍然达 239 所，位于各类高校之首(2000 年高校总数 1041 所)④。在 39 所“985 工程”建设高校中，理工类高校数量也达 20 所(综合类 12 所，详见附录 3)，仍占建设高校之首。那么，“985 工程”对理工类建设高校产生了什么样的效应呢?

为了验证 H4：“985 工程”政策对综合类建设高校的科学研究、人才培养和社会服务职能相关变量产生的效应要高于理工类建设高校相应变量产生的效应，检验在“世界一流大学应为综合性大学”建设理念指导下，我国“985 工程”政策选择合并式建设策略的有效性，探索合并式建设策略在新一轮的世界一流大学建设中的适用性启示，本节分别计算“985 工程”对综合类和理工类建设高校的效应后，对比了“985 工程”政策对两类高校产生的效应，详见表 5-9。

① 潘懋元，刘丽建，魏晓艳. 潘懋元高等教育论述精要[M]. 厦门：福建教育出版社，2015：34.

② 杨晓明. 高等教育政策问题研究[M]. 郑州：大象出版社，2011：55.

③ 杨晓明. 高等教育政策问题研究[M]. 郑州：大象出版社，2011：72.

④ 教育部 . 2000 年普通高等学校基本情况[EB/OL]. [2017-01-05]. http://www.stats.edu.cn/data/2000/p22.htm.

表 5-9 综合类与理工类“985 工程”高校效应比较

变量	(1) SCI 论文	(2) SSCI 论文	(3) 社科项目	(4) 自科项目	(5) 专利
所有高校	759.7**	40.64**	-27.90*	97.85***	683.5*
	(2.87)	(2.95)	(-2.26)	(6.65)	(2.12)
综合类高校	1088.2*	65.81*	-33.7	145.2***	703.6
	(2.05)	(2.00)	(-1.26)	(5.35)	(1.05)
理工类高校	636.5	27.70*	-25.97*	84.70***	563.1
	(1.70)	(1.96)	(-1.99)	(4.63)	(1.14)
变量	(6) 硕士生	(7) 博士生	(8) 百篇优博论文	(9) 技术转让合同	(10) 技术转让收入
所有高校	1237.2	644.6*	0.134	25.71	7583.2
	(2.04)	(2.11)	(0.62)	(1.32)	(0.77)
综合类高校	1930.5	889.8	0.186	10.35	1864.1
	(1.66)	(1.48)	(0.43)	(0.56)	(0.44)
理工类高校	950.8	546.1	0.118	41.65	14434.4
	(1.13)	(1.40)	(0.39)	(1.03)	(0.71)

注：括号内为 t 统计量，经过 500 次自助抽样(Bootstrap)计算而得，$*\ p<0.05$；$**\ p<0.01$；$***\ p<0.001$。

由上表可知，在科学研究维度，“985 工程”政策使综合类高校的 SCI 论文平均增加了 1088.2 篇，远大于理工类高校的数量，且在 5%的水平上显著，而理工类高校的 SCI 论文仅增加了 636.5 篇，且统计上不显著；使综合类高校的 SSCI 增加了 65.81 篇，而理工类高校的 SSCI 论文仅增加了 27.7 篇，综合类高校增加的 SSCI 数量远大于理工类高校的数量，两个估计量均在 5%的水平上显著；使综合类高校和理工类高校的社科项目分别平均减少了 33.7 项和 25.97 项，综合类高校社科项目减少的数量仍然大于理工类高校社科项目减少的数量，但是综合类高校减少的社科项目在统计上不显著，而理工类显著；使综合类高校和理工类高校的自科项目分别增加了145.2项和84.70项，综合类高校自科项目增加的数量仍然大于理工类高校自科项目增加的数量，且两个估计量均在0.01%的水平上显著；使综合类高校和理工类高校的专利分别增长了703.6项和563.1项，综合类高校专利数增加的数量还是大于理工类高校专利增加的数量。

在人才培养维度，虽然"985工程"对综合类高校和理工高校的硕士生、博士生和百篇优博论文产生的估计效应均不显著，但是综合类高校的效应估计量还是大于理工类效应估计量的结果。有意思的是在社会服务维度上，本研究得到了与H4研究假设相反的研究结果，即：理工类高校的效应估计量大于综合类效应估计量，虽然二者在统计上均不显著。此研究发现与许治等学者的发现"工科院校技术转让效率突出，综合类高校效率较低"①一致，也符合我国理工类建设高校的技术转让表现向来优于综合类技术转让表现的常识。

综上所述，"985工程"政策主要对建设高校的科学研究相关变量产生了效应，而且对综合类建设高校科学研究相关变量产生的效应远大于理工类建设高校产生的效应。此外，虽然"985工程"政策对综合类和理工类建设高校人才培养和社会服务相关变量产生的效应在统计上均不显著，但"985工程"对综合类建设高校人才培养博士生、硕士生和百篇优博论文产生的效应大于理工类建设高校相应变量产生的效应，而理工类建设高校技术转让合同和技术转让收入结果变量的效应高于综合类建设高校技术转让合同和技术转让收入效应。这一研究结果充分说明我国世界一流大学建设秉承的"世界一流大学均是综合性、研究型"大学的建设理念发挥了作用。

① 许治，杨风. 高校技术转让单因素效率研究[J]. 科研管理，2013(3)：145-153.

5.3 “985 工程”政策效应评价研究结论

本节根据“985 工程”建设策略、前人研究成果、高校类型分布情况和笔者前期研究经验提出了两大研究假设，其一为 H3：“985 工程”政策对建设高校的科学研究和人才培养职能中与世界一流大学密切相关的变量产生了积极效应，但对社会服务职能中与世界一流大学密切相关的变量产生了消极效应。其二为 H4：“985 工程”政策对综合类建设高校的科学研究、人才培养和社会服务职能相关变量产生的效应要高于理工类建设高校相应变量产生的效应。研究结果表明 H3 和 H4 研究假设均得到不同程度的证实，由此而得的研究结论详见下文分析。

本节采用 DID 模型对 H3 和 H4 研究假设进行实证后可以得到以下三点研究结论：第一，“985 工程”建设政策对建设高校的科学研究和人才培养相关变量产生了积极效应，但对社会服务相关变量产生的效应不显著。具体说来对科学研究维度下的 SCI 论文、SSCI 论文、国自科课题、专利、硕士生和博士生数量产生了积极效应。“985 工程”政策产生积极效应的原因可解释为：一是投入产出解释，相比于“211 工程”，“985 工程”投入的建设资金更多，三个周期能查到的中央投入、地方和政府配套以及高校自筹资金就有 800 多亿元(详见表 3-3)，投入资金改善了建设高校的整体条件，培养了大批重点学科，加强了师资队伍建设，完善了高等教育公共服务体系，从而带动了建设高校 SCI 论文、SSCI 论文、国家自然科学项目、专利、硕士生和博士生数量的增长。二是信号功能解释，“985 工程”高校的身份帮助建设高校在发表学术论文、申报研发课题、招收硕博士生上获取了相应资源、机会和条件，顺利得到了更多的价值回报。本节研究得出“985 工程”政策对建设高校科学研究职能维度的国社科项目产生了消极效应的研究结论与黄华伟等学者得到的“‘十二’规划期间，38 所‘985 工程’高校国家社会科学立项仅为 3698 项，占 24.31%，非‘985 工程’的‘211 工程’高校立项

3453 项，占 22.70%”的研究结果较为类似。导致这一结果的可能原因有以下三点：①作为国家经济建设重要力量的“985 工程”建设高校有着“重自然科学发展，轻人文社会科学发展”的悠久历史，“985 工程”在实施之初打上的“赶超西方高校，实现跨越式发展”烙印加剧了自然科学发展挤压社会科学发展的局势。②国家社会科学项目覆盖面扩大了，越来越多的非“985 工程”高校成为国家社科研究队伍的一员。相关研究显示，“十二五”期间地方高校与部属高校国家社科项目立项数比达到了 6 : 4①，这说明地方高校社会科学研究水平取得了进步。③国家社会科学的政策环境在一定程度上限制了社会科学的发展，例如，2014 年国家社科基金委员会规定“申请教育部人文社会科学研究一般项目的负责人同年度不能申请国家社科基金项目”。② 不能同时申报人文社会科学研究一般项目和国家社科基金项目的规定虽然有利于两类科学基金项目的管理，但在一定程度上会限制社会科学的发展。在此新规下，“985 工程”政策建设高校的社会科学研究项目数量当然也受到了影响。

第二，“985 工程”政策的周期效应，不管是科学研究相关变量的积极效应，还是社会服务相关变量的消极效应都具有明显的延续性。由 5.2 小节可知，第一阶段“985 工程”建设政策对建设高校科学研究维度下 SCI 论文、SSCI 论文和专利产生的积极效应延续到了政策建设的第二和第三周期；第一周期政策对建设高校社会服务维度下技术转让合同和技术转让收入产生的效应不显著，在政策实施的第三周期仍然不显著。“985 工程”政策效应具有延续性的原因如下：①“985 工程”政策加剧了我国学术场域早已存在的“马太效应”，导致了“无意的双重不公正，不知名的科学家成了不公正的

① 黄华伟，杨端光. “十二五”中国高校社会科学研究现状——基于国家社科基金年度项目的统计分析[J]. 高教发展与评估，2016(5)：1-7，80，118-119.

② 教育部人文社会科学研究办公室 . 2016 年度教育部人文社会科学研究一般项目申报常见问题释疑[EB/OL]. [2017-01-03]. http://www.cssn.cn/yyx/yyx_gegz/201601/t20160107_2816571.shtml.

受害者，而知名的科学家成了不公正的受益者”①，即：发表 SCI 论文、SSCI 论文和专利授权越多的高校，它们就越能发更多的 SCI 论文和 SSCI 论文，并能获得更多的专利授权，并且能够长期保持这种势头，获得利益最大的人往往是那些最早做出贡献的人。②“985 工程”政策在第一周期和第三周期对建设高校社会服务产生不显著效应，甚至在第三阶段产生消极效应也是政策在实施之初不重视技术转让和“马太效应”双重原因所致。②基于 SCI 论文、SSCI 论文和专利数等文献计量指标，每年发布的美新世界大学排行榜和 THE 世界大学排行榜迫使以“超越西方高校，实现跨越式发展”为隐性建设目标的“985 工程”高校持续重视 SCI 论文、SSCI 论文以及专利数量的增长。各建设高校上至获取中央和地方对建设高校的拨款，下到教师招聘和晋升以及硕、博士生的毕业和就业，对 SCI 论文、SSCI 论文和专利等都有要求。③社会服务维度下的技术转让合同和技术转让收入既未被任何世界大学排行榜纳为评价指标，又不是中央和地方对建设高校拨款的依据。因此，在“985 工程”政策实施的三个周期中效应要么不显著，要么消极。

第三，“985 工程”政策对综合类建设高校的 SCI 论文、SSCI 论文、社科项目、自科项目、专利、硕士生、博士生和百篇优博产生的效应大于理工类建设高校相应变量产生的效应，但对综合类建设高校技术转让合同和技术转让收入产生的效应要低于理工类建设高校技术转让合同和技术转让收入产生的效应。“985 工程”政策对综合类建设高校科学研究和人才培养相关变量产生的效应高于理工类建设高校的原因可解释如下：其一是大部分综合性“985 工程”高校，如：北京大学、中山大学、山东大学和吉林大学是在 20 世纪末和 21 世纪初我国第二次高校合并探索中通过“强—强”模式合并而成的③，且几

① ［法］皮埃尔·布尔迪厄. 科学之科学与反观性［M］. 陈圣生，涂释文，等译. 桂林：广西师范大学出版社，2006：23.

② 袁同成. 高校人文社科学术人的著作权惯习研究［M］. 合肥：中国科学技术大学出版社，2015：128.

③ 应国良，宋志宏. WTO 背景下我国高等教育公共管理战略和体制［M］. 广州：广东教育出版社，2006.

乎所有的综合性建设高校均合并了综合实力较强的医科大学(详见附录7)，实质性融合效果好，合并后实现了学科的调整和互补，多学科交叉、综合的优势，提高了科研水平。其二是大部分理工类“985工程”建设高校同样经历了我国高校的第二次合并潮，但是它们大部分是经过“强—中”甚至“强—弱”模式合并而成，被合并的高校是同类高校、小学院甚至是专科学校(例如：2002年湖南大学合并了湖南计算机高等专科学校，1997年华东师范大学合并了上海幼儿师范高等专科学校，详见附录7)，合并后学科调整、互补、交叉、综合的优势难以实现，实质性融合效果差。“985工程”政策对综合类建设高校的技术转让合同和技术转让收入产生的效应低于理工类建设的高校技术转让合同和技术转让收入产生的效应的原因是：理工类“985工程”高校的技术转让效率高，充分发挥了它们应有的社会服务职能；综合类“985工程”高校的工作重心在基础性研究层面，以承担政府科学计划为主，在科研经费中用于科研基础设施投入比重较大，导致科研工作难以面向市场需求，在实际工作中忽视并减弱了技术转让力度。

5.4 本章小结

本章根据“985工程”高校的政治遴选过程以及其处于我国高校精英阶层最顶端，大部分“985工程”高校无法找到合适的匹配对象的事实，弃PSM模型择DID模型，计算“985工程”政策对建设高校的科学研究、人才培养和社会服务职能中与世界一流大学密切相关的SCI论文、SSCI论文、社科项目、自科项目、专利、硕士生、博士生、百篇优博论文、技术转让合同和技术转让收入变量产生的效应，在多任务委托代理理论、“985工程”建设策略、“世界一流大学均是综合性大学”的建设理念等假设依据的基础上，提出H3和H4两大研究假设，并进行了实证研究。

本节借助DID模型估算“985工程”政策效应后，得到三点研究结论：第一，“985工程”建设政策对建设高校的科学研究和人才培养相关变量产生了积极效应，但对社会服务相关变量产生的效应不显著；第二，“985 工程”政策的周期效应，不管是科学研究相关变量的积极效应，还是社会服务相关变量的消极效应都具有明显的延续性；第三，“985 工程”政策对综合类建设高校的科学研究职能的 SCI 论文、SSCI 论文、社科项目、自科项目和专利以及人才培养职能的硕士生、博士生和百篇优博产生的效应大于理工类建设高校科学研究和人才培养相应变量产生的效应，但对综合类建设高校社会服务技术转让合同和技术转让收入产生的效应要低于理工类建设高校技术转让合同和技术转让收入产生的效应。此外，本节还分析了“985 工程”政策产生以上效应的投入产出、信号功能、合并策略等原因。

第6章　我国世界一流大学建设政策效应评价的经验和启示

世界一流大学建设在任何国家和地区都是需要付出资源、时间和智慧的浩大事业。当下由于配备先进的科研设施、从事前沿的科学研究需要大量的成本投入，没有良好的政策环境、直接的公共倡议和强大的政府支持，跨越式地建成世界一流大学是不可能的。创建一所世界一流大学需要多少经费和多长时间？哈佛大学前校长查尔斯·W. 埃利奥特(Charles W Eliot)曾回答说“需要5000万美元和200年的时间”。但是，20世纪初叶，芝加哥大学仅用了20年时间就建成了世界一流大学，不过当时已经花费了1亿多美元。2009年，阿特巴赫教授估计创建一所世界一流大学的成本大约在5亿美元，但事实上实际花费可能还要高得多。2002年，康奈尔大学仅在卡塔尔创建的医学院成本就高达7.5亿美元。① 1995年至2015年，我国“211工程”三个周期的建设也投入了581.08亿元，而正如学者陈学飞所忧：“政府能够在多长时间内持续支持世界一流大学建设存在不确定性。”

虽然我国世界一流大学建设貌似在“超赶西方高校”方面取得了较好的成绩，例如：从“十二五”规划的开局年到收官年，“985工程”高校进入RCCSE世界一流大学排行榜前300名(发布单位将

① Mangan K. 2008. Cornell Graduates the Inaugural Class at Its Medical College in Qatar [J]. Chronicle of Higher Education, 2008(54): 36.

其定义为世界一流大学）的数量由 7 所增加到 18 所①，但是我国世界一流大学建设还存在一系列体制和机制上的问题没有得到彻底的解决，甚至是改善。在本书第 4 章和第 5 章世界一流大学建设政策效应分析中，笔者证实了我国的一揽子世界一流大学建设政策对我国高等教育质量的提高可以产生积极效应。这说明我国世界一流大学建设的可持续发展仍然需要国家政策的持续支持，并且未来的支持力度只能强化不能削弱。因为无论如何，建设世界一流大学都不是一朝一夕的事。无论经费投入了多少，期待马上获得效果都是不现实的。须知，创建一种追求卓越的文化，完成高水平的学术成果都需要花费很多年的时间，而且还需要学校方方面面一贯的承诺和支持。在我国即将开启的新一轮世界一流大学建设中，建设主体要做的是总结“211 工程”和“985 工程”政策产生积极效应和消极效应的经验，在确定未来世界一流大学建设政策目标时构建“三阶一流”建设目标，分步建成世界一流大学；建设均衡的目标激励制度，力争同时改善高校三大职能；在选择世界一流大学建设途径时，权衡合并式建设途径的利弊，促进合并优势转化；联系经济社会发展战略，建设多元世界一流大学；探索建设压力和动力，避免夸大世界一流大学的价值和重要性。在评价世界一流大学建设政策时，构建多元主体协同的政策评价机制，共评世界一流大学建设；采用科学的政策效应评价方法，客观评价政策效应。

6.1　建设政策效应评价的经验

6.1.1　积极政策效应的经验

本研究分别应用 PSM 模型和 DID 模型计算“211 工程”和“985

① 邱均平，欧玉芳. 面向世界一流大学建设的“985 工程”高校科研竞争力评价分析——基于“十二五”期间 RCCSE 世界一流大学及学科竞争力评价报告[J]. 中国高教研究，2016(4)：57-63.

工程”对建设高校的科学研究、人才培养和社会服务产生的效应。基于 PSM 模型的“211 工程”政策效应研究结果表明：首先，“211 工程”政策对建设高校的科研能力产生了积极效应，极大地提高了建设高校的学术论文和研发课题数量，但对学术专著数量的提高无能为力。其次，“211 工程”政策对建设高校的人才培养能力也产生了积极效应，极大地提高了硕士生和博士生的数量，但对本科生数量的提高作用不大。基于 DID 模型的“985 工程”政策效应研究结果表明，“985 工程”建设政策对建设高校的科学研究和人才培养产生了积极效应。总之，“211 工程”和“985 工程”对建设高校的科学研究和人才培养产生了积极效应，具体表现如下文分析。

第一，“211 工程”和“985 工程”对建设高校的科学研究维度下的学术论文、研发课题和专利产生了积极效应。在我国世界一流大学建设的萌芽期，我国实施了“211 工程”政策。政策实施后“211 工程”高校发展迅速，这首先体现在“211 工程”高校的科研能力增强了。在本研究的第 4 章，笔者利用 PSM 模型，对与“211 工程”高校匹配实力相当的非“211 工程”高校计算后，得出“211 工程”政策对建设高校的学术论文和研发课题数量的增长做出的贡献分别是 200.34 篇和 108.02 项。本书第 5 章利用 DID 模型研究发现，“985 工程”政策使建设高校取得了一批高水平的研究成果，提高了高层次人才的培养数量。这主要体现在“985 工程”使建设高校的 SCI 论文、SSCI 论文、自科项目和专利分别平均上升了 244.5 篇、10.03 篇、18.98 项和 411.4 项，且均在 0.1%的水平上显著。

第二，“211 工程”和“985 工程”对建设高校的人才培养职能的硕士生和博士生数量产生了积极效应。“211 工程”增强了建设高校的高层次人才培养能力，因为第 4 章的 PSM 模型结果表明，“211 工程”政策对“211 工程”高校的硕士生和博士生数量增长做出的贡献分别是 1578.88 人次和 453.74 人次。此外，从协变量的基本统计特征可以看出，“211 工程”政策改善了建设高校的基础设施，稳定了师资队伍，实现了高校的跨越式发展，也为“985 工程”的实施提供了有利条件。“985 工程”政策实施之后，政策建设高校的硕士生和博士生数量分别平均增长了 1237.2 人次和 644.6 人次，且显著水平均在 1%及以上。此外，从“985 工程”建设高校的入选过程来看，“985 工程”在一定程度上加剧了高校之间的竞争，并促使高校加强核心竞争力的建设。

第三，“211 工程”和“985 工程”通过合并式建设策略，在一定程度上推进了高等教育改革和创新，为高等教育的发展提供了新思路。合并式建设策略在提升办学层次、整合学科资源、拓宽交流范围、优化组织结构和提高人才队伍质量等方面相比于择优式和新建式建设策略更有优势。李岚清同志曾指出：“实施‘211 工程’要抓改革，通过改革，提高效益，并在招生、收费、人事、后勤改革方面要迈出重大步伐。”①两大工程通过合并策略整合合并高校的招生、收费、人事和后勤事务，在某种程度上推动了高等教育体制改革，调动了高校的积极性，促进了部门与地方共建、联合办学、院校合并的发展，整合了高等教育资源。本研究第 5 章 H4 假设：“985 工程”对综合类高校科学研究和人才培养产生的效应大于理工类高校相应效应的假设得到证实，表明“985 工程”一揽子政策的实施较好地整合了高等教育资源实现。

6.1.2　消极政策效应的经验

在第 4 章中基于 PSM 模型的“211 工程”政策效应研究结果表明，“211 工程”对建设高校社会服务能力产生的效应为负。基于 DID 模型的“985 工程”政策效应研究结果表明，“985 工程”建设政策对社会服务产生的效应不显著。然而，“211 工程”和“985 工程”一揽子政策均有服务社会发展的建设任务②③，并且国内外对世界

① 教育部副部长韦钰同志在“211 工程”建设工作座谈会上的讲话[J]. 学位与研究生教育，1998(5)：14-18.

② 国家计委，教委，财政部. 国家计委、教委、财政部关于印发《“211 工程”总体建设规划》的通知(计社会[1995]2081 号)[EB/OL]. [2015-03-18]. http://www.china-lawedu.com/falvfagui/fg22598/36870.shtml.

③ 教育部 财政部关于继续实施“985 工程”建设项目的意见[J]. 中华人民共和国教育部公报，2004(Z2)：44-46.

一流大学的定义持“泛一流”论的学者认为世界一流大学除了应在科学研究和人才培养职能上表现卓越外，社会服务职能也应该表现优异。

笔者认为“211 工程”和“985 工程”政策对建设高校社会服务产生的效应不显著，甚至为负效应的原因有两点。首先，旨在建设世界一流大学的“211 工程”和“985 工程”在本质上是一种政府为委托人，高校为代理人的多任务委托代理行为。两大工程被委托的任务包括了科学研究、人才培养和社会服务三大维度。多任务委托代理理论显示，如果不同任务的完成绩效在可度量性上存在很大差异，那么委托人针对代理人实施的薪酬制度中的不同激励因素，会导致代理人在不同任务之间配置不同的努力程度，从而最终对委托人总体目标的达成产生不同的影响。相比科学研究和人才培养，社会服务的可度量性差，并且世界一流大学建设政策的激励制度偏重科学研究，建设高校作为政府的代理人，在科学研究和人才培养上配置了更高的努力程度，而在可度量性差的社会服务上配置了较低的努力程度。最终导致政策对科学研究和人才培养产生了积极效应，而对社会服务产生的效应不显著，甚至是消极效应。

其次，科学研究能力越强的高校，其社会服务能力似乎越差。总体上，在科学研究能力上，“985 工程”高校>“211 工程”高校>普通高校，而在社会服务能力上笔者得到的结果是普通高校>“211 工程”高校>“985 工程”高校。因为在基于 PSM 模型的“211 工程”评价结果中，控制相关协变量为“211 工程”建设高校找到实力相当的非“211 工程”高校后，建设高校的社会服务能力表现反而比非建设高校的社会服务能力差。无独有偶，基于 DID 模型的“985 工程”评价结果也显示，与“211 工程”相比，“985 工程”高校的社会服务能力并不优秀。一个很可能的原因是，“985 工程”和“211 工程”高校大多是研究型高校，主要面向基础研究，而普通高校大多为地方高校，其定位可能更多地为地方经济服务等。

6.2　建设政策的目标启示

6.2.1　构建“三阶一流”建设目标，分步建成世界一流大学

管理大师彼得·德鲁克说：“我们应该从目标和任务而非名字、章程和管理条例来界定一个组织。一个组织只有具备了明确的目标和任务，才能制定明确的组织目标。”①这一管理原理同样适用于我国的世界一流大学建设事业。纵观我国的世界一流大学建设目标，不管是“211 工程”“985 工程”，还是时下的“双一流”建设，它们的建设目标均比较模糊。尽管这三大世界一流大学建设政策分别提出的建设目标为“力争在下世纪初，有一批高等学校达到世界较高水平”②，“争取若干所大学进入世界一流水平”③，“到 2020 年，若干所大学进入世界一流行列，到 2030 年，更多的大学进入世界一流行列，若干所大学进入世界一流大学前列”。④ 三大建设政策建设目标要么暗含，要么直指“世界一流大学”，但是正如阿特巴赫教授所言：“每个国家都希望拥有世界一流大学，却没有人知道它究竟是什么，也没有人知道如何建成世界一流大学。”⑤过去由于世界一流大学定义的模糊，导致世界一流大学建设高校和工作者缺乏明确的定位，有的建设高校模仿英美等国的名校建设，有的高校

① ［美］弗雷德·R. 戴维. 战略管理［M］. 李克宁，译. 北京：经济科学出版社，1998.

② 中国教育改革和发展纲要［J］. 中国高等教育，1993(4)：8-17.

③ 中华人民共和国教育部. 面向 21 世纪教育振兴行动计划学习参考资料［M］. 北京：北京师范大学出版社，1999：12.

④ 国务院关于印发统筹推进世界一流大学和一流学科建设总体方案的通知［J］. 中华人民共和国国务院公报，2015(32)：110-114.

⑤ Altbach P G. The Costs and Benefits of World-Class Universities［J］. Peking University Education Review，2004，90(1)：20.

甚至围绕各世界大学排行榜的评价指标来建设，邯郸学步，弄巧成拙。世界一流大学建设目标是世界一流大学建设工作的指南，世界一流大学建设目标具体化已成为一项紧迫的任务。根据教育部对世界一流大学建设政策文件的解读，结合国内外专家和本书对世界一流大学的定义，笔者认为我国应该在构建“三阶一流”的世界一流大学建设目标基础上，分步骤建成世界一流大学。

世界一流大学的形成非一日之功，而是经过地方一流大学和国家一流大学的发展后才成为世界一流大学的。换而言之，世界一流大学的发展遵循地方一流大学→国家一流大学→世界一流大学的“三阶一流”规律。在“三阶一流”发展过程中，高校在科学研究、人才培养和社会服务三大功能上具有显著差异，详见表6-1。

表 6-1 “三阶一流”建设目标

大学职能		“三阶一流”		
		世界一流大学	国家一流大学	地方一流大学
科学研究	研究问题	全球问题>国家问题>地区问题	国家问题>地区问题>全球问题	地区问题>国家问题>全球问题
	研究性质	基本/纯研究>应用研究	纯研究和应用研究	纯研究<应用研究
	研究期限	长期研究>短期研究	长期研究和短期研究	长期研究<短期研究
	研究知识	基础知识和跨学科知识	学科知识和国家发展知识	市民知识和社区发展知识
	研究经费	公共经费	公共经费和私立经费	公共经费和私立经费

续表

大学职能		“三阶一流”		
		世界一流大学	国家一流大学	地方一流大学
人才培养	培养规格	全球领导者	国家领导者	地方领导者
	培养方法	创新>知识传授	创新和知识传授	创新<知识传授
	培养知识	人文知识>学科知识	人文知识<学科知识	人文知识和学科知识
社会服务	解决问题	全球问题>国家问题>地方问题	国家问题>全球问题>地方问题	地方问题>全球问题>国家问题
	服务性质	非营利性	营利和非营利性	营利和非营利性
	服务方式	直接服务和间接服务	直接服务和间接服务	直接服务

由上表可知，地区一流大学的科学研究职能主要表现为通过公共和私立经费，利用市民知识和社区发展知识，从事地区的应用性短期研究；人才培养职能主要表现为通过人文知识和学科知识的传授，培养地方领导者；社会服务职能主要表现为营利或非营利性地直接解决地方问题。国家一流大学的科学研究职能主要表现为通过公共和私立经费，利用市民知识和国家发展知识，齐抓国家的基本研究和应用性研究，短期研究和长期研究；人才培养职能主要表现为通过学科知识的传授和创新，培养国家领导者；社会服务职能主要表现为营利或非营利性地直接或间接解决国家问题。世界一流大学的科学研究职能主要表现为通过公共经费，利用基础知识和跨学科知识，从事全球性的长期基本研究；人才培养职能主要表现为主要表现为通过人文知识的创新，培养全球领导者；社会服务职能主要表现为非营利性地直接或间接解决全球问题。

反观我国的世界一流大学建设，尤其是“985 工程”建设，也遵循着“三阶一流”的发展规律。由于我国世界一流大学建设选择了择优式建设途径，大多数建设高校在建设之初就是国家一流大学，例如：北京大学、复旦大学、上海交通大学和清华大学等，因此，这类高校在建设之初瞄准的目标就是世界一流大学。此外，还有一类高校是地区一流大学，例如：中南大学、四川大学、重庆大学等，这类高校的建设目标则是先建成国家一流大学，详见表6-2。

表6-2 “985工程”一期建设高校建设目标

高校	建设目标
北京大学	世界一流大学
清华大学	世界一流大学
中国人民大学	人文社会科学为主的世界知名的一流大学
复旦大学	世界一流大学
上海交通大学	世界一流大学
南京大学	综合性、研究型、国际化的世界一流大学
中国科技大学	世界知名的高水平研究型大学
西安交通大学	世界知名高水平大学
浙江大学	学科门类齐全的、具有世界先进水平的、现代化的一流大学
哈尔滨工业大学	世界知名高水平大学
北京理工大学	国内一流、国际知名高水平研究型大学
南开大学	综合性、研究型、开放式、国际化的世界一流大学
天津大学	综合性、研究型、开放式、国际化的世界一流大学
东南大学	国内外知名高水平大学，力争在21世纪中叶建设成为世界一流大学
武汉大学	国内外知名高水平大学
华中科技大学	一流工科、一流医科和具有特色的高水平文科、理科的综合性、研究型、开放式的世界知名高水平大学
山东大学	综合性、研究型、开放式的国内外知名的高水平大学
中国海洋大学	特色显著的综合性、研究型高水平大学

续表

高校	建设目标
中南大学	国内一流、国际上有重要影响的高水平、综合性、研究型大学
厦门大学	世界知名的高水平研究型大学
吉林大学	国内领先、国际知名、高水平的研究型大学
湖南大学	国际上有影响的、特色鲜明的综合性、开放式、研究型国内一流大学，并向世界高水平大学的宏伟目标迈进
大连理工大学	国际知名的高水平研究型大学
北京航空航天大学	综合性、研究型、具有航空航天特色的国内一流、世界知名的大学
电子科技大学	2016 年建成国内一流、国际知名的高水平大学；2036 年建成在电子信息领域具有世界先进水平的一流大学
四川大学	国内一流、国际知名的高水平研究型综合大学
重庆大学	国内一流、国际知名、具有自身特色的研究型综合性大学
兰州大学	多学科协调发展的综合性、研究型、国内外知名的高水平研究型大学
西北工业大学	国内一流、国际知名的高水平研究型大学
东北大学	多科性、研究型、国际化的国内一流、国际知名的现代大学
同济大学	综合性、研究型、国际化的一流现代大学
北京师范大学	综合性、有特色、研究型世界知名高水平大学

资料来源：张秀兰. 中国教育发展与政策 30 年[M]. 北京：社会科学文献出版社，2008：280.

“三阶一流”发展规律对我国即将开启的新一轮世界一流大学建设有两个方面的启示。如果即将公布的新一轮世界一流大学建设高校如教育部部长陈宝生所言“拿着‘985’和‘211’ 的船票上不了

‘双一流’的船”①，新的建设对象是一批非国家一流大学，那么下一步的建设目标瞄准的就应该是国家一流大学，按国家一流大学的三大职能要求来建设。如果新的建设对象是按《统筹推进世界一流大学和一流学科建设实施办法(暂行)》规定的遴选条件而选出一批国家一流大学，那么下一步的建设目标就是世界一流大学，按世界一流大学的三大职能的要求来建设。总而言之，世界一流大学的建成需要历经三个阶段的发展。在“三阶一流”发展过程中，建设主体必须正确定位，认识各阶段三大职能间的主要矛盾，从我国高等教育的实际出发，有步骤分阶段地实现建设目标，实行合理的管理制度和分配方法，正确认识和处理建设过程中的问题。

6.2.2 建立均衡的目标激励制度，力争同时改善高校三大职能

多任务委托代理理论认为，政府机构的代理人所承担的任务常常有多重性，代理人完成任务的优先次序与委托人所希望的优先次序往往不一致，委托人将会根据投入和产出的可观测性以及在委托人和代理人之间的价值差异来选择激励机制。② 长期以来，“211工程”和“985 工程”高校存在激励机制失衡问题。激励机制失衡现象的表现是“211 工程”和“985 工程”高校十分重视科学研究的激励，但轻视人才培养和社会服务的激励，尤其轻视社会服务激励。这些高校普遍没有将社会服务作为教师考核的硬性要求，更没有激励教师进行社会服务的政策③，尽管社会服务是高校的三大职能之

① 叶雨婷. 教育部部长陈宝生：拿着“211”“985”的船票上不了“双一流”的船[EB/OL]. [2017-04-03]. http://news.cyol.com/content /2017-03/07/content_15719197.htm.

② Holmstrom B, Milgrom P. Multitask Principal-Agent Analyses: Incentive Contracts, Asset Ownership, and Job Design [J]. Journal of Law Economics & Organization, 1991(7): 24-52.

③ 林健. 胜任卓越工程师培养的工科教师队伍建设[J]. 高等工程教育研究, 2012(1): 7-20.

一，高校一般也鼓励教师开展社会服务。因此，解决多任务委托代理导致的世界一流大学建设高校三大职能发展失衡问题的一个主要思路就是建立均衡的三大职能激励机制。

因此，首先，调协政府委托人与高校代理人的利益，使两者的利益尽量一致。由于存在信息不对称问题，单依靠政府监督来提高各高校代理人的世界一流大学建设积极性，改变世界一流大学建设中"政府积极主动，高校消极响应，学者抵制拖延"的普遍状况①，进而提高世界一流大学建设效率存在很大的局限性。解决方法是使政府委托人的自身利益与高校代理人的利益相一致。如此一来，委托人的利益最大化在代理人追求个人利益最大化的过程中也得到了实现。在激励机制的具体应用过程中，要全面考虑正面的激励和负面的约束，显性激励和隐性激励的结合，综合利用并有所侧重。根据世界一流大学建设中期评价结果，加大实施有力、进展良好、成效明显的世界一流大学建设高校的支持力度；警示并减小实施不力、进展缓慢、缺乏实效的世界一流大学建设高校的支持力度。

其次，世界一流大学建设高校应该对纵向课题和横向课题一视同仁，尤其要同等对待企业课题和产学研合作课题，这对提高教师和学生的社会服务能力十分重要。"211 工程"高校和"985 工程"高校十分重视来自国家和政府的纵向课题，但轻视源于地方和企业的横向课题。这些高校认为纵向课题层次高，研究成果代表了他们的科研能力和学术水准，而横向课题仅仅是咨询服务，学术水准不够高。② 所以，基本上所有高校的激励政策都向纵向课题倾斜，包括将主持和承担纵向课题作为教师晋升高级职务的必要条件等。③ 事

① Shin J C, Yong S J. World-Class University in Korea: Proactive Government, Responsive University, and Procrastinating Academics [J]. Changing Academy-The Changing Academic Profession in International Comparative Perspective, 2013(6): 147-163.

② 林健. 胜任卓越工程师培养的工科教师队伍建设[J]. 高等工程教育研究，2012(1)：7-20.

③ 林健. 胜任卓越工程师培养的工科教师队伍建设[J]. 高等工程教育研究，2012(1)：7-20.

实上，横向课题面向企业和社会，对经济社会的发展一样重要，国家科技创新和经济发展也依赖于企业技术难题的攻克和行业重大问题的解决，更何况横向课题是提高教师和学生社会服务能力的重要平台。

最后，激励专职教师和学生主动开展社会服务。社会服务的高校职能性质决定着专职教师和学生必须把服务社会作为自身的一项重要使命，这不仅能够使教师和学生更加了解社会的实际状况，有利于高校明确人才培养目标和要求，选择和更新教学内容，而且能够使教师和学生在社会服务过程中，不断地提高自身解决各种复杂社会问题的能力。

6.3 建设政策的策略启示

6.3.1 权衡合并式建设策略的利弊，促进合并优势转化

在择优式、合并式和新建式三种世界一流大学建设策略中，我国选择了择优式和合并式结合的建设策略。在“穷国办大教育”的现实情况下，选择建设现有的少数具有实现一流潜力的大学的择优式途径是我国世界一流大学建设途径的必然选择，本书不再赘述。相比于新建式世界一流大学建设途径，合并式世界一流大学建设途径有以下几大优点：①成本较低；②有利于调整、建设学校领导班子；③吸引新的教职员工；④比较可能有以别于现有大学的合法地位运行；⑤以“规范”的方式将大学规范和学校文化教授给所有利益相关者。缺点在于：①吸引人才时，会遭到现有教职员工的阻挠；②难以从不同的大学文化中开辟出新的文化特性；③新并院校办学思想较难统一，影响新校明确发展目标和定位；④规模扩大、空间分散会影响新并院校资源的合理利用；⑤利益调整和冲突是新并院校发展的主要障碍；⑥新并院校内部结构调整的艰巨性制约了院校合并潜在优势向现实优势的转化。

笔者认为我们应从以下三方面努力，促进院校合并的潜在优势向现实优势转化，促成学科真正融合，建成世界一流大学。

(1) 整合办学思想，确立正确的教育理念

办学理念是世界一流大学的灵魂。世界一流大学建设高校合并后，建设高校外部环境和内部资源配置发生了极大的变化，建设高校要想在信息时代和知识经济中获得生存和发展，必须首先整合和创新办学思想。办学思想是一所高校在漫长的办学实践和历史的积淀中选择和凝练而成的。作为高校的精神面貌，办学思想能同时反映历史价值和时代价值。因此，办学思想是高校的价值追求和内在灵魂。纵观海外，从牛津大学“造就有教养的绅士，培养精英人才”①，到剑桥大学“以自由教育造就绅士，探求未知的领域，科技与人文并重，植根于工业和商业”②，再到哈佛大学“精英教育、真理与学术至上、自由教育和学术自由”③，我们公认的世界一流大学无不有自己的办学思想和教育理念。整合合并建设高校的办学思想就是要重新确定合并建设高校自己的办学理念，并使之成为支配全校一切工作的核心。

合并式世界一流建设大学要挖掘各合并高校的办学理念，根据新的办学形势和时代精神，融合成新大学的办学理念，以便指导合并后世界一流大学的建设和发展。形成新大学的办学理念意味着合并高校必须放弃以往相对固化的传统办学思想，形成一种全新的办学思想，重新确立价值追求，由此变更办学目标、办学模式，甚至办学特色等。融合合并建设高校的办学思想需要很长的时间，合并建设高校可能要为此付出沉重的代价。

解决和清除合并建设高校在整合办学思想中遇到的困难和障

① 别敦荣，蒋馨岚. 牛津大学的发展历程、教育理念及其启示[J]. 复旦教育论坛，2011(2)：72-77.

② 别敦荣，隆芳敏. 剑桥大学的发展历程、教育理念及启示[J]. 现代大学教育，2011(4)：36-41，56，112.

③ 别敦荣，贾杰静. 哈佛大学的发展历程、教育理念及启示[J]. 大学教育科学，2011(6)：76-81.

碍，首先应该强化新办学思想的宣传，让合并后的各高校在参与中接受新的办学思想，培养认同感。其次合并高校应该科学定位。据教育部统计数据，截至 2016 年 5 月 30 日，我国已有普通高等学校 2595 所。不同高校由于办学思想不同，其培养目标、规格、模式和办学特色也各有差异。整合合并式建设高校的办学思想就是要在全方位摸清合并高校的实力和能力的基础上，寻找到适合新高校的办学思想。最后更新合并高校领导对办学思路的观念意识。合并建设高校常常因为管理观念、模式与方式的滞后和陈旧产生一系列的错误决策，引发合并式建设危机。那么，更新合并建设高校的领导观念与意识就变得尤为重要。合并高校的领导人和管理者应摈弃陈旧的思维模式，克服对新事物和新思想的抵触情绪，吸收新办学观念和思想，探索有效达到世界一流大学建设目标和实现预定世界一流大学建设方针的途径和方法。

(2)促成实质性合并，实现全方位融合

实施合并式世界一流大学建设途径后，合并高校融合的速度和深度影响决定着它们发展的速度和水平。对合并后的新建设高校来说，把机遇性潜在优势转变为现实优势，实现跨越式发展的关键在于合并高校迅速实现实质性融合。只有尽快实现实质性融合，才能发挥并校潜在优势。我国采纳合并式世界一流大学建设途径的根本目的是优化配置和充分利用现有的教育资源，提高合并式世界一流大学建设高校的办学质量和效益。要达到这一根本目的，合并式世界一流大学建设管理部门必须果断决策，实现合并高校学科、管理和制度的实质性融合。保障合并式世界一流大学建设途径有效性的关键是合理组合合并高校的学科，充分利用合并高校的教育资源，有效发挥综合优势。合并式世界一流大学建设策略不是简单地把合并高校捆绑和相加，而是实行实质性融合，充分发挥合并高校的综合效应。

实现实质性融合的关键在于体制创新和资源重组。体制创新是指合并高校根据自身的特点、条件和发展需要，在从多个办学实体到一个办学实体的改革中，打破旧办学体制的藩篱，构建新的办学体制。① 资源重组指打破合并高校各自原来的资源配置旧格局，从提高合并高校办学整体水平和效益出发，优化重组有形和无形资源，形成新的配置格局。合并高校的实质性融合，包括实质性地融合党政领导，统一管理教学科研、财务、人事和资产事务。否则，合并建设高校只是名义上合并了，而实际上仍是“片块”式运作，并没有触动原来的运作体制和运行机制。结果导致合并的规模效应并未形成，反而催生了粗放、失控和烧钱的总体管理弊端。合并高校的管理层应在调查研究、摸清情况的基础上，制定符合实际情况且可行的实质性融合方案，融合各合并实体的管理机构、干部配备、规章制度、招生就业以及建设规划等内部管理事务，做到牌子、班子、机构、制度和规划的统一，实行全面的实质性合并，促成实质性办学实体的诞生。

(3) 以世界一流学科建设为突破口，带动建设高校人才培养、科学研究和社会服务职能的发展

以世界一流学科建设为突破口，带动建设高校科学研究、人才培养和社会服务职能的发展，这是发挥合并式世界一流大学建设高校潜在优势的主要内容。作为承载世界一流大学建设高校科学研究、人才培养和社会服务职能的载体，世界一流学科充分体现着建设高校办学水平、办学特色和社会声望。因此，采用合并式世界一流大学建设途径后，必须调整和整合合并高校的学科，建立科学的学科结构，培养学科带头人，建设学术梯队和实验室，以世界一流学科建设带动建设高校的科学研究、人才培养和社会服务职能的完善和发展。

第一，以世界一流学科建设为突破口，带动和促进人才培养职能的稳步发展，改革人才培养体系、内容、方式和方法，大力推进人才培养的纵深发展，促进人才培养质量和教学水平的提高。

① 应国良，宋志宏. WTO 背景下我国高等教育公共管理战略与体制[M]. 广州：广东教育出版社，2006：340.

第二，以世界一流学科建设为突破口，强化政策导向和科研队伍的建设，促进科研人员的快速成长。科研队伍是科研工作发展的决定因素和发展动力，建设高校科学研究职能快速发展的关键取决于科研队伍建设。因此，建设高校要以世界一流学科建设为突破口，提高世界一流建设学科带头人的学术水平，拓展世界一流建设学科带头人的学术发展前景，重点培养中青年世界一流建设学科带头人，强化建设学科带头人和青年骨干教师的培养，完善现有的学科体系和人才结构，建立一支结构合理、整体实力强、素质优良的学科梯队，提高师资队伍水平。第三，以世界一流学科建设为突破口，促进建设高校科学研究职能的发展。采取合并式的世界一流大学建设高校要以世界一流学科建设为核心，以创建世界一流大学为战略目标，体现特色，明确方向，确立科学研究工作重点，落实世界一流学科建设规划，贯彻以研发课题为导向并注重学术方向延续性的科研发展思路。以世界一流学科建设为突破口，以创新平台建设为重点，积极改革科研管理体制，继续淡化学科专业领域的概念，打破以单一学科和专业为单位的独立研究旧格局，集中并优化分散的人才、技术、仪器、设备、信息等教育资源，促进科研资源共享，发挥整体优势，联合攻关，形成科研主攻学科，从事重大研发课题，产出高水平的科研成果。以世界一流学科建设为突破口，以国家级和省部级重点学科建设为核心，扩大科研规模，提高科研层次和科技创新能力，促进科研与技术开发协调发展，促进科研成果向理论和应用转化。

6.3.2 联系经济社会发展战略，建设多元世界一流大学

在大众高等教育与精英高等教育同时推进以及大众化高等教育阶段以学生发展为核心的教育理念背景下，我国着手建设世界一流大学推进精英高等教育时，首先必须考虑建设世界一流大学的类型需求。尽管世界一流大学一般是研究型大学，然而除研究型大学外，还需要其他类型的世界一流大学以满足大众化高等教育中不同层次和类型的学生的诉求。

作为一个世界大国，我国最终需要的不是凤毛麟角的世界一流大学，而是一个多元且完整的世界一流高等教育体系。2002 年世界银行《构建知识社会》的报告认为，应对全球环境的变化，对经济和社会发展做出贡献的不仅包括研究型大学，还包括理工学院、文理学院、职业技术学院、社区学院以及开放大学等组成整个高等教育体系。①② 虽然世界一流大学一般都是顶尖的研究型大学，但也有一些是非研究型的大学，甚至算不上严格意义上的大学。例如，尽管英国的开放大学没有登上国际排行榜，却被普遍认为是世界顶级的远程教育机构。加拿大安大略省的康尼斯嘉学院(Conestoga College)是该国排名最好的社区学院，德国曼海姆高等专科学校(Fachhochschulen of Mannheim)和不来梅高等专科学校也是该国名声卓著的学校。美国新出现的基于教学质量的社区学院排名似乎传达了这样一个信息，优秀的社区学院，至少其中最优秀的学院比一些顶尖的四年制大学表现得还优秀。③ 作为新兴知识经济体而取得显著进步的两个欧洲国家——芬兰和爱尔兰，虽然没有进入世界前 50 名的大学，但是其以科技发展为重点的学校却非常出色。即使是对大学而言，世界大学排名也明显倾向于研究型大学，以致主要招收本科生的一流高校榜上无名。事实上，美国的文理学院(Liberal Arts Schools)，比如韦尔斯利学院(Wellesley Colleges)、卡尔顿学院(Carleton Colleges)、威廉姆斯学院(Williams Colleges)和波莫纳学院(Pomona Colleges)等，都被认为是该国本科教学最好的院校。

世界一流大学的建设是无法脱离整个教育系统的，世行高教主管萨尔米认为："大学系统的变革不能孤立地进行。创建世界一流大学的长远规划及其实施情况，应密切联系国家的经济社会发展战

① World Bank. Constructing Knowledge Societies: New Challenges for Tertiary Education [M]. Herndon: World Bank, 2002: 234.

② 李立国. 普及化高等教育应该是一流多元[N]. 光明日报，2016-11-08: 013.

③ Salmi Jamil. The Challenge of Establishing World-Class Universities [J]. Washington: World Bank Publications, 2009: 60-62.

略、中小学教育正在进行和将要实施的改革以及发展其他类型高校的计划，从而形成一个完整的包括教学型大学、研究型大学和技术型大学的高等教育系统。”①未来若干年，伴随着我国世界一流大学和一流学科的建设，普通本科院校向应用技术大学的转型和现代职业教育体系的建设，我国将逐步形成以世界一流大学和一流学科为代表的研究型大学，以应用技术大学为代表的应用型本科院校和以示范性高职为代表的高等职业技术学院，并以此为基础建立起中国特色的高等教育分类体系。

6.3.3 探索建设压力和动力，避免夸大价值和重要性

最后，必须在适当的背景下探索推动世界一流大学建设的压力和动力，以避免过于夸大世界一流大学的价值和重要性，扭曲高等教育资源的分配格局。即使在全球化知识经济中——每个省份，无论是东南沿海经济发达省份还是西部经济发展落后的省份，都在寻求一种途径能够抢占有限的经济“大饼”中的较大份额——为了从先进的教育科研机会中获益(至少是在短期内获益)，各省份有关世界一流大学建设的大肆宣传已经远远超过了省份的需要和能力范围。事实上，在那些高等教育质量较好而提供给毕业生的就业机会相对较少的省份，优秀的高等教育可能加剧现存的人才外流情况。

6.4 建设政策的评价机制启示

世界一流大学建设实践的先导是世界一流大学建设政策，能否在具体的世界一流大学建设中解决高等教育大众化与高等教育精英发展的矛盾和问题，关键要看我们是否有一揽子适宜的政策。我国世界一流大学建设一揽子政策自 1993 年开始实施以来已有 20 余年

① 李立国. 普及化高等教育应该是一流多元[N]. 光明日报，2016-11-08：013.

之久，在过去的 20 多年中，我国世界一流大学建设在国家建设政策支持和地方政府协同的努力下取得了令人振奋的阶段性成果：在科学研究维度，建设高校产出了高水准的科研成果，成为了探索、解决国家与人类发展所面临的重大理论和实际问题的科学基地；在人才培养维度，建设高校通过加强教学基础设施建设，造就和引进一批具有世界一流水平的学术带头人和学术团队，已经成为国家和地方培养、造就高素质创造性人才的摇篮；在社会服务方面，建设高校构建了科技创新体系，提高了科技创新能力，成为推动科技创新并向现实生产力转化的重要力量。

在客观评价我国世界一流大学建设所取得的成就的同时，也应该客观地认识到我国世界一流大学建设还存在许多体制性、结构性的深层次矛盾。政策评价，尤其是政策效应评价能够使社会客观地认识我国世界一流大学建设取得的成绩，鉴别存在的矛盾。因此，笔者认为在世界一流大学建设政策评价机制方面，我们首先应该构建多元主体协同的政策评价机制，共评世界一流大学建设；其次需要采用科学的政策效应评价方法，保障评价的客观性。

6.4.1　构建多元主体协同的政策评价机制，共评世界一流大学建设

对世界一流大学建设政策的实施情况进行评价是依据相关法律、法规和部门规章，对政策建设高校实施政策的情况进行检查和处理，对建设政策的经济效益和社会效益加以科学地评估，以确保建设政策正确贯彻执行的重要环节。评价机制主要是明确世界一流大学建设的评价主体、评价方式和评价内容，详见图 6-1。

(1)政府部分的评价

政府部门评价世界一流大学建设政策是一种行政干预。对世界一流大学建设政策进行评价的政府部门主要有两类，一类是建设高校的主管部门；另一类是建设高校所属地的各级政府。建设高校的主管部门负责对世界一流大学建设政策的实施进行监督检查，由于

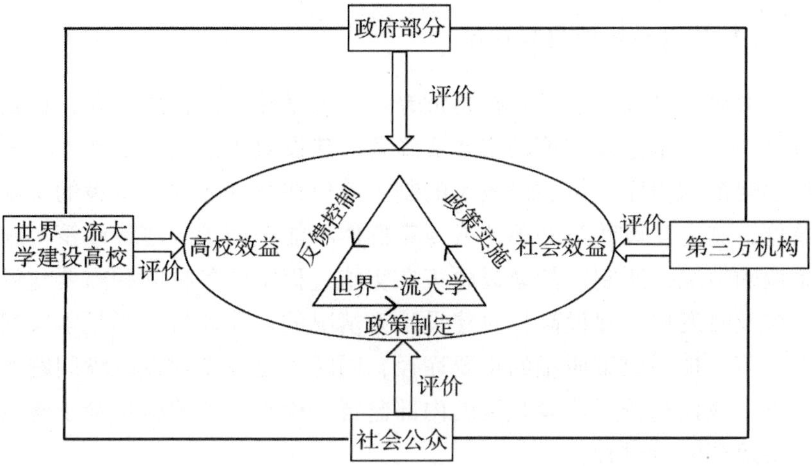

图 6-1　世界一流大学建设政策评价机制

我国世界一流大学建设高校是择优遴选的结果，建设高校的主管部门多为教育部、科技部和工信部等，他们有权对世界一流大学建设政策的实施情况进行评价。由于我国世界一流大学建设实行“主管部门+高校所属地各级政府+高校”多方共建的模式，因此建设高校所属地的各级政府(例如：省政府和直辖市政府)应该对建设高校世界一流大学建设政策的实施进行评价。

(2)第三方机构的评价

第三方机构是指独立于政府部门和高校之外的非政府组织。由于其独立性，第三方机构可以有效地协调社会各方面的利益，合理地解决复杂的社会治理问题。第三方机构对世界一流大学建设政策的实施情况进行评价是政府评价的有益补充。此类机构主要包括第三方教育政策评价机构和第三方大学评价机构。这类机构可以有效监督世界一流大学建设政策的实施情况，促进世界一流大学建设政策的落实。目前，教育政策研究机构不少(例如：北京师范大学中国教育政策研究院、华东师范大学国家教育宏观政策研究院、西南大学教育政策研究所等)，但是国内不管是完全独立的第三方机构还是大学评价机构都还极少。

(3) 建设高校的自我评价

世界一流大学建设高校是世界一流大学建设的作用对象，也是世界一流大学建设政策的主要实施者。建设政策的制定虽然经过了科学规范的程序，但建设政策的制定单位往往并非建设政策的实施单位，制定建设政策的单位或专家群体不能全面了解建设政策实施单位的情况，所制定的建设政策在实施过程中的各种问题需要建设高校及时发现。建设高校对建设政策情况的自我评价，既是落实建设政策、提高政策质量的重要途径，同时也是发现建设政策问题的过程。建设高校对建设政策的内部监督、检查、评价应贯穿于建设政策运行的全过程。

(4) 社会公众的评价

作为一种社会性群众监督形式，社会公众可直接对世界一流大学建设政策的实施情况进行评价。社会公众是高等教育的服务对象，对于高等教育政策的质量有着最切身的感受，对相关建设政策的经济效益和社会效益有最直观的感受。因此社会公众也是重要的评价主体。对于不合理的建设政策内容和规定，公众可以通过投诉、举报、社会舆论和网络媒体等多种形式进行公开揭露和曝光。通过社会公众监督，可以督促政策建设主体严格实施政策，提高建设政策的质量，促进高等教育的均衡发展，维护广大公民的合法教育权利。

以上几种世界一流大学建设政策的评价形式，在实践中应充分发挥各自的职能和优势，相互配合和补充，构建起一个完善、高效、公正、灵敏的评价网，提高我国世界一流大学建设政策的水平，保障我国公民的高等教育权利。

6.4.2　采用科学的政策效应评价方法，保障评价的客观性

如何评价世界一流大学建设政策的效应对世界一流大学的建设

至关重要。评价政策效应的方法有很多种，包括随机评价、工具变量、倾向得分匹配、双重差分以及断点回归等。每种政策效应评价方法都有其特定的前提假设和适用范围，各有侧重。在评价政策效应的实践中，不存在一种完美无缺的评价方法。对我国世界一流大学建设政策进行评价，既涉及技术又牵扯高校。为了对评价对象作出客观、公正和合理的评价，必须根据实际情况，在评价不同政策时选择最适合这一政策的评价方法。

本书评价"211 工程"政策效应后得到的第一个结论(即：以往"211 工程"绩效评价由于没有解决可比性问题，导致"211 工程"的有效性被高估，使用 PSM 模型对"211 工程"政策因果效应进行推断有意义)说明倾向得分匹配模型能客观公正地评价政策效应。传统方法直接将"211 工程"高校与非"211 工程"高校相比，致使研究样本存在选择性偏差，得到的结论存在可比性问题，估计结果是有偏的。与直接将"211 工程"高校与非"211 工程"高校相比的传统做法相比，倾向得分匹配法通过控制基于遴选条件的 13 个协变量，选取与"211 工程"高校实力相当的非"211 工程"高校，解决选择偏误和可比性问题，使用最近邻匹配、半径匹配以及核匹配三种算法相互验证计算"211 工程"政策对 7 个结果变量产生的效应，计算而得的政策效应结果相对较低。

倾向得分匹配方法具有三大优点：①研究步骤标准化程度高，模型结果便于解释，易于理解；②PSM 模型可以减少非随机化研究和观察性研究中的选择偏误。①② 该模型通过调整 PS 值，均衡处理组和对照组间的协变量分布，达到减少估计平均处理效应(ATT)时的选择偏误；③传统的多元线性分析模型(例如：普通最小二乘法、多层线性模型等)不适用于协变量很多，而结果变量发

① Rosenbaum P R, Rubin D B. The Central Role of the Propensity Score in Observational Studies for Causal Effects[J]. Biometrika, 1983, 70: 41-55.

② Austin P C. A Critical Appraisal of Propensity-Score Matching in the Medical Literature between 1996 and 2003[J]. Statistics in Medicine, 2008, 27(12): 2037-2049.

生概率很低的情况。PSM 模型不受此限，无论协变量的数量多少，都可以用一个 PS 值来表示。

由于我国世界一流大学建设政策研究中观察数据的不可控性，使用传统统计方法很难深入探讨建设政策与高校三大职能相关结果变量间的某些因果关系。倾向得分匹配法是观察研究中进行因果推断的重要工具，在很大程度上弥补了这一缺陷。因此，倾向得分匹配法对未来世界一流大学建设政策(例如：时下推行的“双一流”建设政策)的效应评价有借鉴作用。

总的来说，良好而适用的政策效应评价方法应该符合以下原则：第一，政策效应评价方法应该最能体现政策的根本目标和评价目的，引导和激励政策制定和实施等工作。第二，政策效应评价方法能比较客观公正地评价政策，尽可能减少由主观因素导致的误差。第三，政策效应评价方法要有针对性，实用性强，简便易行。第四，政策效应评价方法要相对比较节约成本。第五，政策效应评价方法要具有信度和高效度。所谓信度就是根据此评价方法进行评价得出的结果必须相当可靠，所谓高效度就是评价能较高程度地达成所期望的目标。

6.5 本章小结

本章总结了“211 工程”和“985 工程”的积极效应和消极效应，分析了两大工程效应带给新一轮世界一流大学建设政策的启示。其中，积极效应包括“211 工程”和“985 工程”对建设高校科学研究职能的学术论文、研发课题和专利产生了积极效应；对建设高校的人才培养维度下的硕士生和博士生数量产生了积极效应。此外，“211 工程”和“985 工程”通过合并式建设策略推进了高等教育改革和创新，为高等教育的发展提供了体制保障。消极效应指的是“211 工程”对建设高校社会服务能力产生的效应为负，“985 工程”建设政策对社会服务产生的效应不显著。政策启示包括：构建“三阶一流”建设目标，分步建成世界一流大学；建立均衡的目标激励制度，力争同时改善高校三大职能；权衡合并式建设策略的利弊，促进合并优势转化；联系经济社会发展战略，建设多元世界一流大学；探索建设压力和动力，避免夸大价值和重要性；构建多元主体协同的政策评价机制，共评世界一流大学建设；采用科学的政策效应评价方法，保障政策效应评价客观公正。

第 7 章　研究总结与展望

7.1　研究总结

本书是在我国高等教育处于精英化与大众化并行不悖、同时推进，以及高等教育质量内涵发展、世界一流大学建设面临美好愿望与怀疑指责的现实大背景下，积极响应《国务院关于印发统筹推进世界一流大学和一流学科建设总体方案的通知》和《关于深入推进教育管办评分离促进政府职能转变的若干意见》等文件的号召下，以跨学科的研究视角，综合运用教育评价学、公共政策学、计量经济学以及教育管理学的理论和方法，围绕高等教育政策效应评价的基本理论、方法和模型而展开的探索性研究。文章主要探讨了我国两大层次的世界一流大学建设政策("211 工程"和"985 工程")效应评价的基本理论和方法模型，根据两大工程的特征，选择相关的协变量和科学研究、人才培养以及社会服务三大职能的结果变量，分别构建了 PSM 模型和 DID 模型评价"211 工程"和"985 工程"建设政策产生的效应。此外，还总结了评价我国世界一流大学建设政策效应得到的经验和启示，并对我国新一轮世界一流大学建设政策提出了建议。本书所做的主要贡献总结如下：

①通过对世界一流大学建设政策效应评价所涉及的相关概念、内涵及其关系进行探讨，分别界定了世界一流大学和政策效应的本

质内涵及其逻辑关联，并从高校的人才培养、科学研究和社会服务三大职能维度提出了世界一流大学的理想定义和操作定义。接着，本研究根据“211 工程”和“985 工程”的总体建设目标，将这两大工程建设期间颁布的一揽子通知、办法、规定和意见界定为世界一流大学建设政策，限定了我国世界一流大学政策效应评价的范围。此外，本研究还引入了我国世界一流大学政策效应评价的理论基础，即：影响评价理论和多任务委托代理理论。最后，本研究还指出了我国世界一流大学建设政策效应评价的内涵、意义、原则和步骤。其中，我国世界一流大学建设政策效应评价的内涵是：根据既定的程序与方法，对世界一流大学建设政策产生的结果和效益进行系统的评价和科学的预测，以提高世界一流大学建设政策的合理性与作用的工作过程，它是世界一流大学建设政策在制定和实施过程中产生最佳效益的保证。评价意义包括：我国世界一流大学建设政策效应评价是实现世界一流大学建设决策科学化的必要保证；是检验我国世界一流大学建设政策效应和价值的基本途径；是决定我国世界一流大学建设政策修正、调整、继续或终止的重要依据；是实现世界一流大学建设资源合理配置的基础。评价原则依据科学性、系统性、客观性和可行性。评价步骤遵循准备、实施和总结三个步骤。

②探讨了我国世界一流大学建设政策效应评价的对象、模型选择和变量选择。首先，本研究以我国世界一流大学建设实践为基础，讨论了“211 工程”和“985 工程”的理论架构和政策发展过程。其中，“211 工程”的三大理论架构为：高等教育精英化可与高等教育大众化并行不悖，同时推进；非均衡发展能够产生高效益；提升高校综合发展水平的突破口是学科建设。“985 工程”的三大理论架构为：实现建设世界一流大学的目标依靠跨越式发展是完全可能的；相同的经费投入在较高的平台上能够发挥更高的效益；建设世界一流大学的基础仍然是学科平台建设。此外，本书还回顾了 1990 年到 2016 年间“211 工程”系列政策的发展过程，和 1998 年至 2016 年间“985 工程”系列政策的发展过程。其次，本书分析了“211 工程”和“985 工程”的遴选条件、根本目的和资金强度，作为评价模型变量选择的理论依据。最后，根据“211 工程”和“985 工

程”的理论架构、政策发展过程、遴选条件、建设目标、资助资金强度，分别为它们选择并介绍了国际通行的政策效应评价模型——PSM 模型和 DID 模型来评价政策效应。此外，本研究还分析随机评价、工具变量和断点回归评价模型的基本理论及其对本研究的适用性。

③构建 PSM 模型，计算了“211 工程”对建设高校的科学研究、人才培养和社会服务职能相关变量产生的效应。首先，文章根据世界一流大学的操作定义、“211 工程”的“非均衡发展能够产生高效益”的理论架构、世界一流大学是“综合性、研究型”大学的观点①②③，以及笔者前期研究结论——综合类高校在科学研究能力上优于师范、农林和理工类高校的表现④等假设依据，提出了 H1 和 H2 研究假设。其中 H1 假设为：“211 工程”政策对建设高校的科学研究和人才培养职能相关变量产生了积极效应，但对建设高校的社会服务职能相关变量产生了消极效应；H2 假设为：“211 工程”政策对综合类建设高校的科学研究、人才培养和社会服务三大职能相关变量产生的效应要高于理工类建设高校相应变量产生的效应。接着，文章选取了 71 所“211 工程”高校和 171 所非“211 工程”高校作为研究样本，根据“211 工程”的遴选条件选择了校舍建筑面积、图书馆藏书、固定资产、教科研资产值、专任教师、副高职称教师、高级职称教师、长江学者、两院院士、博士点、国家重点学科、科技收入和科技支出作为协变量，学术论文、专著、研发课题作为科学研究的结果变量，硕士生和博士生作为人才培养的结

① 王大中. 建设世界一流大学的战略思考与实践[J]. 清华大学教育研究，2003(3)：2-7.

② 蒋树声. 创建一流大学的对策与选择[J]. 中国软科学，2002(3)：2-4.

③ 周光礼. 世界一流大学的特质[J]. 中国高等教育，2010(12)：44-47.

④ 邱均平，欧玉芳. 面向世界一流大学建设的“985 工程”高校科研竞争力评价分析——基于“十二五”期间 RCCSE 世界一流大学及学科竞争力评价报告[J]. 中国高教研究，2016(4)：57-63.

果变量，技术转让签订合同数以及技术转让当年实际收入作为社会服务的结果变量，在随机选取“211 工程”三周期建设年份 2003 年、2004 年、2006 年、2009 年、2011 年和 2014 年数据的基础上，通过 PSM 模型对 H1 和 H2 研究假设进行了实证研究。研究结果表明 H1 研究假设得到证实，H2 研究假设则被证伪。H1 研究假设的实证结果表明，在科学研究相关变量的效应上，“211 工程”政策对建设高校的科学研究产生了积极效应，极大地提高了建设高校的学术论文和研发课题数量，但对学术专著数量的提高无能为力。在人才培养相关变量的效应上，“211 工程”政策也产生了积极效应，提高了硕士生和博士生数量，但对本科生数量产生的效应不显著。在社会服务效应上，“211 工程”政策对所有建设高校社会服务相关变量产生的效应为负。H2 研究假设的实证结果表明，“211 工程”政策对理工类建设高校科学研究、人才培养和社会服务相关变量产生的积极和消极效应均要高于综合类建设高校相应变量产生的积极效应。

④构建 DID 模型，计算了“985 工程”对建设高校的科学研究、人才培养和社会服务职能相关变量产生的净效应。与“211 工程”政策效应评价类似，首先，文章根据多任务委托代理理论的理论观点——“激励契约能够引导代理人在各个任务之间分配其精力”①和“某一任务的激励强度提高，其他任务的激励强度则会降低”②、“985 工程”政策创建“世界一流研究型大学”的目标、前期研究得出的综合类高校在科学研究能力上优于理工类高校的表现③以及“985

① Holmstrom B, Milgrom P. Multitask Principal-agent Analyses: Incentive Contracts, Asset Ownership, and Job Design [J]. Journal of Law, Economics, & Organization, 1991(7): 24-52.

② Holmstrom B, Milgrom P. Multitask Principal-agent Analyses: Incentive Contracts, Asset Ownership, and Job Design [J]. Journal of Law, Economics, & Organization, 1991(7): 24-52.

③ 邱均平，欧玉芳. 面向世界一流大学建设的“985 工程”高校科研竞争力评价分析——基于“十二五”期间 RCCSE 世界一流大学及学科竞争力评价报告[J]. 中国高教研究，2016(4): 57-63.

工程”所持“相同的经费投入在较高的平台上能够发挥更高的效应”等假设依据，提出 H3 和 H4 假设。其中，H3 假设为：“985 工程”政策对建设高校的科学研究和人才培养职能中与世界一流大学密切相关的变量产生了积极效应，但对社会服务职能中与世界一流大学密切相关的变量产生了消极效应；H4 假设为：“985 工程”政策对综合性建设高校产生的科学研究、人才培养和社会服务职能中与世界一流大学密切相关的变量产生的效应要高于理工类建设高校相应变量产生的效应。接着，文章选取了 38 所“985 工程”高校和 71 所“211 工程”高校作为研究样本，选择 SCI 论文、SSCI 论文、国家自科课题、国家社科课题和专利作为科学研究职能的相关结果变量，硕士生、博士生以及百篇优博论文作为人才培养的结果变量，技术转让合同和技术转让收入作为社会服务职能的相关结果变量，在建设周期起始年份和滞后结束年份两年的国际做法原则上，选取“985 工程”建设周期中 1998 年、2003 年、2009 年和 2015 年的数据，通过 DID 模型对 H3 和 H4 研究假设进行了实证研究。研究结果表明 H3 研究假设被证实，H4 研究假设则在一定程度上被证伪。笔者对 H3 研究假设进行实证分析后发现：在科学研究职能相关变量的效应上，“985 工程”政策对建设高校基本上产生了积极效应，这体现在 SCI 论文、SSCI 论文、国自科课题和专利等表征科研能力的指标均表现出增长的现象，尤其对自然科学研究产生了积极效应；在人才培养职能相关变量的效应上，“985 工程”政策对建设高校也产生了积极效应，硕士生、博士生和百篇优博论文数量均增长，且在统计水平上显著；在社会服务职能相关变量的效应方面，虽然技术转让合同和技术转让收入均增长了，但是在统计上不显著。笔者对 H4 研究假设进行实证分析后发现：“985 工程”政策对综合类建设高校科学研究和人才培养相关变量产生的效应远大于理工类建设高校相应变量产生的效应；但是，政策对综合类建设高校社会服务相关变量产生的效应要低于理工类建设高校相应变量产生的效应。

⑤总结了“211 工程”和“985 工程”的积极效应和消极效应经验，分析了两大工程效应带给新一轮世界一流大学建设政策的启

示。其中，积极效应包括“211 工程”和“985 工程”对建设高校科学研究职能的学术论文、研发课题和专利产生了积极效应；对建设高校的人才培养维度下的硕士生和博士生数量产生了积极效应；此外，“211 工程”和“985 工程”通过合并式建设策略推进了高等教育改革和创新，为高等教育的发展提供了体制保障。消极效应指的是“211 工程”对建设高校社会服务能力产生的效应为负，“985 工程”建设政策对社会服务产生的效应不显著。政策启示包括：构建“三阶一流”建设目标，分步建成世界一流大学；建立均衡的目标激励制度，力争同时改善高校三大职能；权衡合并式建设策略的利弊，促进合并优势转化；联系经济社会发展战略，建设多元世界一流大学；探索建设压力和动力，避免夸大价值和重要性；构建多元主体协同的政策评价机制，共评世界一流大学建设；采用科学的政策效应评价方法，保障政策效应评价客观公正。

7.2 研究不足与展望

我国世界一流大学建设政策效应评价不仅是具有跨学科特征的综合性系统研究课题，而且是涉及科学研究、人才培养及社会服务评价等诸多问题的复杂系统工程。本书仅对我国世界一流大学建设政策对高等教育内部产生的效应进行了探讨，仅从密切反映高等教育质量的科学研究、人才培养和社会服务职能的有限结果变量评价了“211 工程”和“985 工程”对建设高校产生的效应。由于时间和能力等多方面的局限，本书仅取得了我国世界一流大学建设政策效应评价的初步研究成果，仍存在研究不足和有待进一步深入和改进之处，期望在后续的研究中不断地检验、弥补和修正。总而言之，笔者认为以下几个问题有待继续努力并开展相关的研究和探讨：

①我国世界一流大学建设政策效应评价理论与方法模型的进一步修正和完善。本书探讨了我国世界一流大学建设政策效应评价的若干基本理论问题，并创新性地构建了分别针对“211 工程”和

“985 工程”政策效应评价的 PSM 模型和 DID 模型。但是，由于“211 工程”和“985 工程”一揽子政策的目标、任务和内容纷繁复杂，且在执行和实施过程中所涉及的影响因素众多，因此未来的研究还需要进一步结合“211 工程”和“985 工程”建设实践情况，修正与完善我国世界一流大学建设政策效应评价的基本理论、变量选取、方法应用以及模型构建，从而不断提高评价变量与模型的合理性和科学性。此外，未来的研究还将对我国世界一流大学建设政策效应评价过程计算机处理系统实现进行研究，并试图开发出我国世界一流大学建设政策效应评价信息支持系统，从而更有利于我国世界一流大学建设政策效应评价理论与方法模型的不断修正与完善。同时，我国世界一流大学建设政策效应评价中涉及的子政策间的相互关联和影响分析还需展开进一步研究。

②我国世界一流大学建设政策制定模式研究。世界一流大学建设政策作为一个动态的过程，包括世界一流大学建设政策的制定、执行、评估和终结等若干环节。其中，世界一流大学建设政策制定作为世界一流大学建设政策过程的首要环节，对整个世界一流大学建设政策的成功与否至关重要，是决定世界一流大学建设政策成败的基础。如果世界一流大学建设政策本身存在问题，那么根本就谈不上有效地执行以及产生积极的效应。我国世界一流大学建设政策制定模式是对我国世界一流大学建设政策制定等全过程决策活动的描述，制定模式是采取教育部完全主导模式，还是采取教育部官方部门引导与监管模式，又或是选择多种模式相互组合的混合模式，既需要琢磨高等教育属于半公共产品的本质属性，又要充分考虑世界一流大学建设政策涉及的通用基本政策所具有的重要地位。

③我国世界一流大学建设政策运行机制研究。本书从我国世界一流大学建设政策的发展过程初步探讨了我国世界一流大学建设政策执行实施机制，而政策执行实施机制仅是政策运行机制的一部分。因此，在未来的研究中，笔者将结合我国世界一流大学建设政策运行机制中所涉及的目标机制、动力机制、协调机制、约束机制以及保障机制等纠偏反馈机制，来共同探讨我国世界一流大学建设

政策的运行机制问题。此外，未来还需要进一步对我国世界一流大学建设政策的执行实施绩效、运行效率以及效应评价之间的相关性问题进行研究。

参 考 文 献

中文参考文献

[1]“211 工程”部际协调小组办公室. 关于印发《“211 工程”建设实施管理办法》的通知[EB/OL]. [2016-03-17]. http://www.china.com.cn/node_7000058/content23557491htm.

[2]“211 工程”部际协调小组办公室. “211 工程”“九五”总结报告[M]. 南京：南京大学出版社，2002.

[3]“211 工程”部际协调小组办公室. “211 工程”发展报告 1995—2005[M]. 北京：高等教育出版社，2007.

[4]“211 工程”部际协调小组办公室. “211 工程”中期报告[M]. 南京：南京大学出版社，2000.

[5][美]艾尔·巴比. 社会研究方法[M]. 李银河，编译. 成都：四川人民出版社，1987：227.

[6][英]纽曼. 大学的思想(节本)[M]. 顾建新，何曙荣，译. 杭州：浙江教育出版社，2001：1.

[7]伯顿·克拉克. 高等教育新论——多学科的研究[M]. 王承绪，译. 杭州：浙江教育出版社，2001：107.

[8]财政部教育部关于印发《“985 工程”专项资金管理办法》的通知[J]. 中华人民共和国教育部公报，2004(12)：21-23.

[9]蔡雪梅，周应华，等. 高校科研与人才培养的关系[J]. 科教导

刊，2011(4)：26-27.
[10]曹俐. 我国液态生物质燃料补贴政策效应评价研究[J]. 经济问题，2016(4)：63-68.
[11]查显友，丁守海. 低收费政策能改善教育公平和社会福利吗？——兼论高等教育不同收费政策的效应[J]. 清华大学教育研究，2006(1)：65-70.
[12]常宝宁，李录琴. 免费义务教育实施后的政策效应分析——以西北三省区为例[J]. 当代教育科学，2007(19)：15-17.
[13]陈瑾玫. 中国产业政策效应研究[D]. 沈阳：辽宁大学，2007.
[14]陈丽萍，等. 高水平大学建设的国家战略与模式选择[M]. 天津：南开大学出版社，2008：5.
[15]陈林，夏俊. 高校扩招对创新效率的政策效应——基于准实验与双重差分模型的计量检验[J]. 中国人口科学，2015(5)：45-57.
[16]陈强. 高级计量经济学及 Stata 应用(第 2 版)[M]. 北京：高等教育出版社，2014：339.
[17]陈庆云，戈世平，张孝德. 现代公共政策概论[M]. 北京：经济科学出版社，2004：8.
[18]陈庆云. 公共政策分析[M]. 北京：中国经济出版社，1996：264-269.
[19]陈学飞. 北京大学百年校庆的政治功能[J]. 华南师范大学学报(社会科学版)，2013(5)：83-86.
[20]陈学飞. 理想导向型的政策制定——“985 工程”政策过程分析[J]. 教育发展研究，2006(1)：83-84.
[21]陈玉琨. 教育评价学[M]. 北京：人民教育出版社，1999：241.
[22]丁冬，郑风田. 撤点并校：整合教育资源还是减少教育投入？——基于 1996—2009 年的省级面板数据分析[J]. 经济学(季刊)，2015(2)：603-622.
[23]丁克贤. 免费义务教育项目实施的现状及政策效应分析——以西部甘、青、宁三省区为例[J]. 上海教育科研，2008(9)：8-

11.
[24]丁岚.“985 工程”实施效率及影响因素研究[M].北京：经济管理出版社，2014：153.
[25]杜伟.高校科研评价现状与完善途径探析[J].高等教育研究，2004(4)：61-64.
[26]高雪莲，周波.政策评价[M].北京：中国标准出版社，2009.
[27]龚本清，徐云.“两免一补”政策效应分析——以云南省义务教育为例[J].经营管理者，2011(11X)：30-31.
[28]广东省教育厅“211 工程”办公室.广东高校“211 工程”建设中期报告[M].广州：暨南大学出版社，2001.
[29]郭金秀.反危机公共支出政策效应研究[D].南京：南京大学，2011.
[30]郭新立.中国高水平大步建设之路：从 211 工程到 2011 计划[M].北京：高等教育出版社，2012：12，20-21，33-35，312.
[31]国家计委，教委，财政部.国家计委、教委、财政部关于印发《“211 工程”总体建设规划》的通知(计社会[1995]2081 号)[EB/OL].[2015-03-18].http://www.china-lawedu.com/falvfagui/fg22598/36870.shtml.
[32]国家教委.关于重点建设一批高等学校和重点学科的若干意见[EB/OL].[2016-10-02].http://www.chinalawedu.com/new/201309/wangying2013091114220489862086.shtml.
[33]国务院关于《中国教育改革和发展纲要》的实施意见[J].中华人民共和国国务院公报，1994(16)：715-730.
[34]国务院批转教育部 2003—2007 年教育振兴行动计划的通知[J].中华人民共和国教育部公报，2004(4)：3-12.
[35]国务院关于《中国教育改革和发展纲要》的实施意见[J].中华人民共和国国务院公报，1994(16)：715-730.
[36]国务院关于印发统筹推进世界一流大学和一流学科建设总体方案的通知[J].中华人民共和国国务院公报，2015(32)：110-114.

[37]国务院批转国家教委关于加快改革和积极发展普通高等教育意见的通知[J]. 中华人民共和国国务院公报，1993(2)：58-66.
[38]国务院批转教育部面向21世纪教育振兴行动计划的通知[J]. 中华人民共和国国务院公报，1999(2)：36-50.
[39]韩瑞珍，杨思洛. 区域高校社会服务绩效评价指标体系构建研究——以湖南省为例[J]. 重庆大学学报(社会科学版)，2013(6)：83-88.
[40]胡安宁. 社会科学因果推断的理论基础[M]. 北京：社会科学文献出版社，2015：52-53.
[41]胡悦. 高等学校财政资金使用绩效评价研究[D]. 武汉：武汉科技大学，2015.
[42]蒋树声. 创建一流大学的对策与选择[J]. 中国软科学，2002(3)：2-4.
[43]蒋馨岚，徐梅. 世界一流大学的研究生教育质量保障体系：特征与启示[J]. 学位与研究生教育，2011(11)：14-18.
[44]教育部 财政部关于继续实施“985工程”建设项目的意见[J]. 中华人民共和国教育部公报，2004(Z2)：44-46.
[45]教育部. 2015年全国高等学校名单[EB/OL]. [2015-05-21]. http://www.moe.edu.cn/publicfiles/ business/htmlfiles/moe/moe_634/201505/187754.htm.
[46]教育部. 2000年普通高等学校基本情况[EB/OL]. [2017-01-05]. http://www.stats.edu.cn/data/2000/ p22.htm.
[47]教育部. 中国高等教育质量报告(摘要)[N]. 中国教育报，2016-04-08：005.
[48]教育部副部长韦钰同志在“211工程”建设工作座谈会上的讲话[J]. 学位与研究生教育，1998(5)：14-18.
[49]寇国明，邱长溶. 农民工职业风险、工伤保险与教育补贴的政策效应[J]. 财经研究，2006(7)：18-28.
[50]兰秉洁，刁田丁. 政策学[M]. 北京：中国统计出版社，1994：204-209.

[51]李刚. 基于超效率数据包络分析的研究型高校科研效率评价研究[J]. 机械设计与制造工程，2013(10)：61-64.
[52]李红宇，曾孟夏，吕艳. 高等教育资源利用效率与高校“985工程”实施绩效分析[J]. 中国高教研究，2014(5)：38-43.
[53]李敏媚. 农村中职教育免费政策的公平效应研究[D]. 南昌：江西师范大学，2011.
[54]李顺. 高校人才培养质量评价模型的建立及应用研究[D]. 广州：华南理工大学，2011.
[55]李硕豪，何敏. “985 工程”大学本科教学质量绩效分析[J]. 国家教育行政学院学报，2012(6)：14-21.
[56]李晓静，王冰，谢佳颖. DEA-CCR 模型在高校科研经费使用效率评价中的应用研究[J]. 教育科学，2015(2)：79-85.
[57]李毅娜. 浙江省个人卫生支出的决定因素及其政策效应[D]. 杭州：浙江工商大学，2013.
[58]李瑛，孙涛. 高校科研管理绩效评价——基于 2007—2010 年数据的实证研究[J]. 江西社会科学，2013(1)：218-221.
[59]连进军. 韩国的世界一流大学建设：BK21 工程述评[J]. 大学教育科学，2011(2)：97-101.
[60]林水波，张世贤. 公共政策[M]. 台北：台湾五南图书出版公司，1984：330-335.
[61]刘海峰，李木洲. 教育部直属高校应分布至所有省区[J]. 高等教育研究，2012(12)：17-25.
[62]刘念才，程莹，刘莉. 世界大学学术排名的现状与未来[J]. 清华大学教育研究，2005(3)：8-15.
[63]刘献君，张俊超，吴洪富. 大学教师对于教学与科研关系的认识和处理调查研究[J]. 高等工程教育研究，2010(2)：13.
[64]卢珂. 农村学校布局调整政策效应评估——基于教育质量视角的增值性评估[J]. 现代教育管理，2011(3)：39-42.
[65]路甬祥. 学科交叉与交叉科学的意义[J]. 中国科学院院刊，2005(1)：58-60.
[66]马发生. 中国高校战略成本管理研究[M]. 武汉：武汉大学出

版社，2010：20.
[67]马俊，王静. 试析学术专著出版的意义、困难与措施[J]. 传播与版权，2013(6)：52-53.
[68]毛泽东. 反对本本主义[M]. 北京：人民出版社，1975：1.
[69][美]卡尔·帕顿，大卫·萨维奇. 政策分析和规划的初步方法[M]. 北京：华夏出版社，2002：3-23.
[70][美]斯图亚特·内格尔. 政策研究百科全书[M]. 北京：科学技术文献出版社，1990：36.
[71][美]威廉·邓恩. 公共政策分析导论[M]. 北京：中国人民大学出版社，2002：71，437.
[72]潘懋元，刘丽建，魏晓艳. 潘懋元高等教育论述精要[M]. 厦门：福建教育出版社，2015：34.
[73]彭定赟，高萍，罗元. 农村公共产品投入对经济增长的效应分析[J]. 华中农业大学学报(社会科学版)，2011(1)：30-36.
[74]彭曦，陈仲常. 西部大开发政策效应评价[J]. 中国人口·资源与环境，2016(3)：136-144.
[75]戚巍，陈晓剑，张岩，等. 基于TOPSIS的中国研究型大学学术绩效评价方法研究[J]. 中国高教研究，2010(1)：15-19.
[76]乔联宝. 基于联合DEA模型的“985”高校科研—教学综合效率评价[J]. 科研管理，2015(S1)：210-215.
[77]邱均平，欧玉芳. 面向世界一流大学建设的“985工程”高校科研竞争力评价分析——基于“十二五”期间RCCSE世界一流大学及学科竞争力评价报告[J]. 中国高教研究，2016(4)：57-63.
[78]邱均平，欧玉芳. 亚欧四国世界一流大学建设比较研究[J]. 高教发展与评估，2016(4)：36-44，88-89.
[79]邱均平，等. 世界一流大学及科研机构学科竞争力评价研究报告2015—2016[M]. 北京：科学出版社，2015：9.
[80]瞿华. 我国高校合并若干问题研究[D]. 长沙：湖南师范大学，2002.
[81]曲涛. “211工程”高校本科教育绩效实证分析[J]. 高教发展

与评估，2015(4)：45-56.
[82]任翔. 开放获取能否拯救学术专著出版?［J］. 出版广角，2013(23)：20-22.
[83]上海交通大学. 世界大学学术排名［EB/OL］.［2016-03-19］. http://www.shanghairanking.cn/ARWU-Methodology-2015.html.
[84]申超. 大学排行榜的形成机理及其指标体系研究［J］. 中国高教研究，2011(7)：39-42.
[85]盛国军. 高校社会服务职能评价体系研究［J］. 黑龙江高教研究，2012，30(2)：49-52.
[86]宋福进，刘少雪. 我国高等教育重点建设遴选方式的重新审视［J］. 高教探索，2015(11)：5-9.
[87]孙百才，常宝宁. 西部农村义务教育实施"两免一补"的政策效应分析［J］. 教育与经济，2008(3)：14-18.
[88]陶爱珠. 攀登我国创建世界一流大学的研究［M］. 上海：上海交通大学出版社，1999：94.
[89]涂端午. 高等教育政策生产［M］. 北京：北京大学出版社，2012：1.
[90]王大中. 建设世界一流大学的战略思考与实践［J］. 清华大学教育研究，2003(3)：2-7.
[91]王琴梅. 科教兴国战略视角下师范生免费教育政策效应的分析——基于对陕西师范大学等校的调查［J］. 经济社会体制比较，2009(1)：159-165.
[92]王瑞祥. 政策评估的理论、模型与方法［J］. 预测，2003，22(3)：6-11.
[93]王一鸣. 中国区域经济政策研究［M］. 北京：中国计划出版社，1998：122-136.
[94]王战军. 目标与途径：世界一流大学与研究型大学建设［J］. 清华大学教育研究，2003，24(3)：14-17.
[95]卫梦星. "反事实"思想在宏观政策效应评估中的应用——基于 Hsiao 面板数据的方法［D］. 北京：中国社会科学院，2013.
[96]吴建南，孟凡蓉，章磊. 高校"985 工程"科技创新平台建设评

价体系构建思路探析[J]. 科技管理研究, 2009(6): 101-103.
[97]武玉洁. 政策工具视角下我国建设世界一流大学的政策变迁[J]. 现代教育科学, 2015(11): 1-5.
[98]徐小洲, 王家平. 卓越与效益——大学重点发展战略研究[M]. 杭州: 浙江教育出版社, 2007: 11.
[99]徐小洲. 高等教育理念与现实[M]. 北京: 中国海洋大学出版社, 2009: 15.
[100]徐自强, 谢凌凌. 从重点建设到协同创新: 我国建设世界一流大学的政策变迁[J]. 现代教育管理, 2014(5): 39-45.
[101]许玲丽, 李雪松, 周亚虹. 中国高等教育扩招效应的实证分析——基于边际处理效应(MTE)的研究[J]. 数量经济技术经济研究, 2012(11): 116-129.
[102]许涛. 中国"985工程"研究及政策建议[M]. 北京: 高等教育出版社, 2008: 34-53.
[103]许霆. "校地互动"战略: 背景分析、实施内容与机制保障[J]. 江苏高教, 2011(6): 41-43.
[104]杨晓明. 高等教育政策问题研究[M]. 郑州: 大象出版社, 2011: 70.
[105]叶芳, 王燕. 双重差分模型介绍及其应用[J]. 中国卫生统计, 2013(1): 131-134.
[106]殷之明. 中国大学综合评价指标体系研究[D]. 武汉: 武汉大学, 2005.
[107]袁贵仁. 建设社会主义高水平大学的动员令——学习江泽民同志关于建设一流大学的论述[J]. 求是, 2002(7): 51-54.
[108]袁贵仁. 以新的发展理念为引领, 全面提高教育质量, 加快推进教育现代化——袁贵仁部长在2016年全国教育工作会议上的讲话[N]. 中国教育报, 2016-02-05: 001.
[109]袁国敏. 经济政策评价[M]. 北京: 中国经济出版社, 2006.
[110]张春浩. 中日韩建设世界一流大学政策比较研究[D]. 长春: 东北师范大学, 2003.
[111]张金马. 政策科学导论[M]. 北京: 中国人民大学出版社,

1996：240-263.
[112]张黎，刘素娟，张岩. 基于DEA交叉模型的高校科研效率评价研究[J]. 企业科技与发展，2015(18)：35-38.
[113]张秀兰. 中国教育发展与政策30年[M]. 北京：社会科学文献出版社，2008：275.
[114]张亚群. 高水平大学建设的政策分析——以“985”“211”工程与“2011计划”为视点[J]. 中国地质大学学报(社会科学版)，2015，15(5)：122-126.
[115]赵琦玉，粤考宣. 一本录取率今年首破9[N]. 南方日报，2015-07-20：A01.
[116]赵沁平. 与时俱进，适应需要：逐步在我国形成一批高水平研究型大学[J]. 中国高等教育，2002(21)：3-5.
[117]中共中央、国务院关于深化科技体制改革加快国家创新体系建设的意见[J]. 中华人民共和国国务院公报，2012(28)：4-11.
[118]中国法制出版社. 中华人民共和国高等教育法[M]. 北京：中国法制出版社，1998：8.
[119]中国教育改革和发展纲要[J]. 中国高等教育，1993(4)：8-17.
[120]周光礼. 世界一流大学的特质[J]. 中国高等教育，2010(12)：44-47.
[121]周济. 构筑创新平台，建设优势学科，加快世界一流大学和高水平研究型大学建设——在“985工程”二期建设工作会议上的讲话(录音整理稿)[J]. 中华人民共和国教育部公报，2004(9)：8-21.
[122]周黎安，陈烨. 中国农村税费改革的政策效果：基于双重差分模型的估计[J]. 经济研究，2005(8)：44-53.
[123]周奇杰. 基于BSC的高校专项经费绩效评价研究[D]. 南京：南京师范大学，2013.
[124]朱建育，赵红军，方曦. 基于面板数据模型的上海高校科研绩效评价的实证研究[J]. 研究与发展管理，2013，25(2)：

115-119.
[125]朱晟利. 论人才培养模式的概念及构成[J]. 当代教育论坛, 2005(5): 28-29.

英文参考文献

[1]Altbach P G. Peripheries and Centers: Research University in Developing Countries [J]. Asia Pacific Education Review, 2009 (10): 15-27.
[2]Altbach P G. The Costs and Benefits of World-Class Universities [J]. International Higher Education, 2004 (90): 20-23.
[3]Austin P C, Grootendorst P, Anderson G M. A Comparison of the Ability of Different Propensity Score Models to Balance Measured Variables between Treated and Untreated Subjects: A Monte Carlo Study [J]. Statistics in Medicine, 2007, 26(4): 734-753.
[4]Austin P C. A Critical Appraisal of Propensity-Score Matching in the Medical Literature between 1996 and 2003[J]. Statistics in Medicine, 2008, 27(12): 2037-2049.
[5]Bak H J, Kim D H. Too Much Emphasis on Research? An Empirical Examination of the Relationship Between Research and Teaching in Multitasking Environments [J]. Research in Higher Education, 2015, 56(8): 843-860.
[6]Becker S O, Ichino A. Estimation of Average Treatment Effects Based on Propensity Score [J]. Stata Journal, 2002, 2(4): 358-377.
[7]Brookhart M A, Schneeweiss S, Rothman K J, et al. Variable Selection for Propensity Score Models [J]. American Journal of Epidemiology, 2006, 163(12): 1149-56.
[8]Byun S Y. Does Policy Matter in Shadow Education Spending? Revisiting the Effects of the High School Equalization Policy in South Korea [J]. Asia Pacific Education Review, 2010, 11(1):

83-96.

[9]Caliendo M, Kopeinig S. Some Practical Guidance for the Implementation of Propensity Score Matching [J]. Journal of Economic Surveys, 2008, 22(1): 31-72.

[10]Chang D. The Challenges for Establishing World-Class Universities in Taiwan[M]//J C Shin, B M Kehm (Eds.). Institutionalization of World-Class University in Global Competition. Dordrecht, Heidelberg, New York, London: Springer, 2013: 185-201.

[11]Christie C A. What Guides Evaluation? A Study of How Evaluation Practice Maps onto Evaluation Theory [J]. New Directions for Evaluation, 2003(97): 7-36.

[12]Christopherson S, M Gertler, M Gray. "Universities in Crisis", Cambridge Journal of Regions [J]. Economy and Society, 2014, 7 (2): 209-215.

[13]Cohn E, Santos M C. Institutions of Higher Education as Multi-Product Firms: Economies of Scale and Scope [J]. Review of Economics & Statistics, 1989, 71(2): 284-290.

[14]Cremonini L, Benneworth P, Dauncey H, Westerheijden D F. Reconciling Republican "Egalité" and Global Excellence Values in French Higher Education [M]//J C Shin, B M Kekm (Eds). Institutionalization of World-Class University in Global Competition. Dordrecht, Heidelberg, New York, London: Springer, 2013: 81-98.

[15]Dehejia R H, Wahba S. Propensity Score-Matching Methods for Nonexperimental Causal Studies [J]. Review of Economics & Statistics, 2002, 84(1): 151-161.

[16]Die Exzellenzvereinbarung: Beobachtungen aus der Implementierungsphase [EB/OL]. [2015-12-01]. http://www.dfg.de/download/pdf/dfg_im_profil/zahlen_fakten/programm_evaluation/ studie_evaluation _exin.pdf.

[17]EBS [J]. The Journal of Educational Administration, 2012, 30

(3): 21-42.

[18]Economies of Scale and Scope [J]. The Review of Economics and Statistics, 71(2), 284-290.

[19]Frank Fischer. Evaluating Public Policy [M]. Chicago: Nelson-Hall Publishers, 1995: 105-146.

[20]Gertler P, Martinez S, Premand P, et al. Impact Evaluation in Practice[J]. World Bank Publications, 2011, 49(3): 724-725 (2).

[21]Glennerster R, Takavarasha K. Running Randomized Evaluations: A Practical Guide [M]. New Jersey: Princeton University Press, 2013: 103.

[22]Heckman J J. Sample Selection Bias as a Specification Error [J]. Applied Econometrics, 2013, 31(1), 153-61.

[23] Hellmut Wollmann. Evaluation in Public Sector Reform [M]. Cheltenham: Edward Elgar, 2003: 25.

[24]Hellmut Wollmann. Policy Evaluation and Evaluation Research [M]//F Fischer, G Miller, M Sidney. Handbook of Public Policy Analysis Theory Politics and Methods. Boca Raton CRC Press, 2007: 325-326.

[25]Herry G T, Mark M M. Toward an Agenda for Research on Evaluation [J]. New Directions for Evaluation, 2003(97): 69-80.

[26]Holland B. Analyzing Institutional Commitment to Service: A Model of Key Organizational Factors [J]. Michigan Journal of Community Service Learning, 1997(4): 30-41.

[27]Holmstrom B, Milgrom P. Multitask Principal-Agent Analyses: Incentive Contracts, Asset Ownership, and Job Design [J]. Journal of Law Economics & Organization, 1991(7): 24-52.

[28]Hosmer D W, Lemeshow S. Applied Logistic Regression [M]. New York: John Wiley & Sons Inc., 1989: 81-82.

[29]Hosmer D W, Lemeshow S. Applied Logistic Regression [M].

New York: John Wiley & Sons Inc., 2013: 315-317.
[30] Hou Y C. Impact of Excellence Programs on Taiwan Higher Education in Terms of Quality Assurance and Academic Excellence, Examining the Conflicting Role of Taiwan's Accrediting Agencies [J]. Asia Pacific Education Review, 2012, 13(1): 77-88.
[31] Hou Y C, Ince M, Chiang C L. A Reassessment of Asian Pacific Excellence Programs in Higher Education: the Taiwan Experience [J]. Scientometrics, 2012, 92(1): 23-42.
[32] Hur J Y, Bessey D. A Comparison of Higher Education Reform in South Korea and Germany [J]. Asia Pacific Education Review, 2013, 14(2): 113-123.
[33] Interdisziplinäre Arbeitsgruppe Exzellenzinitiative. Bedingungen und Folgen der Exzellenzinitiative [M]//S Leibfried (Ed.), Die Exzellenzinitiative. Zwischenbilanz und Perspektiven. Frankfurt a. New York: Campus, 2010: 35-50.
[34] Jang M K, Jeon S, Kim J I, et al. An Empirical Analysis of Regulation Policy Effects on Social Casino Using Vector Autoregression [J]. Social Science Electronic Publishing, 2015: 1-16.
[35] Japan Society for the Promotion of Science. 21st Century COE Program [EB/OL]. [2015-12-10]. http://www.jsps.go.jp/english/e-21coe/.
[36] Johnes G, Johnes J. Higher Education Institutions' Costs and Efficiency: Taking the Decomposition a Further Step [J]. Economics of Education Review, 2009, 28(1): 107-113.
[37] Johnes J, Li Y U. Measuring the Research Performance of Chinese Higher Education Institutions Using Data Envelopment Analysis [J]. China Economic Review, 2006, 19(4): 679-696.
[38] Kehm B M. To Be or Not to Be? The Impacts of the Excellence Initiative on the German System of Higher Education [M]// J C

Shin, B M Kehn (Eds.) Institutionalization of World-Class University in Global Competition. Dordrecht, Heidelberg, New York, London: Springer, 2013: 81-97.

[39] King J A. The Challenge of Studying Evaluation Theory [J]. New Directions for Evaluation, 2003(97): 57-68.

[40] Koolwal Gayatri B. Handbook on Impact Evaluation [M]. Washington: World Bank, 2010: 55-58.

[41] Koolwal Gayatri B. Handbook on Impact Evaluation [M]. Washington: World Bank, 2010: 26, 53, 55, 71.

[42] Krippendorff K. Content Analysis: An Introduction to Its Methodology [J]. Journal of the American Statistical Association, 1984, 79(385): 163-4.

[43] L'Agence Nationale de la Recherche. Appela Projects Initiatives d' Excellence Edition 2010—Liste des Membres du Jury [R]. Paris: L' Agence Nationale de la Recherche, 2010: 1-2.

[44] Leslie L, Slaughter S, Taylor B, Zhang L. How do Revenue Variations Affect Expenditures within U.S. Research Universities? [J]. Research in Higher Education, 2012, 53(6): 614-639.

[45] Lian Y J, Foley M, Boylan R. Are Equity Incentives Effective in Chinese Listed Firms? New Evidence from Propensity Score Matching (PSM) [J]. International Academy of Business and Economics, 2011, 5(2): 266-290.

[46] Liang Z, Wei B, Liang S. Resources and Research Production in Higher Education: A Longitudinal Analysis of Chinese Universities, 2000—2010[J]. Research in Higher Education, 2016, 57(7): 1-23.

[47] Liefner Ingo. Funding, Resource Allocation, and Performance in Higher Education Systems [J]. Higher Education, 2003, 46(4): 469-489.

[48] Luo Y. Building World-Class Universities in China [M]//J C Shin, B M Kehm (Eds.). Institutionalization of World-Class

University in Global Competition. Dordrecht, Heidelberg, New York, London: Springer, 2013: 165-184.

[49] Madaus G F, Scriven M, Stufflebeam D L. Evaluation Models: Viewpoints on Educational and Human Services Evaluation [M]. Kluwer-Nijhoff, Distributors for North America, Kluwer Academic Publishers, 1983: 165-179.

[50] Mangan K. Cornell Graduates the Inaugural Class at Its Medical College in Qatar [J]. Chronicle of Higher Education, 2008(54): 36.

[51] Marschke G. The Economics of Performance Incentives in Government with Evidence from A Federal Job Training Program[M]//D W Forsythe (Ed.). Quicker, Better, Cheaper. Albany, NY: Rockefeller Institute Press, 2001: 61-97.

[52] Ministry of Education & Human Resources Development: Brain Korea 21[EB/OL]. [2015-12-01]. http://www.moe.go.kr/en/index.html.

[53] Moed H F, Allg H. Handbook of Quantitative Science and Technology Research [M]. Dordrecht, Heidelberg, New York, London: Springer Netherlands, 2005: 437-496.

[54] Möller T, Schmidt M, Hornbostel S. Assessing the Effects of the German Excellence Initiative with Bibliometric Methods [J]. Scientometrics, 2016(3): 1-23.

[55] Montesinos P, Carot J M, Martinez J M, Mora F. Third Mission Ranking for World Class Universities: Beyond Teaching Andresearch [J]. Higher Education in Europe, 2008, 33 (2-3): 259-271.

[56] National Education Commission. Several Opinions about Building a Batch of Universities and Key Disciplines [EB/OL]. [2016-10-26]. http://www. chinalawedu. com/new /201309/wangying20130911142204898620 86.shtml.

[57] Nyangara K N, Indoshi F C, Othuon L O. Impact of Educational

Policy Changes on Home Science Education in Secondary Schools in Kenya: 1981 to 2005 [J]. Biodemography & Social Biology, 2010, 2(5): 82-88.

[58] Patrick C. Rankings and the Reshaping of Higher Education: The Battle for World-Class Excellence [M]. London: Palgrave Macmillan, 2015: 216-226.

[59] Perkins S M, Tu W, Mpa M G U, et al. The Use of Propensity Scores in Pharmacoepidemiologic Research [J]. Pharmacoepidemiology & Drug Safety, 2000, 9(2): 93-101.

[60] Peter Grundy. World University Rankings 2015—2016 Methodology [EB/OL]. [2016-03-17]. https://www.timeshighereducation.com/news/ranking-methodology-2016.

[61] Poister T H. Public Program Analysis: Applied Research Methods [M]. Baltimore: University Park Press, 1978: 154.

[62] Qian J, Ito S, Mu Y, et al. Effect of Grain Price Support Policy in China: A Grey Relational Analysis [J]. Journal- Faculty of Agriculture Kyushu University, 2013, 58(2): 485-491.

[63] Quacquarelli Symonds. QS World University Rankings: Methodology [EB/OL]. [2016-03-17]. http://www.topuniversities.com/university-rankings-articles/world-university-rankings/qs-world-university-rankings-methodology.

[64] Ranking Web of Universities. Objectives [EB/OL]. [2016-03-17]. http://www.webometrics.info /en/Objetives.

[65] Robert Morse. How U. S. News Calculated the Best Global Universities Rankings [EB/OL]. [2016-03-17]. http://www.usnews.com/education/best-global-universities/articles/method-logy.

[66] Rosenbaum P R, Rubin D B. The Central Role of the Propensity Score in Observational Studies for Causal Effects [J]. Biometrika, 1983, 70(70): 41-55.

[67] Rubin D B, Thomas N. Matching Using Estimated Propensity Scores: Relating Theory to Practice [J]. Biometrics, 1996, 52

(1): 249-264.

[68] Salmi J. Excellence Initiatives to Create World-Class Universities: do They Work? [J]. Higher Education Evaluation & Development, 2016, 10(1): 17-18.

[69] Salmi J, Froumin I. Excellence Initiatives to Establish World-Class Universities: Evaluation of Recent Experiences [J]. Educational Studies, 2013 (1): 25-68.

[70] Schmoch U, Schubert T. Sustainability of Incentives for Excellent Research—The German Case [J]. Scientometrics, 2009a, 81 (1): 195-218.

[71] Schmoch U, Schubert T. When and How to Use Bibliometrics as a Screening Tool for Research Performance[J]. Science and Public Policy, 2009b, 36(10): 753-762.

[72] Schmoch U, Fardoun H M, Mashat A S. Establishing a World-Class University in Saudi Arabia: Intended and Unintended Effects [J]. Scientometrics, 2016, 109(2): 1-17.

[73] Senn S, Graf E, Caputo A. Stratification for the Propensity Score Compared with Linear Regression Techniques to Assess the Effect of Treatment or Exposure [J]. Statistics in Medicine, 2007, 26 (30): 5529-5544.

[74] Seong S, Popper S W, Goldman C A, et al. Brain Korea 21 Phase II: A New Evaluation Model[M]. California: RAND, 2008: 64-76, 74-75.

[75] Shen Z, Ma Y, Kawakami M, et al. Development of Agent-Based Model for Simulation on Residential Mobility Affected by Downtown Regeneration Policy [M]//Intelligent Interactive Multimedia: Systems and Services. Berlin: Springer Berlin Heidelberg, 2012: 201-211.

[76] Shin J C, Kehm B. Institutionalization of World-Class University in Global Competition [M]. Berlin: Springer Netherlands, 2013: 20-23.

[77]Shin J C, Yong S J. World-Class University in Korea: Proactive Government, Responsive University, and Procrastinating Academics [J]. Changing Academy - The Changing Academic Profession in International Comparative Perspective, 2013(6): 147-163.

[78]Shin J C. Building World-Class Research University: The Brain Korea 21 Project [J]. Higher Education, 2009, 58(5): 669-688.

[79]Shin J C. The World-Class University: Concept and Policy Initiatives[M]//Institutionalization of World-Class University in Global Competition. Berlin: Springer, 2013: 17-23.

[80]Somi S, Popper S W, Goldman C A, et al. Brain Korea 21 Phase II: A New Evaluation Model [M]. Santa Monica: RAND, 2008: 54-65.

[81]State Development Planning Commission, National Education Commission & Ministry of Finance. Notice on the General Building Plan of Project 211 from State Development Planning Commission, National Education Commission & Ministry of Finance [EB/OL]. [2016-10-26]. http://www. chinalawedu. com/falvfagui/fg22598/36870.shtml.

[82]Stürmer T, Joshi M, Glynn R J, et al. A Review of the Application of Propensity Score Methods Yielded Increasing Use, Advantages in Specific Settings, but not Substantially Different Estimates Compared with Conventional Multivariable Methods[J]. Journal of Clinical Epidemiology, 2006, 59(5): 437-447.

[83]Tammi Timo. The Competitive Funding of University Research: The Case of Finnish Science Universities [J]. Higher Education, 2009, 57(5): 657-679.

[84]Vedung E. Public Policy and Program Evaluation [J]. Administrative Science Quarterly, 1999, 44(2): 433-436.

[85]Wadud Z. New Vehicle Fuel Economy in the UK: Impact of the Recession and Recent Policies [J]. Energy Policy, 2014, 74:

215-223.

[86]Weerts D J, Sandmann L R. Building a Two-way Street: Challenges and Opportunities for Community Engagement at Research Universities [J]. The Review of Higher Education, 2008, 32(1): 73-106.

[87]Wescott R W. Toward A Broader Definition of Teaching [J]. Journal of Educational Thought, 1978, 12(3): 200-204.

[88]White H. Impact Evaluation: The Experience of the Independent Evaluation Group of the World Bank [J]. Mpra Paper, 2006, 47(3): 336.

[89]Yaisawarng S, Ying C N. The Impact of Higher Education Reform on Research Performance of Chinese Universities [J]. China Economic Review, 2014(31): 94-105.

[90]Yonezawa A. Japanese Flagship Universities at a Crossroads [J]. Higher Education, 2007, 54(4): 483-499.

[91]Yu Y, Wang X, Li H, et al. Ex-post Assessment of China's Industrial Energy Efficiency Policies During the 11th Five-Year Plan[J]. Energy Policy, 2015, 76(C): 132-145.

[92]Yue L Q. Statistical and Regulatory Issues with the Application of Propensity Score Analysis to Nonrandomized Medical Device Clinical Studies [J]. Journal of Biopharmaceutical Statistics, 2007, 17(1): 25-27.

[93]Zhang H, Patton D, Kenney M. Building Global-Class Universities: Assessing the Impact of the 985 Project [J]. Research Policy, 2013, 42(3): 765-775.

[94]Zhu J. Promoting Research Excellence [M]//How World-Class Universities Affect Global Higher Education. Boston: Sense Publishers, 2014: 31-46.

[95]Zürn M. Ein Rückblick auf die erste Exzellenzinitiative - Es geht noch besser! [M]//S Leibfried (Ed.), Die Exzellenzinitiative. Zwischenbilanz und Perspektiven. Frankfurt a. New York:

Campus, 2010: 219-229.
[96]정동욱, Park Hyun-Jeong. The Effects of EBS Education Programs on Private Tutoring: Evidence from Seoul [J]. Journal of Educational Administration, 2012, 30(3): 21-42.

附　　录

附录1　"211工程"政策效应评价研究171所对照组高校

名称	省份	类型	名称	省份	类型
安徽工业大学	安徽	理工	南通大学	江苏	综合
安徽理工大学	安徽	理工	内蒙古工业大学	内蒙古	理工
安徽农业大学	安徽	农林	内蒙古科技大学	内蒙古	理工
安徽师范大学	安徽	师范	内蒙古民族大学	内蒙古	民族
安徽医科大学	安徽	医药	内蒙古农业大学	内蒙古	农林
北方工业大学	北京	理工	内蒙古师范大学	内蒙古	师范
北京工商大学	北京	财经	内蒙古医科大学	内蒙古	医药
北京协和医学院	北京	医药	宁波大学	浙江	综合
北京语言大学	北京	文法	青岛大学	山东	综合
成都理工大学	四川	理工	青岛科技大学	山东	理工
成都中医药大学	四川	医药	青岛理工大学	山东	理工
大连工业大学	辽宁	理工	曲阜师范大学	山东	师范

续表

名称	省份	类型	名称	省份	类型
大连交通大学	辽宁	理工	三峡大学	湖北	综合
大连医科大学	辽宁	医药	山东建筑大学	山东	理工
东北财经大学	辽宁	财经	山东科技大学	山东	理工
东北电力大学	吉林	理工	山东理工大学	山东	理工
东北石油大学	黑龙江	理工	山东农业大学	山东	农林
东华理工大学	江西	理工	山东师范大学	山东	师范
福建农林大学	福建	农林	山西财经大学	山西	财经
福建师范大学	福建	师范	山西大学	山西	综合
福建医科大学	福建	医药	山西农业大学	山西	农林
甘肃农业大学	甘肃	农林	山西师范大学	山西	师范
广东工业大学	广东	理工	山西医科大学	山西	医药
广东外语外贸大学	广东	文法	陕西科技大学	陕西	理工
广西师范大学	广西	师范	汕头大学	广东	综合
广西医科大学	广西	医药	上海工程技术大学	上海	理工
广州大学	广东	综合	上海海事大学	上海	理工
广州中医药大学	广东	医药	上海海洋大学	上海	农林
桂林电子科技大学	广西	理工	上海理工大学	上海	理工
桂林理工大学	广西	理工	上海师范大学	上海	师范
哈尔滨理工大学	黑龙江	理工	上海中医药大学	上海	医药
哈尔滨师范大学	黑龙江	师范	深圳大学	广东	综合
哈尔滨医科大学	黑龙江	医药	沈阳工业大学	辽宁	理工
杭州电子科技大学	浙江	理工	沈阳航空航天大学	辽宁	理工
杭州师范大学	浙江	师范	沈阳化工大学	辽宁	理工
河北大学	河北	综合	沈阳建筑大学	辽宁	理工

续表

名称	省份	类型	名称	省份	类型
河北工程大学	河北	理工	沈阳理工大学	辽宁	理工
河北科技大学	河北	理工	沈阳农业大学	辽宁	农林
河北农业大学	河北	农林	沈阳药科大学	辽宁	医药
河北师范大学	河北	师范	首都经济贸易大学	北京	财经
河北医科大学	河北	医药	首都师范大学	北京	师范
河南大学	河南	综合	首都医科大学	北京	医药
河南工业大学	河南	理工	四川师范大学	四川	师范
河南科技大学	河南	理工	太原科技大学	山西	理工
河南理工大学	河南	理工	天津财经大学	天津	财经
河南农业大学	河南	农林	天津工业大学	天津	理工
河南师范大学	河南	师范	天津科技大学	天津	理工
黑龙江大学	黑龙江	综合	天津理工大学	天津	理工
黑龙江中医药大学	黑龙江	医药	天津师范大学	天津	师范
湖北大学	湖北	综合	天津中医药大学	天津	医药
湖南科技大学	湖南	理工	外交学院	北京	文法
湖南农业大学	湖南	农林	温州医科大学	浙江	医药
湖南中医药大学	湖南	医药	武汉科技大学	湖北	理工
华北理工大学	河北	综合	西安工业大学	陕西	理工
华北水利水电大学	河南	理工	西安建筑科技大学	陕西	理工
华东交通大学	江西	理工	西安科技大学	陕西	理工
华东政法大学	上海	文法	西安理工大学	陕西	理工
华南农业大学	广东	农林	西安石油大学	陕西	理工
华侨大学	福建	综合	西北师范大学	甘肃	师范
吉林农业大学	吉林	农林	西南科技大学	四川	理工
吉首大学	湖南	综合	西南林业大学	云南	农林

续表

名称	省份	类型	名称	省份	类型
济南大学	山东	综合	西南石油大学	四川	理工
江苏大学	江苏	综合	西南政法大学	重庆	文法
江苏师范大学	江苏	师范	湘潭大学	湖南	综合
江西财经大学	江西	财经	烟台大学	山东	综合
江西理工大学	江西	理工	燕山大学	河北	理工
江西农业大学	江西	农林	扬州大学	江苏	综合
江西师范大学	江西	师范	云南农业大学	云南	农林
昆明理工大学	云南	理工	云南师范大学	云南	师范
昆明医科大学	云南	医药	长春工业大学	吉林	理工
兰州交通大学	甘肃	理工	长春理工大学	吉林	理工
兰州理工大学	甘肃	理工	长江大学	湖北	综合
辽宁工程技术大学	辽宁	理工	长沙理工大学	湖南	理工
辽宁工业大学	辽宁	理工	浙江工商大学	浙江	财经
辽宁科技大学	辽宁	理工	浙江工业大学	浙江	理工
辽宁师范大学	辽宁	师范	浙江理工大学	浙江	理工
辽宁石油化工大学	辽宁	理工	浙江师范大学	浙江	师范
辽宁中医药大学	辽宁	医药	浙江中医药大学	浙江	医药
南昌航空大学	江西	理工	中北大学	山西	理工
南华大学	湖南	理工	中国计量学院	浙江	理工
南京工业大学	江苏	理工	中国医科大学	辽宁	医药
南京林业大学	江苏	农林	中南民族大学	湖北	民族
南京信息工程大学	江苏	理工	重庆交通大学	重庆	理工
南京医科大学	江苏	医药	重庆医科大学	重庆	医药
南京邮电大学	江苏	理工	重庆邮电大学	重庆	理工
南京中医药大学	江苏	医药			

附录 2 “211 工程”政策效应评价研究 71 所实验组高校

名称	省份	类型	名称	省份	类型
安徽大学	安徽	综合	南京农业大学	江苏	农林
北京工业大学	北京	理工	南京师范大学	江苏	师范
北京化工大学	北京	理工	内蒙古大学	内蒙古	综合
北京交通大学	北京	理工	宁夏大学	宁夏	综合
北京科技大学	北京	理工	青海大学	青海	综合
北京林业大学	北京	农林	陕西师范大学	陕西	师范
北京体育大学	北京	体育	上海财经大学	上海	财经
北京外国语大学	北京	文法	上海大学	上海	综合
北京邮电大学	北京	理工	上海外国语大学	上海	文法
北京中医药大学	北京	医药	石河子大学	新疆	综合
大连海事大学	辽宁	理工	四川农业大学	四川	农林
东北林业大学	黑龙江	农林	苏州大学	江苏	综合
东北农业大学	黑龙江	农林	太原理工大学	山西	理工
东北师范大学	吉林	师范	天津医科大学	天津	医药
东华大学	上海	理工	武汉理工大学	湖北	理工
对外经济贸易大学	北京	财经	西安电子科技大学	陕西	理工
福州大学	福建	综合	西北大学	陕西	综合
广西大学	广西	综合	西藏大学	西藏	综合
贵州大学	贵州	综合	西南财经大学	四川	财经
哈尔滨工程大学	黑龙江	理工	西南大学	重庆	综合
海南大学	海南	综合	西南交通大学	四川	理工
合肥工业大学	安徽	理工	新疆大学	新疆	综合

续表

名称	省份	类型	名称	省份	类型
河北工业大学	河北	理工	延边大学	吉林	综合
河海大学	江苏	理工	云南大学	云南	综合
湖南师范大学	湖南	师范	长安大学	陕西	理工
华北电力大学	北京	理工	郑州大学	河南	综合
华东理工大学	上海	理工	中国传媒大学	北京	文法
华南师范大学	广东	师范	中国地质大学	湖北	理工
华中农业大学	湖北	农林	中国矿业大学	江苏	理工
华中师范大学	湖北	师范	中国石油大学	山东	理工
暨南大学	广东	综合	中国药科大学	江苏	医药
江南大学	江苏	综合	中国政法大学	北京	文法
辽宁大学	辽宁	综合	中南财经政法大学	湖北	财经
南昌大学	江西	综合	中央财经大学	北京	财经
南京航空航天大学	江苏	理工	中央音乐学院	北京	艺术
南京理工大学	江苏	理工			

附录3 “985工程”政策效应评价研究38所实验组高校

名称	省份	类型	名称	省份	类型
北京大学	北京	综合	厦门大学	福建	综合
北京航空航天大学	北京	理工	山东大学	山东	综合
北京理工大学	北京	理工	上海交通大学	上海	理工
北京师范大学	北京	师范	四川大学	四川	综合
大连理工大学	辽宁	理工	天津大学	天津	理工

续表

名称	省份	类型	名称	省份	类型
电子科技大学	四川	理工	同济大学	上海	理工
东北大学	辽宁	理工	武汉大学	湖北	综合
东南大学	江苏	理工	西安交通大学	陕西	理工
复旦大学	上海	综合	西北工业大学	陕西	理工
哈尔滨工业大学	黑龙江	理工	西北农林科技大学	陕西	农林
湖南大学	湖南	理工	浙江大学	浙江	综合
华东师范大学	上海	师范	中国海洋大学	山东	理工
华南理工大学	广东	理工	中国科学技术大学	安徽	理工
华中科技大学	湖北	理工	中国农业大学	北京	农林
吉林大学	吉林	综合	中国人民大学	北京	文法
兰州大学	甘肃	综合	中南大学	湖南	理工
南京大学	江苏	综合	中山大学	广东	综合
南开大学	天津	综合	中央民族大学	北京	民族
清华大学	北京	理工	重庆大学	重庆	理工

附录 4　PSM 模型 do 文档

---处理变量


```
gen lnarea=ln(area)
gen lnbook=ln(book)
gen lnincome=ln(income)
gen lncost=ln(cost)
gen lnasset=ln(asset)
gen lninstrument=ln(instrument)
gen lnteacher=ln(teacher)
```

```
gen lnassisstant=ln(assisstant)
gen   professor2= professor^2
gen   scholar2=scholar^2
gen   academician2=academician^2
gen keydiscipline2=keydiscipline^2
gen doctoralstation2=doctoralstation^2
-------------------------------------------------------------------------------转换变量类型
encode type, gen(wcu_type) label(高校类型) //转换为数字
  drop type
* -----------------------------------------------------------------------生成类型虚拟变量
xi i.wcu_type

order ID year
tsset ID year

global xv "_I*   "

* ---------------------------------------------------------------结果变量基本特征描述
--------------------------------------------------------------1993 年之前的结果变量特征
tabstat paper ssci sci monograph project postgraduate doctor techtransfer
teincome if year=1993, s(mean sd min max N) f(%6.0f) c(s) by(wcu)

* -----------------------------------------------------------1993 年以后结果变量特征
tabstat paper monograph project postgraduate doctor techtransfer
teincome if year>1993, s(mean sd min max N) f(%6.0f) c(s) by(wcu)

* -------------------------------------------------------------------协变量基本特征描述
tabstat teacher professor assisstant scholar academician area book asset
instrument doctoralstation keydiscipline income cost if year>1993, s
(mean sd min max N) f(%6.0f) c(s) by(wcu)
* ------------------------------------------------------------------------------------------
```

```
* -1  Logit 分析
* -目的：(1) 确定匹配变量(主要)
*          (2) 分析影响高校接受世界一流大学建设的因素(次要)
logit wcu lnteacher professor2 lnassisstant scholar2 academician2 lnarea
lnbook lnasset lninstrument doctoralstation2 keydiscipline2 lnincome
lncost $xv
      cap drop pr
    qui predict pr if e(sample)
      roctab wcu pr                          // 计算 AUC 值,比较费时
    estadd scalar auc = r(area)
      est store m1

logit wcu lnteacher professor2                    scholar2 academician2 ///
lnarea lnbook lnasset lninstrument doctoralstation2 keydiscipline2 ///
lnincome lncost  $xv
      cap drop pr
    qui predict pr if e(sample)
      roctab wcu pr                          // 计算 AUC 值,比较费时
    estadd scalar auc = r(area)
      est store m2

logit wcu lnteacher professor2                    scholar2 academician2 ///
       lnbook lnasset lninstrument doctoralstation2 keydiscipline2 ///
lnincome lncost $xv
      cap drop pr
    qui predict pr if e(sample)
      roctab wcu pr                          // 计算 AUC 值,比较费时
    estadd scalar auc = r(area)
      est store m3
```

```
logit wcu lnteacher professor2                    scholar2              ///
      lnbook lnasset lninstrument doctoralstation2 keydiscipline2 ///
lnincome lncost  $ xv
     cap drop pr
   qui predict pr if e(sample)
     roctab wcu pr                              // 计算 AUC 值,比较费时
   estadd scalar auc = r(area)
     est store m4

logit wcu lnteacher professor2                scholar2                  ///
            lnasset lninstrument doctoralstation2 keydiscipline2 ///
lnincome lncost  $ xv
     cap drop pr
   qui predict pr if e(sample)
     roctab wcu pr                              // 计算 AUC 值,比较费时
   estadd scalar auc = r(area)
     est store m5

* ------------------------------------------------------------------------------
 * - Table 4-6: The Estimation Results of Logit Models
 * ------------------------------------------------------------------------------
   local mm "m1 m2 m3 m4 m5"
   local order "lnteacher professor2 lnassisstant scholar2 academician2
lnarea lnbook lnasset lninstrument doctoralstation2 keydiscipline2
lnincome lncost"
   esttab `mm', mtitle(`mm') s(r2_p auc N) compress nogap ///
          star(* 0.1 ** 0.05 *** 0.01) b(%6.3f)       ///
      drop(_I*) order(`order')

 * - 统计样本数和高校数
 tab wcu year if e(wcu_type)
```

```
* ----------------------------------------------------------------------------------------------------
* - 2     PSM 分析
* ----------------------------------------------------------------------------------------------------


* ----------------------------------------------------------------------------------------------------
* ------------------------------------------------------------------------------2.1   匹配效果分析
* ------------------------------------------------------------------------------------基本设定
global x " lnassisstant scholar2 academician2 lnarea lnbook lnasset
lninstrument lnincome lncost"
global xv "_I*  "
global if93   "if year>1993"
* ------------------------------------------------------------------------------------高校类型
   gen wcu_zh = (wcu_type==10)
   gen wcu_lg=(wcu_type==2)

   label var wcu_zh "1=综合, 0=其他  "
      label var wcu_lg "1=理工, 0=其他  "
* ---------------------------------------------------------------比较各变量匹配前后的情况
      * - 最近邻匹配
       cap drop u
       gen u = uniform()
       sort u

       psmatch2 wcu  $ x  $ xv, neighbor(3) logit
       order ID year wcu _pscore-  _pdif

     * - 匹配前后匹配变量的差异对比［Balancing Assumption］
       pstest  $ x, both graph          //论文中未报告

       * - Comments：
```

```
* - (1)匹配后[% bias]基本上都小于 5%,表明 balance 效果较好;
* - (2)匹配后[t- test]结果表明,Treat- Control 组的差异不显著,
*       表明 balancing 假设得到满足;
* - (3)最后三行的[LR]检验表明, 匹配后已经无法根据 X 的特征区分 wcu 与否了,
*       从整体上表明 balancing 假设得到满足.

* ----------------------------------------------------------------------------
* - 图 4- 3a 图 4- 3b: Kernel Density of the Incentive and Control Groups
* ----------------------------------------------------------------------------

* - (a)before matching: 匹配前的密度函数图
twoway (kdensity _ps if _treat==1,lp(solid) lw(* 2.5))        ///
       (kdensity _ps if _treat==0,lp(dash)  lw(* 2.5)),       ///
       ytitle("Density")                                      ///
ylabel(,angle(0))                                             ///
       xtitle("Propensity Score")                             ///
xscale(titlegap(2))                                           ///
       xlabel(0(0.2)0.8, format(%2.1f))                       ///
       legend(label(1 "建设高校")
              label(2 "非建设高校") row(2)                     ///
              position(1) ring(0))                            ///
       scheme(s1mono)

graph export "Figs\kn01.wmf", replace fontface("Times New Roman")

* - (b)after matching: 匹配后的密度函数图
```

```
twoway (kdensity _ps if _treat==1,lp(solid) lw(* 2.5))       ///
          (kdensity _ps if _treat==0&_wei! =.,
           lp(dash) lw(* 2.5)),                                  ///
          ytitle("Density") ylabel(,angle(0))                    ///
          xtitle("Propensity Score") xscale(titlegap(2))         ///
          xlabel(0(0.2)0.8, format(%2.1f))                       ///
          legend(label(1 "建设高校")
                 label(2 "非建设高校") row(2)                    ///
                   position(1) ring(0))                          ///
          scheme(s1mono)

graph export "Figs\kn02.wmf", replace fontface("Times New Roman")
```

* -比较 ROC 曲线　面积接近于 0.8 表明达到了不错的匹配，参见 Yang(2007,p.7)
* 论文中未报告

```
* -1-模型拟合效果：AUC 越大越好
  roctab wcu _pscore if _support==1,          ///
     ylabel(,angle(0)) graph                   ///
     ytitle("敏感度(Sensitivity)")            ///
     xtitle("误判率(1-Specificity)")          ///
     xscale(titlegap(2))                       ///
     scheme(s1mono) note(" ")                  ///
     caption("ROC 曲线下的面积：AUC = 0.864")
  graph export "Figs\roc_fit.wmf", replace   ///
        fontface("Times New Roman")

* -2-共同支撑假设检验：AUC 越接近于 0.5 越好
```

```
            roctab wcu _pscore if _weight! =.,              ///
              ylabel(,angle(0)) graph                         ///
              ytitle("敏感度(Sensitivity)")                   ///
              xtitle("误判率(1- Specificity)")                ///
              xscale(titlegap(2))                             ///
              scheme(s1mono) note(" ")                          ///
              caption("ROC 曲线下的面积：AUC = 0.536")
            graph export "Figs\roc_common.wmf", replace ///
                   fontface("Times New Roman")
* ---------------------------------------------------------------------------------
 * - 2.2   - ATT-  比较
* - 基本设定
global x " lnassisstant scholar2 academician2 lnarea lnbook lnasset
lninstrument lnincome lncost"
global xv    "_I*  "
global out   "outcome(paper monograph project postgraduate doctor
techtransfer teincome)"
* ---------------------------------------------------------------------------------
*  Table 4- 7：Comparison of ATTs (最近邻匹配, Full sample)
* ---------------------------------------------------------------------------------
        cap drop u
        gen u = uniform()
        sort u
         psmatch2 wcu  $ x  $ xv  $ if93, common neighbor(6) logit
 $ out qui
     * - Note：这的结果也出现在了 表 4- 9, Panel A 中
* ---------------------------------------------------------------------------------
* - Table 4- 8：不同类型的科研效应结果
* ---------------------------------------------------------------------------------
 * -  最近邻匹配 (Nearest neighbor matching)      表 4- 9：Panel A
 * ---------------------------------------------------------------------------------
```

```
    cap drop u
    gen u = uniform()
    sort u
  * - 全样本    [ Table 5 A: Full sample ]
    psmatch2 wcu $x $xv $if93, neighbor(6) logit $out qui
   * - 综合类型高校 [ Table 5 B: Stated owned ]
    local if "wcu_zh==1"
    psmatch2 wcu $x $xv $if93 `if', neighbor(6) logit $out qui
   * - 其他类型高校  [ Table 5 C: Privately owned ]
    local if "wcu_lg==1"
    psmatch2 wcu $x $xv $if93 `if', neighbor(6) logit $out qui

 * ---------------------------------------------------------------------
 * - 半径匹配 (Radius matching)     表4- 8: Panel B
 * ---------------------------------------------------------------------
    cap drop u
    gen u = uniform()
    sort u
   * - 全样本
    psmatch2 wcu $x $xv $if93, radius caliper(0.03) logit $out
qui
   * - 综合类型高校
    local if "wcu_zh==1"
    psmatch2 wcu $x $xv $if93 `if', radius caliper(0.03) logit
$out qui
   * - 其他类型高校
    local if "wcu_lg==0"
    psmatch2 wcu $x $xv $if93 `if', radius caliper(0.03) logit
$out qui
 * ---------------------------------------------------------------------
 * - 核匹配   (Kernel matching)     表4-8: Panel C
```

```
*  ------------------------------------------------------------------------

   * - 样本总体
     psmatch2 wcu  $ x  $ xv  $ if93, kernel logit  $ out qui
   * - 综合类型高校
     local if "wcu_zh==1"
     psmatch2 wcu  $ x  $ xv  $ if93 `if' , kernel logit  $ out qui
   * - 其他类型高校
     local if "wcu_lg==1"
     psmatch2 wcu  $ x  $ xv  $ if93 `if' , kernel logit  $ out qui

* ------------------------------------------------------------------------
* ------------------------精简汇总结果------------------------begin---------------------
*
*  目的：把半径匹配、核匹配和分层匹配的结果精简至一张表格中
     global  vv  " paper  monograph  project  postgraduate  doctor
techtransfer teincome"
  * ------------------------------------------------------------------------
  *  最近邻匹配
  * ------------------------------------------------------------------------
     local rn：word count  $ vv
     mat A1  = J(`rn' , 6, .)
   * - 全样本
     local j  =  1
     global opt "neighbor(6) logit qui "
     foreach  v  of  varlist  $ vv{
        qui psmatch2 wcu  $ x  $ xv  $ if93,  $ opt out(`v' )
        mat A1[`j++' ,1]  =  (`r(att_`v' )' , `r(seatt_`v' )' )
     }
   * - 综合类型高校
     local j  =  1
```

```
    foreach v of varlist  $ vv{
      local if "&wcu_zh==1"
      qui psmatch2 wcu  $ x  $ xv  $ if93 `if' ,  $ opt out(`v' )
      mat A1[ `j++' ,3 ]  =  (`r(att_`v' )' , `r(seatt_`v' )' )
    }
  * - 理工类型高校
    local j  =  1
    foreach v of varlist  $ vv{
      local if "&wcu_lg==1"
      qui psmatch2 wcu  $ x  $ xv  $ if93 &wcu_zh==0,  $ opt out
(`v' )
      mat A1[ `j++' ,5 ]  =  (`r(att_`v' )' , `r(seatt_`v' )' )
    }
* ——————————
*  半径匹配
* ——————————
    local rn：word count  $ vv
    mat B1  =  J(`rn' , 6, .)
  *  全样本
    local j  =  1
    global opt "radius caliper(0.03) logit"
    foreach v of varlist  $ vv{
      qui psmatch2 wcu  $ x  $ xv  $ if93,  $ opt out(`v' )
      mat B1[ `j++' ,1 ]  =  (`r(att_`v' )' , `r(seatt_`v' )' )
    }
  *  综合类型高校
    local j  =  1
    foreach v of varlist  $ vv{
      local if "&wcu_zh==1"
      qui psmatch2 wcu  $ x  $ xv  $ if93 `if' ,  $ opt out(`v' )
      mat B1[ `j++' ,3 ]  =  (`r(att_`v' )' , `r(seatt_`v' )' )
```

```
    }
  * 其他类型高校
    local j = 1
    foreach v of varlist $ vv{
      local if "&wcu_lg==1"
      qui psmatch2 wcu $ x $ xv $ if93`if', $ opt out(`v')
      mat B1[`j++',5] = (`r(att_`v')', `r(seatt_`v')')
    }
* ————————
* 核匹配
* ————————
    local rn: word count $ vv
    mat C1 = J(`rn', 6, .)
  * - 全样本
    local j = 1
    global opt "kernel logit"
    foreach v of varlist $ vv{
      qui psmatch2 wcu $ x $ xv $ if93, $ opt out(`v')
      mat C1[`j++',1] = (`r(att_`v')', `r(seatt_`v')')
    }
  * - 综合类型高校
    local j = 1
    foreach v of varlist $ vv{
      local if "&wcu_zh==1"
      qui psmatch2 wcu $ x $ xv $ if93 `if', $ opt out(`v')
      mat C1[`j++',3] = (`r(att_`v')', `r(seatt_`v')')
    }
  * - 理工类型高校
    local j = 1
    foreach v of varlist $ vv{
      local if "&wcu_lg==1"
```

```
        qui psmatch2 wcu  $ x  $ xv  $ if93 `if' ,  $ opt out(`v' )
        mat C1[ `j++' ,5 ]  =  (`r(att_`v' )' , `r(seatt_`v' )' )
    }
* ————————
*  结果汇总
* ————————
mat d  =  J(1,6,.)
mat D  =  (A1  \  d  \  B1  \  d  \  C1)
*  mat list D
cap drop v*
cap drop t1  t2  t3
cap drop s1  s2  s3
cap drop att_*
svmat D, names(v)
gen t1  =  v1/v2
gen t2  =  v3/v4
gen t3  =  v5/v6
forvalues i  =  1/3{
   gen str5 s`i'   = "*  *  * " if abs(t`i' )>=2.576
   replace    s`i'   =  "*  *  "    if abs(t`i' )>=1.960&abs(t`i' )<2.576
   replace    s`i'   =  "*  "       if abs(t`i' )>=1.645&abs(t`i' )<1.96
   replace    s`i'   =  "."       if t2==.
}
format v1  t1  v3  t2  v5  t3  %6.3f
rename v1  att_all
rename v3  att_zh
rename v5  att_qt

*  - 显示结果(变量形式)
list    att_a t1  s1  att_z t2  s2  att_q t3  s3  in 1/32,   ///
        sep(0) noobs    clean
```

```
  * - 显示结果(矩阵形式)
  mat d = J(1,9,.)
  cap drop xxx
  gen xxx = .
  mkmat att_a t1 xxx att_z t2 xxx att_q t3 xxx in 1/32, mat(DD)
  mat DD = (d \ DD)
  mat colname DD = att_all t sig att_gy t sig att_my t sig
  mat rowname DD = 最近邻匹配 $vv 半径匹配 $vv 核匹配
$vv
  mat list DD, format(%6.2f)
* ----------------------------------------------------------------------------
```

附录 5　DID 模型 do 文档

```
* -------------------------------------------------------------变量基本描述统计
des
-----------------------------------------------------------------------处理变量
gen lnarea=ln(area)
gen lnbook=ln(book)
gen lnincome=ln(income)
gen lncost=ln(cost)
gen lnasset=ln(asset)
gen lninstrument=ln(instrument)
gen lnteacher=ln(teacher)
gen lnassisstant=ln(assisstant)
gen   professor2= professor^2
gen   scholar2=scholar^2
gen   academician2=academician^2
gen keydiscipline2=keydiscipline^2
```

```
gen doctoralstation2=doctoralstation^2
* ----------------------------------------------------------------转换变量类型
encode type, gen(wcu_type) label(高校类型) //转换为数字
  drop type
* ----------------------------------------生成类型虚拟变量 xi i.wcu_type
order ID year
tsset ID year
global xv "_I*  "
* ----------------------------------------------------------结果变量基本特征描述
* ---------------------------------------------------------1998 年结果变量特征
tabstat  ssci sci monograph zkxm skxm postgraduate doctor techtransfer
teincome if year==1998, s(mean sd min max N) f(%6.0f) c(s) by(wcu)
* ---------------------------------------------------------2003 年结果变量特征
tabstat ssci sci monograph zkxm skxm  postgraduate doctor techtransfer
teincome if year==2003, s(mean sd min max N) f(%6.0f) c(s) by(wcu)
* ---------------------------------------------------------协变量基本特征描述
 tabstat teacher professor assisstant scholar academician area book asset
instrument doctoralstation keydiscipline income cost,s(mean sd min max
N) f(%6.0f) c(s) by(wcu)
* ----------------------------------------------------------------------1.2 DID
diff paper, t(wcu) p(time)  kernel id(ID) pscore(_ps) logit bs rep(50)
est store d1

diff project , t(wcu) p(time)  kernel id(ID) pscore(_ps) logit bs rep(50)
est store d2

diff monograph , t(wcu) p(time)  kernel id(ID) pscore(_ps) logit bs rep
(50)
est store d3

diff postgraduate, t(wcu) p(time)  kernel id(ID) pscore(_ps) logit bs rep
```

```
(50)
est store d4

diff doctor, t(wcu) p(time)  kernel id(ID) pscore(_ps) logit bs rep(50)
est store d5

diff techtransfer, t(wcu) p(time)  kernel id(ID) pscore(_ps) logit bs rep
(50)
est store d6

diff teincome, t(wcu) p(time) kernel id(ID) pscore(_ps) logit bs rep(50)
est store d7

diff sci, t(wcu) p(time) kernel id(ID) pscore(_ps) bs rep(50)
est store d8

diff ssci, t(wcu) p(time) kernel id(ID) pscore(_ps) bs rep(50)
est store d9


* ------------------------------------------------------------------------DID 检验
diff ssci, t(wcu) p(time) kernel id(ID) pscore(_ps) bs rep(50) test
* ------------------------------------------------------------------------第二阶段
1. Diff- in- Diff with no covariates.
 * -----------------------------------------------------------------------科研指标
diff paper, t(wcu) p(time)
diff sci, t(wcu) p(time)
diff project, t(wcu) p(time)
diff monograph, t(wcu) p(time)
diff ssci, t(wcu) p(time)
* ---------------------------------------------------------------------人才培养指标
```

```
diff postgraduate, t(wcu) p(time)
diff doctor, t(wcu) p(time)
diff thesis, t(wcu) p(time)
* --------------------------------------------------------------------------社会服务指标
diff   techtransfer, t(wcu) p(time)
diff   teincome, t(wcu) p(time)
* ------------------------------------------------------------------------------------------
* ------------------------------------------------------------------------------------------

* --------------------------------------------------------------------------使用自抽样法
* --------------------------------------------------------------------------------科研指标
diff paper, t(wcu) p(time) bs rep(80)
diff sci, t(wcu) p(time)     bs rep(50)
diff project, t(wcu) p(time) bs rep(50)
diff monograph, t(wcu) p(time) bs rep(50)
diff ssci, t(wcu) p(time) bs rep(50)
* --------------------------------------------------------------------------人才培养指标
diff postgraduate, t(wcu) p(time)     bs rep(50)
diff doctor, t(wcu) p(time)           bs rep(50)
diff thesis, t(wcu) p(time)
* --------------------------------------------------------------------------社会服务指标
diff   techtransfer, t(wcu) p(time)   bs rep(50)
diff   teincome, t(wcu) p(time)       bs
* ------------------------------------------------------------------------------------------
* ------------------------------------------------------------------------------------------
```


2. Diff- in- Diff with covariates.

```
global x "professor  keydiscipline  asset instrument doctoralstation scholar academician"
* --------------------------------------------------------------------------科学研究指标
diff paper, t(wcu) p(time) cov( $ x) report bs rep(50)
diff sci, t(wcu) p(time) cov( $ x) report bs rep(50)
```

```
diff project, t(wcu) p(time)   cov( $ x) bs rep(50)
diff monograph, t(wcu) p(time)   cov( $ x) bs rep(50)
diff ssci, t(wcu) p(time)   cov( $ x) bs rep(50)
* ----------------------------------------------------------------------人才培养指标
diff postgraduate, t(wcu) p(time)   cov( $ x)    bs rep(50)
diff doctor, t(wcu) p(time)   cov( $ x)        bs rep(50)
diff thesis, t(wcu) p(time)
* ----------------------------------------------------------------------社会服务指标
diff   techtransfer, t(wcu) p(time) cov( $ x) bs rep(50)
diff   teincome, t(wcu) p(time) cov( $ x) bs
* ------------------------------------------------------------------------------------------
* ------------------------------------------------------------------------------------------
```

3. Kernel Propensity Score Diff- in- Diff.

```
* ----------------------------------------------------------------------------科研指标
diff sci, t(wcu) p(time) cov( $ x) kernel id(ID) bw(0.8) rcs   report bs
rep(50)
diff project, t(wcu) p(time)   cov( $ x) kernel id(ID) bw(0.8) rcs   report
bs rep(50)
diff ssci, t(wcu) p(time)   cov( $ x) kernel id(ID) bw(0.8) rcs   report bs
rep(50)
* ----------------------------------------------------------------------人才培养指标
diff postgraduate, t(wcu) p(time)   cov( $ x)   kernel id(ID) bw(0.8) rcs
  report   bs rep(50)
diff doctor, t(wcu) p(time)   cov( $ x)   kernel id(ID) bw(0.8) rcs
report        bs rep(50)    diff thesis, t(wcu) p(time)   cov( $ x)   kernel
id(ID) bw(0.8) rcs   report        bs rep(50)
* ----------------------------------------------------------------------社会服务指标
diff   techtransfer, t(wcu) p(time) cov( $ x) kernel id(ID) bw(0.8) rcs
report bs rep(50)
diff   teincome, t(wcu) p(time) cov( $ x)kernel id(ID) bw(0.8) rcs
report   bs
```

```
* ------------------------------------------------------------------------第三阶段
--------------------处理变量
gen lnarea=ln(area)
gen lnbook=ln(book)
gen lnincome=ln(income)
gen lncost=ln(cost)
gen lnasset=ln(asset)
gen lninstrument=ln(instrument)
gen lnteacher=ln(teacher)
gen lnassisstant=ln(assisstant)
gen lnsci=ln(sci)
gen lnssci=ln(ssci)
gen lntechtransfer=ln(techtransfer)
gen lnteincome=ln(teincome)
gen   professor2=  professor^2
gen   scholar2=scholar^2
gen   academician2=academician^2
gen keydiscipline2=keydiscipline^2
gen doctoralstation2=doctoralstation^2

global x " skxm zkxm lnbook lnincome lncost lnasset lninstrument lnteacher lnassisstant professor2 scholar2 academician2 keydiscipline2 doctoralstation2"
```


1. Diff- in- Diff with no covariates.

```
* ------------------------------------------------------------------------科研指标
diff sci, t(wcu) p(time)
diff ssci, t(wcu) p(time)
diff xks,t(wcu) p(time)
diff zls,t(wcu) p(time)
* ------------------------------------------------------------------------人才培养指标
```

```
diff postgraduate, t(wcu) p(time)
diff doctor, t(wcu) p(time)
* ---------------------------------------------------------------------------社会服务指标
diff  techtransfer, t(wcu) p(time)
diff  teincome, t(wcu) p(time)
* ----------------------------------------------------------------------------------------------
* ----------------------------------------------------------------------------------------------

* ---------------------------------------------------------------------------使用自抽样法
* ---------------------------------------------------------------------------------科研指标
diff sci, t(wcu) p(time)    bs rep(50)    //(显著)
diff ssci, t(wcu) p(time) bs rep(50)      //(显著)
diff xks,t(wcu) p(time)   bs rep(50)     //(显著)
diff zls,t(wcu) p(time)   bs rep(50)     //(显著)
* ---------------------------------------------------------------------------人才培养指标
diff postgraduate, t(wcu) p(time)    bs rep(500)  //(结果不显著)
diff doctor, t(wcu) p(time)          bs rep(500)     //(结果显著)
diff thesis, t(wcu) p(time)          bs rep(500)
* ---------------------------------社会服务指标   (ATT 均为负,结果均显著)
diff  techtransfer, t(wcu) p(time)   bs rep(500)
diff  teincome, t(wcu) p(time)       bs rep(500)
* ----------------------------------------------------------------------------------------------
* ----------------------------------------------------------------------------------------------
```


2. Diff- in- Diff with covariates.

```
global x " lnarea lnasset lninstrument lnteacher lnassisstant lnbook
academician doctoralstation scholar professor "
doctoralstation scholar professor   keydiscipline skxm zkxm
* ---------------------------------------------------------------------------转换变量类型
encode province, gen(wcu_province) label(省份) //转换为数字
  drop province
```

```
 tab wcu_province, gen(dwcu_province)
  tab type, gen(dwcu_type)
* ----------------------------------------------------------------------科研指标
diff sci, t(wcu) p(time) cov( $x dwcu_pro*  dwcu_type* ) report
robust test
diff ssci, t(wcu) p(time)  cov( $x dwcu_pro*  dwcu_type* )  robust
diff skxm, t(wcu) p(time)  cov( $x dwcu_pro*  dwcu_type* )
robust  report
diff zkxm, t(wcu) p(time)  cov( $x dwcu_pro*  dwcu_type* )
robust  report
diff  zls , t(wcu) p(time)  cov( $x dwcu_pro*  dwcu_type* )
robust  report
* ----------------------------------------------------------------------人才培养指标
diff postgraduate, t(wcu) p(time)  cov( $x dwcu_pro*  dwcu_type* )
robust
diff doctor, t(wcu) p(time)  cov( $x dwcu_pro*  dwcu_type* )
robust
diff thesis, t(wcu) p(time)  cov( $x dwcu_pro*  dwcu_type* )
robust
* ----------------------------------------------------------------------社会服务指标
diff  techtransfer, t(wcu) p(time) cov( $x dwcu_pro*  dwcu_type* )
robust
diff  teincome, t(wcu) p(time) cov( $x dwcu_pro*  dwcu_type* )
robust          diff fte, t(treated) p(t) cov(bk kfc roys)
          diff fte, t(treated) p(t) cov(bk kfc roys) report
          diff fte, t(treated) p(t) cov(bk kfc roys) report bs
* ------------------------------------------------------------------------------
* ------------------------------------------------------------------------------
```

3. Kernel Propensity Score Diff- in- Diff.

```
* ----------------------------------------------------------------------科研指标
diff paper, t(wcu) p(time) cov( $x) kernel id(ID) bw(0.8) rcs report bs
```

```
rep(50)
diff sci, t(wcu) p(time) cov( $ x) kernel id(ID) bw(0.8) rcs  report bs
rep(50)
diff project, t(wcu) p(time)  cov( $ x) kernel id(ID) bw(0.8) rcs  report
bs rep(50)
diff monograph, t(wcu) p(time)  cov( $ x) kernel id(ID) bw(0.8) rcs
report bs rep(50)
diff ssci, t(wcu) p(time)  cov( $ x) kernel id(ID) bw(0.8) rcs  report bs
rep(50)
* ------------------------------------------------------------------------人才培养指标
diff postgraduate, t(wcu) p(time)  cov( $ x)  kernel id(ID) bw(0.8) rcs
  report  bs rep(50)
diff doctor, t(wcu) p(time)  cov( $ x)  kernel id(ID) bw(0.8) rcs
report  bs rep(50)
diff thesis, t(wcu) p(time)  cov( $ x)  kernel id(ID) bw(0.8) rcs
report  bs rep(50)
* ------------------------------------------------------------------------社会服务指标
diff  techtransfer, t(wcu) p(time) cov( $ x) kernel id(ID) bw(0.8) rcs
report bs rep(50)
diff  teincome, t(wcu) p(time) cov( $ x)kernel id(ID) bw(0.8) rcs
report  bs
```

附录 6 “211 工程”高校合并情况

序号	合并后学校名称	办学类别	主管部门	参与合并学校名称	合并时间
1	郑州大学	综合	河南省	河南体专、郑州大学	1992 年 5 月
2	北京工业大学	理工	北京市	北京工业大学、北京计算机学院	1992 年 6 月

续表

序号	合并后学校名称	办学类别	主管部门	参与合并学校名称	合并时间
3	南昌大学	综合	江西省	江西大学、江西工业大学	1993 年 3 月
4	贵州大学	综合	贵州省	贵州大学、贵州人民大学	1993 年 11 月
5	天津医科大学	医药	天津市	天津医学院、天津第二医学院	1993 年 12 月
6	东北农业大学	农林	黑龙江省	东北农学院、黑龙江省农业管理干部学院	1994 年 2 月
7	上海大学	综合	上海市	上海大学、上海法律高等专科学校	1994 年 3 月
8	上海大学	综合	上海市	上海工业大学、上海科技大学、上海大学、上海科技高等专科学校	1994 年 4 月
9	苏州大学	综合	江苏省	苏州蚕桑专科学校、苏州大学	1995 年 3 月
10	石河子大学	综合	农业部	石河子农学院、石河子医学院、新疆生产建设兵团经济专科学校、新疆生产建设兵团师范专科学校	1996 年 4 月
11	延边大学	综合	吉林省	延边大学、延边医学院、延边农学院、延边师范高等专科学校、吉林艺术学院延边分院	1996 年 4 月

续表

序号	合并后学校名称	办学类别	主管部门	参与合并学校名称	合并时间
12	北京化工大学	理工	化工部	北京化工大学、北京化工管理干部学院	1996 年 4 月
13	华东理工大学	理工	国家教委	华东理工大学、上海石化高等专科学校（撤销）	1996 年 10 月
14	合肥工业大学	理工	机械部	合肥工业大学、安徽工学院	1997 年 1 月
15	宁夏大学	综合	宁夏回族自治区	宁夏大学、宁夏工学院、银川师范专科学校、教育学院	1997 年 2 月
16	贵州大学	综合	贵州省	贵州大学、贵州农学院、贵州艺术高等专科学校、贵州省农业管理干部学院	1997 年 2 月
17	广西大学	综合	广西壮族自治区	广西大学、广西农学院	1997 年 3 月
18	太原理工大学	理工	山西省	太原工业大学、山西矿业学院	1997 年 3 月
19	苏州大学	综合	江苏省	苏州丝绸工学院、苏州大学	1997 年 4 月
20	青海大学	综合	青海省	青海大学、青海畜牧兽医学院	1997 年 8 月
21	北京科技大学	理工	教育部	北京科技大学、北京冶金管理干部学院	1998 年 7 月

续表

序号	合并后学校名称	办学类别	主管部门	参与合并学校名称	合并时间
22	云南大学	综合	云南省	云南大学、云南政法高等专科学校	1999 年 2 月
23	东华大学	理工	教育部	中国纺织大学、上海纺织高等专科学校	1999 年 8 月
24	河海大学	理工	教育部	常州水电机械制造职工大学、河海大学	2000 年 2 月
25	中央财经大学	财经	教育部	中央财政管理干部学院、中央财经大学	2000 年 2 月
26	中国政法大学	文法	教育部	中央政法管理干部学院、中国政法大学	2000 年 2 月
27	湖南师范大学	师范	湖南省	湖南师范大学、湖南教育学院	2000 年 3 月
28	苏州大学	综合	江苏省	苏州大学、苏州医学院	2000 年 3 月
29	北京工业大学	理工	北京市	北京工业大学、国家建材局管理干部学院	2000 年 4 月
30	中南财经政法大学	财经	教育部	中南财经大学、中南政法大学	2000 年 4 月
31	长安大学	理工	教育部	西北建筑工程学院、西安工程学院、西安公路交通大学	2000 年 4 月
32	武汉理工大学	理工	教育部	武汉工业大学、武汉汽车工业大学、武汉交通科技大学	2000 年 5 月

续表

序号	合并后学校名称	办学类别	主管部门	参与合并学校名称	合并时间
33	对外经济贸易大学	财经	教育部	对外经济贸易大学、中国金融学院	2000 年 6 月
34	郑州大学	综合	河南省	郑州大学、郑州工业大学、河南医科大学	2000 年 6 月
35	北京工业大学	理工	北京市	北京工业大学、北京水利电力函授学院、华北水利水电学院北京研究生部	2000 年 7 月
36	北京中医药大学	医药	教育部	北京中医药大学、北京针灸骨伤学院	2000 年 7 月
37	新疆大学	综合	新　疆	新疆大学、新疆工学院	2000 年 10 月
38	江南大学	综合	教育部	无锡轻工大学、江南学院、无锡教育学院	2001 年 1 月
39	南昌大学	综合	江西省	南昌大学、江西医学院	2001 年 1 月
40	湖南师范大学	师范	湖南省	湖南师范大学、湖南省政法管理干部学院	2001 年 1 月
41	华中师范大学	师范	教育部	华中师范大学、湖北省供销合作学校	2001 年 3 月
42	西藏大学	综合	西　藏	西藏大学、西藏农牧学院	2001 年 3 月
43	中国药科大学	医药	江苏省	中国药科大学、江苏省药科学校	2001 年 9 月

续表

序号	合并后学校名称	办学类别	主管部门	参与合并学校名称	合并时间
44	宁夏大学	综合	宁　夏	宁夏大学、宁夏农学院	2001 年 11 月
45	湖南师范大学	师范	湖南省	湖南师范大学、湖南医学高等专科学校	2002 年 3 月
46	辽宁大学	综合	辽宁省	辽宁大学、辽宁外国语师范高等专科学校	2002 年 5 月

资料来源：笔者根据各学校历史整理而得。

附录 7　“985 工程”高校合并情况

序号	合并后学校名称	办学类别	主管部门	参与合并学校名称	合并时间
1	北京大学	综合	教育部	北京大学、北京医科大学	2000 年 3 月
2	电子科技大学	理工	教育部	电子科技大学、成都冶金管理干部学院	1998 年 8 月
3	东北大学	理工	冶金部	东北大学、沈阳黄金学院	1997 年 11 月
4	东南大学	理工	教育部	东南大学、南京铁道医学院、南京交通高等专科学校	2000 年 4 月
5	复旦大学	综合	教育部	复旦大学、上海医科大学	2000 年 4 月

续表

序号	合并后学校名称	办学类别	主管部门	参与合并学校名称	合并时间
6	哈尔滨工业大学	理工	国防科工委	哈尔滨工业大学、哈尔滨建筑大学	2000 年 5 月
7	湖南大学	理工	教育部	湖南大学、湖南财经学院	2000 年 4 月
8	湖南大学	理工	教育部	湖南大学、湖南计算机高等专科学校	2002 年 5 月
9	华东师范大学	师范	上海市	上海幼儿师范高等专科学校、华东师范大学	1997 年 9 月
10	华东师范大学	师范	教育部	华东师范大学、上海教育学院、上海第二教育学院	1998 年 8 月
11	华南理工大学	理工	广东省	广东电力专科学校、华南理工大学	1995 年 3 月
12	华中科技大学	理工	教育部	华中理工大学、同济医科大学、武汉城市建设学院	2000 年 5 月
13	吉林大学	综合	教育部	吉林大学、吉林工业大学、白求恩医科大学、长春科技大学、长春邮电学院	2000 年 6 月
14	南开大学	综合	国家教委	天津对外贸易学院、南开大学	1994 年 11 月
15	清华大学	理工	教育部	清华大学、中央工艺美术学院	1999 年 9 月

续表

序号	合并后学校名称	办学类别	主管部门	参与合并学校名称	合并时间
16	山东大学	综合	教育部	山东大学、山东医科大学、山东工业大学	2000年7月
17	上海交通大学	理工	教育部	上海交通大学、上海农学院	1999年8月
18	四川大学	综合	教育部	四川大学、华西医科大学	2000年9月
19	同济大学	理工	国家教委 上海市	上海城建学院、上海建材学院、同济大学	1996年7月
20	同济大学	理工	教育部	同济大学、上海铁道大学	2000年4月
21	武汉大学	综合	教育部	武汉大学、武汉水利电力大学、武汉测绘科技大学、湖北医科大学	2000年7月
22	西安交通大学	理工	教育部	西安交通大学、西安医科大学、陕西财经学院	2000年4月
23	西北农林科技大学	农林	教育部	西北农业大学、西北林学院、中国科学院水利部水土保持研究所、水利部西北水利科学研究所、陕西省农业科学院、陕西省西北植物研究所、陕西省林业科学研究院	1999年9月

续表

序号	合并后学校名称	办学类别	主管部门	参与合并学校名称	合并时间
24	浙江大学	综合	教育部	浙江大学、杭州大学、浙江农业大学、浙江医科大学	1998 年 8 月
25	中国科学技术大学	理工	中国科学院	中国科学技术大学、合肥经济技术学院	1999 年 11 月
26	中国农业大学	农林	农业部	北京农业大学、北京农业工程大学	1995 年 5 月
27	中南大学	理工	教育部	中南工业大学、湖南医科大学、长沙铁道学院	2000 年 4 月
28	中山大学	综合	教育部	中山大学、中山医科大学	2001 年 10 月
29	重庆大学	理工	教育部	重庆大学、重庆建筑大学、重庆建筑高等专科学校	2000 年 4 月

资料来源：笔者根据各学校历史整理而得。

后 记

本书是在笔者的博士论文基础上修改而成的，同时受到2018年浙江省哲学社会科学一般项目“我国世界一流大学建设政策效应评价研究”（项目编号：18NDJC252YB）的资助。博士论文的完成与恩师邱均平先生的指导和厚望是分不开的。2013年，因为硕士论文所用的可视化研究方法恰是师门的专长，有幸认识先生，并得到先生的指导。进入师门后，先生通过每年一次的大学评价、研究生评价、世界一流大学评价以及高考分数线项目锻炼我的数据处理能力以及组织领导能力。此时想来，受益匪浅，正是在从事各项评价项目的过程中，我选定了博士论文的题目。先生在我博士论文的开题、预答辩和正式答辩上都给予了精心指导。先生所立“勤奋、团结、创新、进取”的朴实师训、严谨求是的治学精神、勤奋踏实的治学态度都将使我终生受益。

在2014年至2017年攻读博士学位期间，我还受惠于许多人的关心和帮助。感谢我可亲可敬的任课老师们。程斯辉先生讲授的“教育管理学前沿研究”、李保强先生讲授的“学校管理理论研究”、蒲蕊先生讲授的“教育行政专题研究”、黄明东先生讲授的“教育法制建设问题研究”、冯惠敏先生讲授的“学校管理心理专题”以及王永海先生讲授的“教育经济学前沿研究”都是教育经济与管理专业的经典课程。上几位先生的课，我不仅深化了专业知识，而且学习了系统、幽默、专深、务实、联系以及广博的各色授课风格。

感谢同门杨思洛师兄、董克师兄、楼雯师姐、吕红师兄、李小涛师兄、马力师兄和余厚强师兄。跟他们同处一个师门，我倍感大家庭似的温暖。感谢杨思洛和董克师兄对我博士论文选题给予的中肯建议；感谢楼雯师姐指导我的硕士论文，教我可视化研究方法，为我进入邱门学习奠定学术基础；感谢吕红师兄教我教育评价指标体系的构建及权重计算；感谢李小涛、马力和余厚强师兄教我各类评价数据的挖掘和处理方法；感谢师门同级同学柴雯和韩瑞珍，是你们的笃定和稳重让我反省自己的慌张和急躁的性格缺陷。

感谢武汉大学教育科学研究院所有的行政老师以及同窗学友们的热情帮助和支持！感谢汤森路透北京分部的张志辉博士对本书在InCites数据库中相关数据获取上提供的帮助。感谢我的工作单位——浙江师范大学非洲研究院院训“非洲情怀，中国特色，全球视野”所秉精神对本专著的包容。感谢武汉大学出版社的编辑们给予的大力支持、专业指导和悉心帮助。

最后深深地感谢无私爱我、支持我的家人！感谢面朝黄土背朝天的父母对我的无条件理解和大力支持。感谢我的姐姐和弟弟，为我分担了照顾父母的重担，让我少了些对父母的歉疚。

一路走来，有坎坷，有坦途，有苦闷，更有欢笑。感谢我的老师、同学、朋友和家人。今后我一定会加倍努力，踏实工作，真诚待人，不辜负你们的期望，一步步实现自己的人生理想。

2019年12月9日

浙江师范大学非洲研究院